DIANA

Princesse des Larmes

11/Août/2022.

DIANA

Princesse des Larmes

AMANDINE DESLANDES

City
Biographie

ISBN : 978-2-8246-1926-2
Code Hachette : 71 0712 5
Catalogues et manuscrits : city-editions.com

Dépôt légal : Janvier 2022

Sommaire

Prologue

Une lignée d'illustres destins vous prédestine-t-elle à laisser votre empreinte ? C'est ce que la petite Diana Spencer aurait pu se demander si elle avait compris ce que recouvraient les titres de noblesses et autres protocoles dans lesquelles elle grandirait. Force est de constater que Diana n'a pas bénéficié d'une enfance princière. La princesse Di mettrait des années à éclore et se fanerait, à l'inverse, bien vite.

Toutefois, il est important de comprendre ici que son ascendance autant que sa future descendance ont joué un rôle majeur dans son destin. Tragique, brisé, funeste, malheureux, terrible. Nombreux sont les qualificatifs – péjoratifs – employés pour décrire le sort de Diana ; mais, l'entendait-elle ainsi ? Rien n'est moins sûr. Certes, tôt interrompue dans ses engagements, elle a laissé une marque impérissable. Du dépoussiérage de la monarchie anglaise à la sensibilisation humanitaire, en passant par l'émancipation de la femme, Lady Di a bel et bien existé.

« Je ne me vois pas reine de ce pays », confiera-t-elle lors de l'interview scandale de 1995. En réalité, à bien l'écouter – y compris dans ce qu'elle ne dit pas –, la princesse a toujours su qu'elle ne se transformerait pas en reine. Très jeune, elle était convaincue qu'un grand avenir l'attendait. Dans son entourage, certains pensaient qu'elle deviendrait une star. Elle croyait à son destin. Elle le pressentait. Elle le savait. À part, elle était à part. Différente. Peu importe la fin, les moyens avaient été justifiés. S'il est indéniable qu'elle a été découverte grâce à son mariage royal, nul ne peut ignorer qu'elle est à l'origine de sa propre célébrité. Elle a suivi son chemin. Alors, oui, épouser un futur roi avait été une sacrée manière ! Ce que la petite rêveuse aux grandes ambitions ne savait pas en revanche, c'est que ce chemin exposerait ses plaies. Bien plus forte qu'il n'y paraît, elle n'imaginait pas que ces dernières la mèneraient inexorablement à sa perte.

PARTIE I

NAISSANCE D'UNE PRINCESSE

1

La mélancolie d'une enfant bien née

De sang noble (et, le comble, bien plus britannique que la maison Windsor), Lady Diana Spencer peut se targuer d'avoir d'illustres ancêtres. Trois de ses arrière-grands-parents paternels descendent en droite ligne d'un grand roi de la maison Stuart, Charles II. L'ascendance des Spencer est impressionnante : un comte-ministre des Affaires étrangères, un lien d'alliance avec les Churchill, etc. Sans l'inflexion récente de la lignée Windsor, Diana n'a pas à rougir de ses origines anciennes. Cela lui est plus difficile si l'on s'attarde uniquement à la génération qui la précède. En effet, ses parents se sont illustrés par un déchirement autant scandaleux sur la place publique que dévastateur pour elle et sa fratrie.

L'histoire des femmes Spencer est tout aussi édifiante : sulfureuse depuis au moins 200 ans ! Lady Georgiana Spencer fut reconnue comme créatrice de tendances au XVIIIe siècle. Sa beauté, son goût pour la mode, mais aussi son engagement politique marquèrent l'histoire. Mariée au duc de Devonshire à seulement 17 ans, elle a dû tolérer un ménage à trois avec son amie Lady Elizabeth Foster. Elle mourra jeune et très endettée. Sa nièce, Lady Carolyn Lamb, femme du Premier ministre de l'époque, fit scandale dans la régence londonienne par ses amours tumultueuses avec le poète Lord Byron. Quant à son homonyme du début du XVIIIe siècle, son destin est encore plus funeste que le sien. L'échec des manigances de sa grand-mère, Sarah Churchill, duchesse de Marlborough, pour l'unir au prince de Galles la conduisit à un mariage malheureux. Après plusieurs fausses couches, elle périt de la tuberculose à seulement 26 ans. Le prince Frederick convola finalement avec une princesse allemande, mais ne se remit jamais de ses regrets. Il mourra avant même d'accéder au trône. Le moins que l'on puisse dire, c'est qu'à lire ces destins plus tragiques et scandaleux les uns que les autres, Diana a été à la hauteur de son héritage. Les femmes de la famille ne font pas rêver par leurs amours heureuses les petites filles qui consultent l'arbre généalogique.

Lorsque l'on se rapproche de celle qui nous intéresse, l'affaire ne se simplifie guère. Les quatre grands-parents sont tous des êtres ambivalents, renommés pour leurs réalisations ou leurs fonctions. Le poids de l'héritage s'alourdit encore un peu plus.

Côté paternel, la lignée est noble et intransigeante. Les grands-parents Spencer se sont mariés au début du siècle précédent et le sont restés plus de cinquante ans. Nul ne dit si le mariage fut heureux. Albert Spencer, dit Jack, avait poursuivi une carrière militaire et politique tout en administrant le domaine familial d'Althorp auquel il vouait une passion sans borne. Ce domaine, propriété de la famille depuis 1570, avait été constitué par le premier comte : Robert Spencer. Celui-ci, l'un des hommes les plus riches du royaume, avait fait fortune dans le négoce de moutons en Europe.

Depuis lors, le domaine n'avait cessé de croître et avec la réputation de ses membres. Jack, surnommé le comte conservateur, était un homme de goût et de culture. Il était réputé connaître à la perfection la collection impressionnante d'antiquités, livres et autres objets d'art comme l'histoire de la famille. Cette passion dévorante lui vaudra de nombreuses altercations avec son fils John qui le considère comme un rustre que seul le prestige familial anime. S'il ne fréquente que peu sa petite-fille, il marquera pourtant son histoire en décédant.

C'est probablement de la comtesse Cynthia Spencer dont Diana est la plus proche. Elle ne tarit pas d'éloges à son égard. Sa disparition brutale en décembre 1972 laissera la petite-fille désemparée face à cette première confrontation directe à la mort. Emportée par une tumeur cérébrale à l'âge de 75 ans, Lady Cynthia bénéficiera de funérailles en la chapelle royale du Palais St James en présence de la reine-mère et de la princesse Margaret. Outre une ressemblance physique difficile à ignorer, sa grand-mère paternelle était une personne rayonnante et emplie de compassion. Douce et attentionnée, elle était connue pour sa bonté. Généreuse de nature, elle s'était impliquée toute sa vie dans de nombreuses œuvres caritatives, notamment au sujet de la maladie de Parkinson. Diana en parlera encore vingt ans après sa mort avec la même émotion : « Elle veille sur moi depuis l'autre monde. J'en ai la certitude. [Elle était] douce, merveilleuse, unique. Une femme divine, vraiment. »

Pourtant, Lady Cynthia doit faire exception, car on dit des Spencer qu'ils sont… difficiles. Comprenez qu'ils ont du caractère ! Surtout les femmes. La devise familiale, « Dieu défend le droit », leur confère toute noblesse. Dans l'autre branche, l'ascendance moins noble est compensée par des ressources abondantes et une accointance poussée avec la famille royale.

Diana n'a pas connu son grand-père, Lord Maurice Fermoy, décédé en 1955, mais connaît bien son histoire.

Engagé dans la Royal Air Force, c'était un homme politique reconnu du Parti conservateur. Député britannique pendant plus d'une décennie, il fut écuyer du roi George VI et maire de la commune de King's Lynn. Membre de son groupe de chasse et excellent fusil, il a assisté à la dernière partie du roi, le jour de sa mort en 1952. Exubérant et coureur invétéré, il aurait eu deux enfants illégitimes. Il avait la réputation d'être capable du pire comme du meilleur : parfois tourné vers les autres et appréciant la simplicité ; parfois paradant et rappelant ses royales amitiés à qui voulait l'entendre.

De 23 ans sa cadette, sa femme Ruth Gill n'était pas en reste sur la noblesse de ses fréquentations. Pianiste de talent, Lady Fermoy était reconnue dans le Norfolk pour la création du King's Lynn Festival qui existe encore aujourd'hui. Ce festival de musique classique et de jazz voit se produire depuis 70 ans des artistes de renommée internationale. Il avait été créé à l'issue d'un concert de charité destiné à sauver l'hôtel de ville, l'un des plus vieux théâtres d'Europe. En quelques années seulement et grâce au travail acharné de Lady Fermoy, ce rassemblement obtint une aura particulière. La BBC en retransmet encore la soirée d'ouverture chaque année. C'est en 1956 qu'elle entre au service de la reine-mère en tant que dame de compagnie. Toutes deux veuves, elles nouent une relation d'amitié. En 1960, devenue sa principale confidente, elle est promue première dame de chambre, fonction qu'elle occupera jusqu'à sa disparition 33 ans plus tard. Ses affinités royales lui permirent de loger à Park House, l'ancienne maison d'hôte des Windsor à Sandringham. Particulièrement snob, elle était très sûre d'elle et attirée par le faste. Nul besoin de la connaître pour analyser où se portait son allégeance. La famille royale était sa priorité, et quiconque risquait de la mettre en délicatesse devait rentrer dans le rang. Frances, la mère de Diana, l'avait appris à ses dépens, et Diana ne manquerait pas de subir le même sort. Les grandes ambitions qu'elle nourrissait pour sa petite-fille la détruiraient bientôt.

Les différences des familles qui se cristalliseront entre les deux parents prennent leur source dans des visions de la vie très différente. Chez les Fermoy, les conservateurs règnent en maître et on défend la famille royale avec ardeur. Chez les Spencer, on est noble, mais libéral ! On milite pour un parlement fort et on s'oppose vertement à l'absolutisme royal[1].

Né en 1924, Edward John Spencer – plus couramment appelé Johnnie – débute sa carrière militaire pendant la Seconde Guerre mondiale en tant qu'écuyer de la reine puis intendant. Il y est distingué comme capitaine du Royal Scots Greys[2]. Membre en vue de la noblesse britannique, il participe de temps à autre aux parties de chasse royales. En 1954, ce passionné de photographie est chargé de la réalisation d'un film sur le premier grand voyage d'Elizabeth II et Philip dans le Commonwealth. Son ouvrage, projeté au festival de King's Lynn est salué par la critique pour son authenticité. En effet, Johnnie s'attarde bien moins sur ses royaux sujets que sur les peuples rencontrés et les pays traversés. Après cette aventure, ce diplômé du Royal Agricultural College de Cirencester parachève la construction d'une exploitation de 300 hectares. Souvent décrit par son entourage comme bon et attentionné, l'homme au visage carré a les traits doux. Son regard se pare d'une tranquille mélancolie que l'on retrouvera plus tard dans celui de sa fille. L'homme de grande taille ne passe pas inaperçu. De belle stature autant que de belle éducation (Eton, Sandhurst, service militaire royal), John n'est pourtant pas si brillant. Dominé par un père écrasant, il ne trouve pas sa place. Très impliqué dans la vie de la communauté, Johnnie impressionne par son sens du contact et son humanité. Diana

1. Le terme Tories (Tory) désigne les partisans de la mouvance politique conservatrice britannique. Longtemps l'un des deux grands partis du Royaume-Uni, il sera substitué au milieu du XIXe siècle par le Parti conservateur. Le terme Whig désigne un parti politique apparu au XVIIe siècle et militant pour un parlement fort contre l'absolutisme royal. Après la percée du Parti travailliste au XXe siècle, ce parti considéré comme centriste disparaît de l'échiquier politique.
2. Ancien régiment de cavalerie de l'Armée britannique disparu en 1971.

est dotée des mêmes atouts. Il est difficile de dire si sa fille lui ressemble de manière innée ou si son rôle de père célibataire façonnera leur similitude.

À Sandringham, il connaît le prénom de chaque employé et traite tout le monde sur un pied d'égalité. Diana se souvient de ce qu'il lui répétait sans cesse. « Je ne devais pas me sentir supérieure à qui que ce soit. » Pour John, tout le monde doit être traité comme un individu à part entière. L'arrogance est à bannir. Très sociable, il détecte intuitivement les difficultés des personnes. Les gens se livrent. Très vite, Diana disposera des mêmes capacités. Fait suffisamment rare à l'époque pour être souligné, Johnnie est un Papa impliqué dans l'éducation de ses enfants. Pas forcément très démonstratif, il a toutefois le don de les faire rire et parler. Cette description du bon père de famille, tourné vers les autres et en avance sur son temps, contraste avec certains souvenirs de Diana et le scandale de son divorce. Après tout, un bon père n'est pas nécessairement un bon mari, et réciproquement ! Si seulement, ce qui se passe entre les grandes personnes pouvait y rester, l'histoire de la petite Diana aurait peut-être eu une fin bien différente.

Frances, Roche de son nom de jeune fille, n'en disconviendrait pas. Bien que sa fille ne s'en revendique pas, sa personnalité se nourrit des valeurs maternelles. Ces dernières sont d'ailleurs largement partagées avec son époux : respect des autres et goût de l'effort. N'en déplaise à Lady Di, elle marche dans les pas de sa mère. Cette femme frêle, d'une grande vivacité naturelle était une sportive passionnée autant qu'accomplie. Blonde aux yeux bleus comme sa fille, Frances porte en elle une mélancolie similaire qui finira par la ronger. Mariée très jeune à un homme plus âgé, elle connut un divorce retentissant ! Appréciée pour son caractère autant que pour son charme, Frances n'avait pas été épargnée par la vie. « Quand vous rencontrez quelqu'un à l'âge de 15 ans et que vous vous fiancez à 17, quelques mois après la fin de vos études, avec le recul, vous vous demandez étais-je vraiment adulte ? J'en étais persuadée à l'époque », confiera-t-elle. Quelquefois, Frances se rappelle sa confiance en la vie, sa croyance en l'amour. Elle se souvient que le major Ronald Ferguson l'avait demandée en mariage. Elle avait refusé pour choisir John. Sa vie aurait pu être différente. Comme souvent au sein de l'aristocratie du siècle dernier, Frances n'a pas suivi de grandes études et n'exerce pas de métier. Quitter le comte en devenir n'en sera d'ailleurs que plus courageux. Déterminée et dévouée, elle occupe son temps en s'impliquant dans des œuvres caritatives.

Johnnie approche de son 30e anniversaire quand il rencontre cette jeune fille de 17 ans, en 1953, lors d'un bal mondain en présence de la reine-mère. John, l'un des meilleurs partis de la région, séduit la frêle Frances par son assurance mêlée d'humilité. Un an plus tard, leur sort est scellé. Célébrée en grande pompe à Westminster et approuvée par la reine, leur union est le mariage mondain de l'année. De nombreux membres de la famille royale assistent à la somptueuse réception donnée après la cérémonie au Palais Saint James. De cette alliance en vue naissent deux filles en 1955, puis en 1957 : un début de lignée bien insatisfaisant pour un noble voulant perpétuer le faste familial. Sarah a 5 ans et sa sœur Jane, 3 ans, quand Frances tombe à nouveau enceinte. Quelle joie de découvrir le petit héritier ! Il s'appellera John, comme Papa. Pourtant, les jours heureux ne sont pas arrivés. Une dizaine d'heures après sa naissance, le petit John succombe. Qu'importe la douleur viscérale d'une mère « désenfantée » ou le déchirement d'un père sans héritier, il faut recommencer. Frances partagera son traumatisme : « On m'a arraché mon bébé et je n'ai jamais vu son visage. Ni vivant ni mort. Personne n'a jamais évoqué ce qui s'était passé. » L'absence. Moins d'une année après ce deuil terrible, Frances donne naissance à son quatrième enfant. Une fille ! Une déception de plus. Un vide non comblé. Voilà ce qu'est Diana dès ses premières heures sur terre. Une erreur de la nature. Qu'importe le besoin d'amour d'un bébé, recommencer, recommencer encore. C'est en 1964 que Lady Spencer accomplit – enfin – son devoir en mettant au monde le petit Charles. Tout devrait être plus simple désormais. Les blessures du passé jamais pourtant ne s'enterrent bien profondes.

« La vicomtesse Althorp a donné naissance à une fille samedi dernier », explique simplement un entrefilet du *Times*. La presse régionale est un peu plus prolixe, les Spencer sont des célébrités locales. Quand Diana Spencer naît le 1er juillet 1961 à 19 h 45 en décevant son noble père, l'héritier de la couronne anglaise, lui, a 13 ans. Bien qu'il soit contrarié, Johnnie ne mettra pas longtemps à aimer ce bébé joufflu à l'œil coquin qu'il décrit maladroitement comme « un échantillon physique presque parfait» de la race humaine.

Il n'en demeure pas moins que Diana n'étant pas un garçon, elle n'a pas de prénom. Et ce, pendant plusieurs semaines. Johnnie finit par décider que sa fille portera le prénom de la déesse de la chasse : un être conquérant, lumineux et dévoué. Toujours est-il que, toute déifiée qu'elle soit par sa dénomination, elle est née après John. C'est un peu comme être né avant ou après Jésus-Christ, le monde se veut différent. C'est ainsi que sa tendre enfance est marquée d'un sentiment de culpabilité extrêmement fort nourri de deux sources complémentaires. Diana n'est « pas » un garçon. Diana remplace l'enfant mort-né. C'est étrange ce sentiment qui peut vous habiter de n'avoir pas le droit d'être en vie. La différence est notable entre avoir le droit de vivre – qui en est soi un acte conscient et choisi – et celui d'être en vie. Sur ce dernier, mis à part le suicide, peu de solutions s'offrent à vous. Alors, Diana traverse sa petite enfance avec le fantôme de son frère. On ne rivalise pas avec les morts, encore moins avec les morts de sexe masculin ! Pire encore que sa culpabilité d'exister, elle est très vite persuadée qu'elle n'aurait pas existé si John avait survécu, ou si son petit frère était né avant elle. Drôle d'existence que celle qui démarre sous le sceau de la fatalité. Quand elle est en âge de se promener sur les terres de Sandringham seule avec son frère, ils rendent visite à leur grand frère au cimetière : « Avec notre affectueux souvenir », déchiffre-t-elle. Alors, les questions s'enchaînent à toute vitesse dans sa petite tête : quel âge aurait-il eu aujourd'hui ? De quoi était-il mort ? Se serait-elle bien entendue avec lui ? Aurait-il été grand et beau ? Serait-elle née ?... Serait-elle née ?

Il n'existe probablement, en ce bas monde, pas d'épreuve plus terrible que celle de perdre son enfant. L'ordre de la vie, ainsi bouleversée par l'inversement des morts, laisse une plaie difficile à refermer. Frances a seulement 23 ans. Elle est encore bien jeune pour faire face à une telle épreuve. Les psychothérapeutes et autres accompagnants sont peu nombreux. Dans la haute société, quoi qu'il en soit, on n'exprime pas ses sentiments, surtout quand on est britannique ! Si le deuil s'avère difficile pour tous les parents, et bouscule violemment le mariage des Spencer, la pression de mettre au monde un garçon plonge leur union dans le désespoir. Dans les années 1960, la connaissance médicale en matière de procréation n'est pas celle dont on jouit aujourd'hui, plus d'un demi-siècle après. La mère de Diana est alors soumise à des batteries d'examens sans fin dans différentes cliniques pour comprendre ! Quel est donc le problème de cette femme qui ne fabrique que des filles ou des garçons mort-nés ? Humiliée et malmenée, Frances sombre dans une violente dépression. À l'époque, nul ne sait que c'est l'homme qui détermine le sexe de l'enfant. Lord Spencer, d'habitude si attentionné, se révèle colérique et autoritaire. Emporté lui-même par le chagrin de son fils perdu et sa frustration, il blâme Frances de tous ses maux. La jeune femme vit comme une tragédie l'injustice de la situation. Dans la petite enfance de Diana, les tensions entre ses parents n'ont jamais été si fortes. Tout cela les conduira inexorablement vers un divorce dévastateur.

Des mères de substitution qui se relaient pour l'entourer organisent les premiers mois de la future princesse : la sage-femme Joy Hearn qui la berce la nuit, la nourrice Judith Parnell, qui la promène en landau, la gouvernante Gertrude « Ally » Allen qui lui enseigne la lecture et l'écriture. Dans cette ambiance typique de l'aristocratie de l'époque, cela n'étonne personne que parents et enfants vivent en parallèle. Les repas sont pris séparément, les enfants sont encadrés par d'autres personnes. Snobisme ? Culture plutôt. Le petit frère de Diana se souvient avoir pris son premier repas avec son père à l'âge de 7 ans. Diana est déjà gourmande, peu importe bien qui est en face d'elle à table ! Et Maman dans tout ça ? Maman est fatiguée. Maman pleure beaucoup. Maman ne sera bientôt plus là du tout.

Le cadre est pourtant idyllique dans cette campagne anglaise ouverte sur la mer du Nord et aux prises à la brume marine. Une chose est certaine, le coin est calme. Très rural, le comté dénombre peu d'habitants en dehors des touristes attirés par les jolies plages et la résidence royale de Sandringham. Park House est une maison aristocratique classique, tout ce qu'il y a de plus confortable. Dotée d'une dizaine de chambres, d'un garage, d'une piscine chauffée, d'un terrain de tennis et de cricket, elle offre aux enfants un terrain de jeu exceptionnel. C'est un peu le rêve de tout enfant de grandir tant un tel environnement entouré d'animaux en tous genres. Aux murs crème, la chambre de Diana au premier étage dévoile une vue sur les champs et les bois. Six employés à plein temps font tourner cette maison où flotte toujours une odeur appétissante en cuisine.

Si Johnnie est dans son élément avec cette vie de *gentleman-farmer*, Frances ne s'est jamais plu dans cette campagne sinistre du Norfolk. Le tourbillon londonien lui manque. Elle s'ennuie. Rien pour la distraire de son chagrin. John, lui est très actif. Il s'implique dans la vie locale en animant des comités, avec l'équipe de cricket ou l'opéra. Jouissant d'un statut social de premier plan, il consacre son temps libre aux autres, aux enfants surtout. La dépression de Lady Frances grandit sous le regard empêché de son Lord. Il était si sûr qu'elle s'épanouirait à la campagne. L'ennui la ronge, le chagrin la dévore. Lui, il ne fait rien. Il observe. Il ne comprend pas. Ils ont tout pour être heureux, même un fils ! De temps à autre, il consent à un dîner en ville. Cela lui changera les idées, se dit-il.

C'est ainsi qu'en 1967, les Spencer dînent à Londres avec les Shand-Kydd. Diplômée de l'université d'Édimbourg, ancien officier de la marine, Peter est bel homme. À 42 ans, il est déjà un homme d'affaires accompli. Après avoir vendu l'entreprise familiale, et dans l'opération être devenu millionnaire, il s'est installé comme agriculteur en Australie où il a parfait sa fortune. Sa femme, Janet, est antiquaire et photographe botanique de talent. Quelque temps après ce dîner, un voyage au ski entérine une idylle entre Frances et Peter. Éperdument amoureux l'un de l'autre, ils mettront fin à une famille unie pour sept enfants, dont Diana.

La vie morose de Park House aux côtés d'un mari taiseux ne tient pas longtemps face à la légèreté des escapades londoniennes auprès de son très vivant amant. John préfère ignorer le comportement de sa femme. Frances déploie de moins en moins d'efforts pour habiter sa propre vie. Et puis, c'est la journée de trop. Accompagner John à Althorp pour rencontrer le comte grincheux ? Hors de question ! Frances a désobéi, devant un domestique, de surcroît ! Quel culot ! John entre dans une colère noire. La dispute s'envenime. Des reproches, encore des reproches. Des insultes. Chacun blâme l'autre pour ses propres faiblesses. Un vase se brise. Silence. Diana retient sa respiration. Cachée derrière la porte du petit salon, elle voudrait hurler. Elle est pétrifiée. Frances a avoué. La vie a basculé. « Je me souviens avoir vu mon père gifler ma mère. Je m'étais cachée derrière la porte et Maman pleurait. » La tragédie coule désormais dans ses veines.

Quelques jours plus tard, Frances quitte définitivement la demeure familiale. « Le plus grand bouleversement [de ma vie] fut la décision de Maman de quitter la maison », confiera Diana à Morton. Tant de détails hantent ce souvenir : le silence pesant, les va-et-vient des employés, les valises – des tas de valises – le bruit du gravier, le froid de la pierre de l'escalier sur lequel elle est assise, la voiture qui rétrécit. Les mots de Papa : « Ta mère nous quitte. Elle ne reviendra pas. » Les mots de maman : « Je vais tout préparer pour que vous veniez très vite me rejoindre. Vous verrez, tout ira beaucoup mieux. » Qui croire ? « Chacun de nous a sa propre interprétation de ce qui aurait dû arriver et de ce qui est arrivé [...] Pour mon frère et moi, cette expérience s'est révélée très déstabilisante et douloureuse. » Il est impossible de savoir réellement comme Diana a vécu le départ de sa mère. Elle en garde un souvenir virulent et un profond sentiment d'abandon et de solitude qui expliquera plus tard nombre de ses comportements.

À la rentrée 1967, fraîchement installée à Londres, Frances déclare à la presse : « Je suis désormais séparée de mon mari. Nous n'avons pas eu de chance. J'ignore si nous parviendrons à nous réconcilier. » Spencer réalise lui aussi que son mariage était voué à l'échec : « Nous avons vécu 14 ans ensemble. Mais avons-nous été heureux ? Je le croyais [...]. J'avais tort. Le courant nous a lentement fait dériver loin l'un de l'autre. » L'ambiance est tendue, mais Frances parvient à inscrire Diana et Charles à l'école à Londres. Avec l'aide d'Ally, elle s'occupe d'eux la semaine. Le week-end, ils rendent visite à John. Des trains vers Londres. Des trains vers le Norfolk. Des valises faites et défaites. Une vie classique d'enfants de parents séparés. La vie est presque plus douce tant les disputes et les silences haineux polluaient le quotidien de la famille. Pour faire plaisir aux enfants, Lady et Lord Spencer s'accordent pour passer Noël en famille à Park House. John est heureux de voir sa maison remplie des rires d'enfants. Charles et Diana courent dans les couloirs en criant, guettent les animaux sur les terres sans fin de Sandringham. L'air de la campagne leur sied ! C'est tout de même un meilleur cadre de vie qu'un appartement exigu dans la capitale. C'est décidé ! Les enfants resteront avec lui.

Frances est désespérée. Le divorce est consommé. La vraie bataille commence. John assigne sa femme pour obtenir la garde officielle des enfants. Les affres de la procédure font le reste. Elle dénonce sa cruauté. Il étale son adultère. Tout mondain que fût leur mariage, leur divorce est bien plus retentissant encore dans la bonne société dont ils sont issus. Un vrai scandale ! La presse locale en remplit d'ailleurs ses colonnes. L'audience se tient en juin 1968. Dix mois plus tard, le 3 avril 1969, Frances est officiellement une briseuse de ménage doublée d'une déserteuse. Le divorce a été prononcé à ses seuls torts pour adultère. Fait exceptionnel pour l'époque, son désormais ex-mari se voit attribuer la garde des enfants. Si la mère était souvent prioritaire, le rang et le titre de noblesse exerçaient une influence sur la garde. Comprenons donc qu'il valait mieux être élevé par un mauvais parent noble qu'un bon parent roturier…

Sur la place publique, rien ne lui est épargné. Frances a été l'autre femme dans le divorce de Peter, elle a quitté un noble et abandonné ses enfants. Tout ce qui lui arrive est bien fait pour elle ! John se sent humilié et alimente volontiers les horreurs colportées sur sa femme. Dans l'aristocratie anglaise des années 1970, personne ne peut envisager une telle indépendance de la femme ! Comment Frances peut-elle agir ainsi ? Quitter un noble, laisser ses enfants, aller vivre seule dans la capitale. C'est inimaginable, enfin ! Sa propre mère a témoigné en faveur de son ex-gendre qualifiant le comportement de sa fille d'« impensable » et « monstrueux ». Quitter un homme du rang de Spencer pour un roturier, mais à quoi pensait sa fille ? Frances se sent trahie, salie, punie. Pourquoi personne n'entend-il sa souffrance ? Elle l'a pourtant dit que John peut être violent et cruel. Elle n'a jamais voulu abandonner les enfants. Jamais. Pourquoi est-elle la traîtresse égoïste et lui l'innocente victime ? C'est tellement plus compliqué que cela. Quelle injustice ! Et sa petite Diana, que comprend-elle de tout ça ? Pas grand-chose. Elle croit ce qu'elle voit. Maman n'est plus là. Maman s'est remariée bien vite. Maman est partie. Loin.

Moins d'un mois après le prononcé du divorce, Frances épouse Peter et achète une maison dans l'ouest du Sussex, où son nouveau mari peut s'adonner à sa passion de la voile. Diana et son jeune frère y passent quelques week-ends et une partie des vacances scolaires. Si heureuse que Frances soit quand les enfants sont là, les au revoir sont toujours déchirants. Si elle ne veut pas ajouter à leur peine, elle ne parvient pas toujours à dissimuler la sienne. Alors, Diana s'en veut. Pourquoi maman pleure-t-elle ? À cause de nous certainement. À cause de moi, évidemment ! Frances pleure, car elle ne se résout pas à ne pas élever ses enfants. Diana comprendra plus tard. À l'aune de nos histoires, nous relisons celle de nos parents. « Maintenant, je sais qu'il faut être deux pour en arriver à une telle situation. Nous n'avons jamais su ce qui s'était réellement passé, et nous ne voulons pas le savoir », expliquera-t-elle en 1992.

Un an après son divorce, Frances réassigne John pour obtenir la garde. La mauvaise mère espérait donc partager la vie de ses enfants. Déboutée de sa demande, elle décide de s'exiler sur l'île de Seil, en Écosse. Les enfants viennent moins souvent. C'est un peu loin pour un week-end. C'est ainsi. Ils seront là pour les vacances. Les vacances familiales sont merveilleuses. Peter est un beau-père généreux et expansif. Facile à vivre, il taquine Diana quand elle boude !

La duchesse, de l'affectueux surnom qu'il lui a donné, retrouve alors le sourire. « Il s'est conduit de manière admirable avec nous. Il nous pourrissait littéralement. C'était très agréable d'être gâtés car [mes] parents ne nous y avaient pas habitués. [Peter] ne se mêlait pas des problèmes. » Sur l'île, ils habitent une ferme de 500 hectares dans un cadre sublime. Au large de la côte ouest de l'Écosse, la petite île de Seil est presque déserte. Sur ce minuscule caillou de treize kilomètres carrés, le temps semble s'être arrêté. Ici, les couleurs sont vives. Le bleu de la mer des Hébrides est pénétrant, le vert de la lande presque fluorescent. Les petites maisons de pierre blanche aux toits d'ardoises veillent sagement sur les côtes escarpées et leurs quelque 500 habitants. Loin de l'aristocratie et ses codes, ici, la vie est simple chez les Shand-Kydd. Peter, membre de la Royal Navy passionné du large, les emmène naviguer ou pêcher. Le soir, les amis défilent dans une ambiance festive et sans chichi autour de grillades sur la plage. Ces moments de bonheur avec Maman sont rares. Pour Diana, seul Johnnie est un repère.

À cet endroit et en ces temps, le jeune père célibataire fait figure de curiosité locale. Peut-être parce qu'il culpabilise, John gâte les enfants. Certains le disent même un peu laxiste. S'il est peu démonstratif et parfois taciturne, surtout après le départ de Frances, il adore jouer.

Charles expliquera que son père a vécu un véritable traumatisme. Encore aujourd'hui, il clame qu'ils ont tous été très malheureux du divorce. Il explique pourtant aussi avoir bénéficié d'une enfance équilibrée et avoir eu la chance de côtoyer deux mondes différents. Faire jour sur les souffrances de l'enfance n'est pas chose aisée. Le ressenti de l'enfant ne reflète pas la réalité de la situation. Ce qui apparaît comme une chose terrifiante dans la tendre enfance n'est parfois qu'une représentation d'un événement marquant. Ainsi, une chose jugée insignifiante par un adulte peut être un réel traumatisme pour l'enfant. De la même manière, le rapport au temps n'est pas le même selon l'âge. Alors, quelques jours deviennent une éternité pour l'enfant à qui sa mère manque. S'il est naturel de souffrir du manque de leur mère et de la tristesse de leur père, cela n'en fait pas pour autant une vérité absolue. L'une des gouvernantes relativise les propos. Quand Charles accuse sa mère, « Notre mère n'était pas faite pour ça, pas sa faute, elle n'en était juste pas capable ! », Miss Clarke rappelle que Frances s'est battue jusqu'au bout pour garder les enfants et que les enfants passaient de merveilleux moments avec elle. Bien que les deux parents aient tout mis en œuvre pour les protéger du traumatisme des batailles juridiques, Diana en demeure marquée. « Mes parents avaient leurs comptes à régler. Je me souviens que ma mère pleurait, papa ne nous en parlait jamais. Nous ne pouvions jamais poser de questions. » Elle concédera que le temps de leur mariage n'était pas plus heureux et que les disputes ponctuaient leur quotidien familial.

L'enfance est triste, mais pas nécessairement traumatisante. Le révérend de sa première école fera part de l'incompréhension de la séparation par la jeune Diana. Le cousin de son père, Robert Spencer, a vu Diana peinée, mais pas traumatisée. Quel enfant dont les parents se séparent n'a pas souhaité en silence que sa famille se recrée ? Quel enfant découvrant la fragilité humaine de ses parents n'en a pas été effrayé ? Quel enfant pris au milieu de disputes de grandes personnes n'a pas pleuré de culpabilité ?

Enfant, Diana a peur du noir. Elle serre alors dans ses bras son hippopotame dont les yeux sont recouverts de peinture fluorescente. Elle se calme, juste assez pour entendre Charles pleurer à son tour. « Je n'arrivais pas à trouver le courage de sortir du lit. » Elle aurait tant voulu le consoler. Bien sûr, une famille qui explose laisse des traces sur ses membres. Les parents les couvrent de cadeaux bien plus que de câlins.

Elle se souvient de montagnes de présents à Noël chaque année plus importante, de fêtes d'anniversaire somptueuses – avec même un dromadaire pour ses 7 ans ! – et de cette bataille de démonstration matérielle d'affection. « C'était un traumatisme de [...] les voir essayer, chacun de son côté, de rattraper les choses au moyen de cadeaux matériels, au lieu de nous prodiguer des caresses comme cela se fait en général. Nous en avions pourtant terriblement soif. » Elle racontera plus tard avoir été très embêtée quand ses parents lui offrirent tous deux une robe pour le mariage de sa cousine. Elle ne se souvient plus laquelle elle décida de porter. En revanche, elle se souvient avec précision de la peur de blesser l'un de ses parents par son choix. « J'étais complètement traumatisée à l'idée de faire croire à un favoritisme de ma part. »

Seule dans la grande demeure de Park House avec son père et son petit frère, « tout était très instable ». Les gouvernantes se succèdent. Les petits Spencer n'aiment pas l'autorité ! Encore moins quand la gouvernante est jolie et que Diana s'en méfie. « Nous considérions [les nannies] comme une menace. À nos yeux; elles essayaient de prendre la place de notre mère. » « C'était une enfant entêtée », raconte l'une d'entre elles. « Je l'envoyais dans sa chambre où elle restait jusqu'à ce que j'estime que la punition avait assez duré, mais cela ne brisait pas son obstination. » Diana pique des crises plus ou moins justifiées. Le pire ? Qu'on lui lave les cheveux ! Elle déteste ça. Les moins sympathiques – qui éduquent à coups de cuillères en bois – comme les plus douces, font l'objet des pitreries des enfants. Les petits rebelles les enferment dans la salle de bains sans vêtement ou parsèment leur chaise d'aiguilles. Aucune gouvernante ne reste bien longtemps, et, jusqu'à l'arrivée de leur belle-mère, la présence féminine dans leur vie se résume aux visites ponctuelles de leurs grands-mères.

Dans ce milieu social, l'éducation passe avant tout par la scolarité. Diana débute la sienne dans le petit établissement privé de Siefield à King's Lynn. C'est une institution familiale favorisant la mixité sociale. Ici, les enfants issus du milieu rural jouent à « *Stuck in the mud* »[1] avec les petits lords et ladies. Bien qu'elle se souvienne y avoir subi quelques moqueries dues au tapageur divorce de ses parents, Diana adore cette école dans laquelle elle retrouve un peu de stabilité affective. Vêtue de sa petite jupe plissée grise et d'une veste de blazer rouge aux biais dorés, Diana prend le chemin de l'école avec enthousiasme. Elle se révèle douée dans les arts plastiques et dédie toutes ses œuvres à Papa et Maman. Déjà, ses maîtresses la décrivent comme serviable et tournée vers les autres.

En 1970, Diana, qui n'est pas encore Lady, a 9 ans. Elle entre au pensionnat de Riddlesworth Hall, un établissement accueillant et agréable. La séparation de ses parents est encore récente. Quitter le semblant de cocon familial est une épreuve pour la petite fille. Diana traîne les pieds et se sent une nouvelle fois abandonnée. Papa, lui aussi... Persuadé que c'est la suite logique du parcours de sa fille, John déploie des trésors d'arguments pour la convaincre : « Tu pourras pratiquer la danse, la natation et plein d'autres sports. Tu pourras emmener Peanuts (son cochon d'Inde) ! Tu y retrouveras toutes tes copines, Alexandra Lloyd, ta cousine Diana Wake-Walker, et Claire Pratt, la fille de ta marraine Sarah. »

De mauvaise grâce, elle se rend au pensionnat. Comme pour tout enfant déraciné, l'intégration est lente. Soumise à quelques angoisses, toutes légitimes, d'abandon, elle se sent un peu à l'écart. Le caractère exceptionnel du divorce à l'époque renforce ce sentiment. Son père lui manque. Elle lui écrit un petit mot – qu'il gardera longtemps – dans lequel elle lui demande de lui envoyer « un gros gâteau au choco., des biscuits au gingembre, des *Twiglets*[2] ». Des sucreries en récon-

1. L'équivalent du « loup glacé » français.
2. Les Twiglets, brindilles en anglais, sont un snack à base de blé. Ils doivent leur nom à une forme qui rappelle celle des brindilles. C'est une sorte de gâteaux apéritifs.

fort. Son petit air triste ayant attiré son attention, Elizabeth Ridsale veillera à sa parfaite intégration. Prévenante envers ses camarades, Diana sera vite très entourée. Pendant les quatre années de sa scolarité à Riddlesworth, Diana s'implique beaucoup. Abreuvée de ce besoin presque maladif de se sentir utile – et donc aimée –, elle est désignée de très nombreuses fois « l'élève la plus serviable » de sa classe. Passionnée par les petites bêtes, elle devient la « Reine de la ménagerie ».

Cette ménagerie est partie prenante de l'éducation pour responsabiliser les enfants. Diana en organise le planning, répartit les tâches et veille au bon déroulement des opérations. Une vraie âme de leader ! Elle noue une relation d'amitié avec le proviseur, le révérend Reginald Sweet, avec qui elle entretiendra une correspondance pendant de nombreuses années. Élevée dans la tradition de l'Église anglicane, elle aide souvent à préparer la messe. Elle a la foi, mais n'est pas bigote. Riddlesworth reste parmi ses meilleurs souvenirs d'enfance : « J'adorais cette école. »

En 1974, suivant les traces de ses sœurs aînées, Diana intègre la prestigieuse West Heath School dans le Kent, une *boarding school*[1] dans laquelle elle restera seulement deux années. La mise en pensionnat est une coutume courante de l'aristocratie anglaise : une manière d'offrir le meilleur avenir possible. Diana Spencer a 14 ans et démarre son *Key stage 4*[2] sans grande motivation.

Fondée en 1865, cette école privée religieuse accorde autant d'importance aux savoir-être qu'aux résultats scolaires. La pratique artistique et sportive y est très développée. Diana tente de se démarquer de deux sœurs aînées mémorables !

1. Internat.
2. Un équivalent de lycée. Dans le système scolaire anglais, les écoles maternelle et primaire sont rassemblées dans des blocs de temps appelés Foundation stage et Key stage 1 & 2. Le key stage 3 correspond aux trois premières années de collège françaises. À l'issue des deux années de Key stage 4, les élèves présentent le General Certificate of Secondary Education (GSCE). Après obtention de cet examen, ils peuvent quitter le cursus général ou poursuivre en Key stage 5 pour obtenir un A-Level, équivalent de notre baccalauréat.

Sarah, la compétitive s'illustre en sports autant qu'en indiscipline. Quant à Jane, elle réussit avec brio tous les examens. Leur proviseur Ruth Rudge confiera plus tard que si les trois filles sont « incroyablement différentes les unes des autres », elle sent bien une forme de compétition. Elle vit rapidement Diana, moins brillante, compenser ses lacunes par de « merveilleuses qualités de cœur ».

Diana s'avère bien plus douée dans l'exercice physique que dans les matières intellectuelles. C'est une athlète accomplie ! Vainqueur quatre années d'affilée de la coupe de natation et de plongée, son plongeon parfait le *Spencer Special* suscite l'admiration. Tout ceci reste insuffisant pour la jeune fille qui demeure l'ombre de ses merveilleuses sœurs et de sa mère « capitaine de tout », comme elle la décrira plus tard !

C'est à cette époque qu'elle démarre ses leçons de piano avec Penny Walker. Penny regrette qu'elle n'ait pas débuté plus tôt, car elle est dotée d'un réel talent musical. Son professeur se souvient sa capacité à faire passer des émotions dans sa musique. Elle a aussi une très jolie voix. Personne ne peut en profiter, car la jeune Diana refuse de se présenter aux examens, et ce dans quelques domaines que ce soient ! Elle n'a jamais voulu passer un seul concours pour poursuivre son apprentissage de la musique ni même une audition pour entrer dans la chorale. Quand vient l'heure des pièces de théâtre, Diana n'accepte que les rôles muets ! « Je ne demandais jamais à parler dans les pièces. Jamais je ne lisais une leçon à haute voix. »

Sa maigre confiance est minimisée par le talent de sa grand-mère, pianiste reconnue, qui avait joué à plusieurs reprises devant la reine-mère, et par celui de Sarah qui suivait des cours au conservatoire de V.ienne. Décidément, il existe toujours mieux qu'elle ! Devrait-on toujours la comparer ? Ne pouvait-elle pas juste être, elle ? Toute jeune adolescente, elle sent que ce sera toute sa vie un problème. Elle sera toujours seconde. Là où elle exprime le mieux son talent, c'est à la croisée du sport et de l'art. Diana danse divinement bien. Au petit matin dans la salle du petit déjeuner, elle esquisse quelques pas utilisant le rebord de la fenêtre comme barre. Le soir, elle s'échappe de son dortoir pour exécuter quelques mouvements. « Je descendais en catimini, je mettais ma musique et je faisais mes exercices de ballet pendant des heures dans ce hall gigantesque. Personne ne m'a jamais découvert [...], ça me permettait de me débarrasser de l'énorme tension qui m'oppressait. »

Ne s'illustrant pas suffisamment dans la discipline, Spencer – comme ses amies l'appellent, car elle a deux homonymes – devient leader de sa tribu ! Malgré sa timidité, elle rayonne déjà. Drôle, toujours pleine d'entrain, elle devient populaire. Elle emmène dans sa transformation un groupe de copines dont elle mène la danse. Jugées turbulentes par leurs professeurs, les jeunes filles sont surtout vivantes et joyeuses ! Une vie bien classique de gamines lycéennes. Ses copines se souviennent d'une Diana pétillante et toujours prête à inventer une bêtise ou jouer un tour ! Du fard à paupières bleu sur le genou pour éviter un cours de sport un peu pénible, une bataille de polochons dans le dortoir ou de tartes à la crème au réfectoire, des fêtes clandestines agrémentées de gâteaux volés dans les offices, etc. Les jeunes internes s'amusent. Un soir, la bande avait missionné Diana pour acheter des friandises au bout de l'allée de l'école à une autre fille. De retour dans le dortoir avec son butin, quelle ne fut pas sa surprise, quand elle se rendit compte qu'une de ses copines avait réveillé tout le pensionnat avec une crise d'appendicite ! Les punitions ne sont jamais bien méchantes : arrachage des mauvaises herbes, aide en cuisine. Pourtant, cette fois-ci, la directrice avait convoqué ses parents. La trouvant tous deux un peu trop docile, ils l'avaient félicitée ! Le monde à l'envers ! À la fin de sa scolarité à West Heath, elle fut nommée préfète comme sa sœur Jane avant elle. La discipline avait pris.

Dans ce pensionnat de filles, les discussions et chamailleries vont bon train. Passer de meilleure amie à pire ennemie en moins de 24 heures est monnaie courante. Les filles s'adorent et feuillettent des magazines féminins ou des romans de gare dont elles débattent ensuite des heures durant. Diana se passionne pour les histoires à l'eau de rose, particulièrement celles de la mère de sa future belle-mère, Barbara Cartland[1]. Bien sûr, elle est fleur bleue et rêve au prince charmant. Son amie Carolyn – dont les parents avaient aussi divorcé – racontera qu'elles n'étaient pas traumatisées et ne « [passaient] non plus [leur] temps à pleurer dans [leur] coin à cause de ça ! ». Secrète, Diana sait maîtriser ses émotions, mais elle est heureuse. C'est un boute-en-train capable de fous rires aussi incontrôlables que contagieux. Parfois, elle aimerait que les autres comprennent qu'en face de ses accès de rire se trouvent des chagrins inconsolables. L'humour est une arme diablement efficace pour dissimuler ce que l'on ressent. Diana l'avait compris très tôt et ne se privait pas de l'utiliser. Elle est encore si naïve, si jeune. Chaque soir, sur sa table de chevet, elle observe la photo de ses hamsters, Little black Muff et Puff.

Deux événements familiaux marquent son passage à West Heath School. En juin 1975, son grand-père paternel, le comte Spencer, pourtant en pleine forme, est emporté par une pneumonie à l'âge de 83 ans. Sa disparition consacre son père en tant qu'héritier de l'empire familial, à commencer par le titre et l'ancestrale demeure familiale d'Althorp. Le huitième comte Spencer déménage toute la famille à Althorp. Le domaine de 12 500 hectares s'étend dans le Northamptonshire, une région

1. Barbara Cartland est une écrivaine britannique spécialisée dans les romans d'amour se déroulant durant l'époque victorienne. C'est l'un des auteurs les plus prolifiques du XXe siècle et a écrit 723 romans traduits dans 38 langues, faisant d'elle le cinquième auteur le plus traduit dans le monde. Ses ventes de livres sont estimées à plus de 750 millions d'exemplaires, certaines sources avançant même le chiffre de deux milliards.

du centre de l'Angleterre composée de champs, de vallons et de rivières. Une campagne anglaise typique s'étale entre pierres de taille grises et sous-bois sans fin. Cette immense propriété se compose d'un manoir principal et de très nombreuses dépendances, rassemblant en tout plus de 90 pièces. Une allée de gravier mène à la demeure principale donc les bâtiments en U forment une cour intérieure. Les fenêtres sont grandes et nombreuses et laissent autant qu'elles le peuvent pénétrer la lumière dans cet environnement plutôt sombre. Les pièces sont spacieuses, les plafonds hauts et ornés de moulures. Le mobilier est d'époque pour la plupart et les nombreuses œuvres d'art agrémentent quasiment l'intégralité des murs. Les chandeliers, la vaisselle, les lustres, tout est brillant, presque clinquant. Partout où l'œil se pose, il y trouve des centaines de détails à analyser. L'endroit en devient presque fatigant. Les enfants, eux, ne se sentent pas à l'aide dans ce lieu qu'ils jugent effrayant et peu chaleureux.

Conscient que les enfants n'apprécient pas ce changement de résidence, Johnnie fait immédiatement construire une piscine et tente de l'aménager au mieux pour leur faire plaisir. Diana aura même le droit à une salle de danse sur mesure ! Dans le même temps, Lord Spencer hérite de la somme de 2 250 000 livres sterling de droits de succession et 80 000 livres sterling de frais d'exploitation par an. La réalité n'est peut-être pas si dorée. Bien que cela soit interdit, Diana arrive le lundi suivant, en criant à qui veut l'entendre « Je suis Lady Diana ! Appelez-moi Lady Diana ! », une excitation toute légitime pour une jeune fille de quatorze ans.

Cette euphorie reste anecdotique tant les titres n'ont pas grande importance à ses yeux. Althorp, c'est un autre mode de vie, c'est plus qu'une simple maison. C'est terrible, confie Diana à son journal. Emménager à Althorp, c'est surtout quitter Park House. Et quitter Park House, c'est abandonner définitivement maman, l'enfance, la joie, Sandringham, les cousins royaux. Est-ce donc une fatalité de toujours perdre ce que l'on aime ? s'interroge-t-elle dans ses envolées lyriques d'adolescente. Althorp est un drôle d'endroit. Peut-être parce que le précédent comte Spencer était un homme dur, il y règne une atmosphère pesante. Frances partage cette analyse : « Cela m'a toujours fait très peur. La maison semblait baignée d'une immense tristesse. »

Le second événement marquant est le remariage de son père avec Raine, la comtesse de Dartmouth. Collaboratrice du comte Spencer père, dans le cadre d'un ouvrage pour le Conseil du Grand Londres, elle avait fait la connaissance de son fils, John. Le vieux comte l'adorait et elle était parvenue à les réconcilier avant sa mort. Bien qu'elle ne soit pas célibataire, Johnnie était très vite devenu son amant. Son mari, Gerald Legge, demandera le divorce et l'obtiendra aux seuls torts de sa femme adultère, de même que la garde de leurs quatre enfants. Étrange ironie du sort du mari trompé qui devient « l'autre homme » dans le divorce de son nouvel amour.

Raine est une femme politique réputée et une mondaine affirmée. Pleine d'énergie et exubérante, on l'adore ou on la déteste ! Personnalité controversée, elle mène toutefois une brillante carrière politique en tant que conseillère générale de Londres et présidente du conseil des bâtiments historiques. Cette conservatrice aux idées aussi rigides que sa mise en plis ne laisse pas indifférent ! « Une caricature de comtesse », glosera Morton. Tout est trop, chez Raine. Fantasque par nature, elle porte des tenues bariolées, des coiffures extravagantes et des bijoux tape-à-l'œil. Pour autant, sa volonté de fer ne lui facilitera en rien l'intégration dans la famille Spencer. Mariée bien vite, et sans battage, le 14 juillet 1976 au comte Spencer, Raine se comporte en maîtresse de maison. Les enfants la détestent et refusent de l'accepter. « *Acid Raine* », comme ils la surnomment, en voit de toutes les couleurs. Moqueries, lettres d'insultes, mauvaises farces. Charles aurait même essayé de la jeter dans la piscine lors d'une soirée mondaine. La marâtre reste calme en toute circonstance. Heureusement, les enfants ne sont pas souvent là. Ils n'ont même pas assisté à leur mariage[1], elle sera vite tranquille ! Raine Spencer confiera à la presse de très nombreuses années plus tard : « J'en ai par-dessus la tête qu'on m'attribue le rôle de la méchante belle-mère [...]. J'en ai bavé ! Cela commence juste à aller mieux. Sarah m'en voulait [...], Jane ne m'a pas adressé pas la parole pendant 2 ans ! » Elle concédera que seule Diana « était gentille et essayait de faire pour le mieux. » Diana, docile et adorant son père, reste polie et redouble d'efforts pour accepter sa belle-mère. Elle ne noue cependant aucune vraie relation. Il ne manquerait plus que papa lui consacre tout son amour ! Papa, c'est tout ce qu'il lui reste. Après l'internat, il la remplace par cette vieille femme qui se prend pour une princesse ! Les débuts avec sa belle-mère n'ont pas été simples : « Nous la détestions tous, car nous pensions qu'elle allait nous enlever papa, mais en fait, elle souffrait comme nous. »

Raine ne ménage pas son investissement pour (re)faire d'Althorp un haut lieu de mondanités. Elle rénove radicalement la maison, change la décoration. Pour financer la restauration et les réceptions, elle gère son budget d'une main de maître : diminution du nombre de domestiques, vente d'œuvres d'art, ouvertures du domaine aux visites. Le comte Spencer ne dit rien. Il est soulagé : sa femme maîtrise une gestion qui lui paraissait si complexe à la disparition de son père. Ses enfants ne partagent pas son point de vue. Ils sont tristes de voir dilapider les trésors de famille et n'aiment pas le goût de leur belle-mère ; trop voyant, et pas du tout adapté au style du lieu !

Le nouveau couple fait la Une des journaux locaux pour cette impressionnante rénovation, et la rubrique Potins ne

1. Nul ne sait s'ils ont été invités et ont refusé de s'y rendre ou si la cérémonie a été volontairement organisée sans eux.

manque pas de leur consacrer régulièrement un entrefilet. John apprécie la lumière des projecteurs presque autant que sa femme. Diana n'aime pas ça. Elle se sent dépossédée. Quelle est cette ambiance guindée qu'il faut subir ? Elle, qui traîne en jean lorsqu'elle rentre au manoir, doit dîner en robe de soirée ! Elle se force toutefois pour ne pas envenimer la situation. Elle sympathise notamment avec les deux plus jeunes enfants de Raine, Charlotte et Henry. Ses sœurs n'étant pas souvent là, elle passe ses vacances enfermées dans sa chambre. Un peu solitaire de nature, l'ambiance lui pèse. Elle se promène sur les terres, bouquine ou écrit des lettres à ses camarades de classe pour se plaindre de ce qu'elle vit ! Ici, ce n'est pas la capitale. L'aristocratie locale s'ennuie fermement. À chaque coupure, Diana a hâte de retrouver le chemin du pensionnat. Toutefois, les copines ne suffisent plus. Perturbée par l'ambiance familiale et en permanence dans l'ombre de ses sœurs, Diana échoue aux examens. Humiliée, elle refuse de redoubler. Elle quitte West Heath School en 1977 sans diplôme. L'école, ce n'est pas pour elle ! Elle le sait. Elle n'est pas comme les autres, elle. À quoi cela pourrait-il bien lui servir d'obtenir un diplôme pour être mariée à un prince d'ailleurs ?

La place de Diana dans la fratrie expose beaucoup de ses difficultés. Éprise de ses sœurs, elle leur voue une grande admiration. À sa naissance, Sarah et Jane, âgées de 8 et 6 ans, la considèrent comme une poupée, mais très vite, elles sont agacées de l'avoir tout le temps « dans leurs pattes ». Plus ses sœurs la fuient, plus Diana les poursuit sur les terres royales pour jouer. C'est ainsi que la petite dernière devient casse-cou et aguerrit sa détermination. Elle veut jouer la grande. Les gouvernantes racontent qu'on ne débarrassait pas facilement d'elle ! Quand Sarah et Jane quittent la maison, elles manquent terriblement à Diana qui met leurs vêtements abandonnés en cachette.

Jane est certainement la plus raisonnable des quatre. Outre sa fine intelligence, elle est sérieuse et travailleuse. Ses brillants résultats scolaires s'accompagnent d'un palmarès sportif complet. Pendant de nombreuses années, capitaine de l'équipe de cross, elle est mince et élancée. Rouquine comme sa sœur aînée, elle a un visage plus enfantin et plus rond. Avec un sourire franc et une grande frange sur le front, Jane semble douce. Elle épousera Sir Robert Fellowes en avril 1978 avec Diana pour demoiselle d'honneur. Son mari étant au service de la reine, ils habiteront plus tard à quelques encablures de Kensington Palace.

C'est probablement Sarah que Diana admire le plus. « J'idolâtrais ma sœur aînée. » Cette rousse décrite comme pétillante, combative et entière ne passe pas inaperçue ! Connue pour ses traits d'esprit, Sarah l'effrontée est très populaire. Avec son tempérament de feu, elle n'accepte pas la médiocrité. Diana se démène pour lui faire plaisir. Elle s'occupe des affaires et des corvées de la malicieuse aînée qui en profite ! Diana tente d'imiter ses exploits sans jamais être à la hauteur. Ce n'est certainement pas sa sœur qui la contredit, trop contente de garder sa supériorité. Diana racontera plus tard avec beaucoup d'émotions la somptueuse fête donnée par son père à Castle Rising pour les 18 ans de sa grande sœur. John a préparé un album photo. Il y reprend tous les moments marquants de la vie de sa fille aînée. Il fera de même pour chacun des trois autres. Sarah était si belle ce soir-là. La plus âgée et grande des trois sœurs est flamboyante. Ses cheveux roux encadrent un visage harmonieux et surplombent son regard déterminé. Diana est éblouie, rien que d'imaginer sa sœur devenir princesse de Galles. À l'époque, Diana a un faible pour le prince Andrew. Andy, comme elle l'appelle, est attachant. Un peu insolent, il l'a fait rire. Elle est loin d'imaginer que sa sœur fréquentera effectivement un temps le prince Charles avant qu'elle-même ne finisse par l'épouser !

Après avoir éconduit une liste impressionnante de prétendants, Sarah se marie avec Neil McCorquodale en mai 1980, après une tentative avortée pour cause de disputes entre les familles quelques mois plus tôt. Les scandales sont décidément une marque de fabrique chez les Spencer.

Après ses formidables sœurs, il y a le petit Charles ; le fils tant attendu, le futur héritier de l'empire Spencer. Après avoir été elle-même le jouet préféré de ses sœurs, c'est à son tour de pouponner. Elle lui porte une affection sans limites. Malgré leurs chamailleries, elle le materne et s'inquiète tout le temps pour lui. « Je me suis toujours occupée de mon frère. Mes deux sœurs étaient très indépendantes. » Ils sont très proches, et toutes les photos les faisant apparaître côte à côte démontrent leur complicité. Lui, il la suit partout, et la cherche en permanence. Toute attention étant bonne à prendre, quand elle ne lui obéit pas, il la blesse en paroles. Il s'amuse à l'appeler Brian, en référence à l'escargot lent et borné d'un dessin animé. Petit garçon mignon au visage rieur, Charles devient à l'adolescence un très beau jeune homme. Doté d'un charme british à la Hugh Grant, il est grand et musclé et fera bientôt des ravages.

Dans la sphère proche de Lady Diana, se trouvent aussi les *cousins* royaux. Diana Spencer et Charles de Windsor sont d'ailleurs réellement cousins au 16e degré. Voisins sur les terres de Sandringham en raison des relations entre leurs grands-mères, les enfants Windsor et les enfants Spencer jouent régulièrement ensemble. Ce domaine royal de cinq hectares appartient à la famille Windsor personnellement. La reine arpente les parcs et jardins à cheval et échange une rapide conversation avec Lord & Lady Spencer lorsqu'elle les croise. Le château en pierres rouge de style renaissance est une résidence de vacances pour la famille royale. Seul un muret sépare les deux propriétés et les princes l'escaladent pour aller jouer avec les filles. Windsor et Spencer entretiennent des relations somme toute normales de bon voisinage. Andrew, qui a seulement un an de différence avec sa future belle-sœur, est un bon compagnon de jeu. Quelquefois, Diana et son frère sont invités à prendre le thé chez la reine. Ils y regardent des Disney et jouent à cache-cache avec la reine. Si les relations restent sporadiques, tous les enfants Spencer ont un parrain ou une marraine royale. Enfin, tous... Sauf Diana[1] ! Son frère fut d'ailleurs baptisé tambour battant à Westminster avec, excusez du peu, la reine pour marraine. Diana ne cherche cependant pas de rapprochement avec ses *kissing cousins* de haut rang, car elle ne se sent pas à l'aise dans « la grande maison » comme elle l'appelle. « Il y régnait une atmosphère très bizarre », précisera-t-elle.

Hormis, sa fratrie et ses nobles voisins, Diana grandit seule. Leur père les incite plus à des activités solitaires – lecture, musique, jeu – qu'à se socialiser. Bien qu'elle soit élevée en pleine campagne, Diana ne reçoit pas vraiment d'initiation à la nature et reste casanière. Johnnie n'apprécie pas particulièrement la pêche, la chasse, la marche ou encore l'observation des oiseaux. Qui aurait pu savoir que ça lui ferait tant défaut ? Faute de temps ou de culture, Diana ne va pas non plus au théâtre, au zoo ou au cirque. Alors, elle s'adonne aux activités qu'elle peut pratiquer sans personne. Elle met à profit son terrain de jeu : écouter de la musique des heures dans la chambre Beatles (cette chambre, ode aux *sixties* décorée avec des posters psychédéliques et des objets d'époque), se balader sur les terres en buggy, aller à la plage, faire des dizaines de longueurs dans la piscine, danser dans le grand hall au damier de marbre. C'est la danse qu'elle pratique le plus. À l'école, à la maison, dès qu'elle en a l'occasion. C'est une véritable passion. Elle aime tous les styles et possède une

1. Sa marraine est Lady Mary Colman, dame d'honneur de la princesse Alexandra de Kent.

grande culture dans le domaine. Plus qu'une passion, c'est une thérapie. « Cela m'a toujours permis de relâcher la tension dans ma tête », dira-t-elle à ce sujet.

À Althorp, son talent impressionne, bien que, pour l'observer, il faille se cacher. Quand son père insiste, elle prend la pose exécutant de sublimes arabesques sur les balustrades de grès sous l'œil ébahi du photographe ! En justaucorps noir, elle enfile ses pointes et répète ses mouvements. Elle n'est pas très menue à l'époque, mais est dotée d'une grâce indéniable. La danse lui procure tellement de bien. Exprimer ses émotions, lâcher prise, vivre. Son impossibilité d'entrer au ballet à cause de sa taille restera une grande déception. Elle en gardera toutefois ses gracieuses postures.

Jeune enfant, elle a l'air taquin et le sourire franc. Elle défie déjà l'objectif. Ses cheveux mi-longs et sa frange lui donnent un air de petite fille sage qui dissimule à la perfection son caractère déjà bien trempé. En grandissant, son visage s'arrondit et se referme. Elle développe ce regard mélancolique qu'on lui connaîtra. Ses cheveux raccourcis arrondissent encore un peu ses traits. Son look lui importe peu. Elle se retrouve souvent habillée n'importe comment pourvu que cela soit confortable. Son malaise d'adolescente ressort sur les clichés de l'époque. Ce n'est que bien plus tard à son arrivée à Londres que son visage s'affinera à nouveau pour laisser apparaître cette beauté iconique et un look simple et affirmé.

Outre sa solitaire passion de la danse, Diana compense par son amour des animaux. « Ils étaient ma famille. » Chez son père, c'est une véritable ménagerie ! En plus de son épagneul Jill et de son chat Marmalade, elle s'occupe d'une horde de bêtes à poils : cochons d'Inde, lapins, hamsters, etc. Elle est très consciencieuse et s'en charge comme une petite mère. Quand l'un d'eux vient à disparaître, il a droit à des funérailles en bonne et due forme. Eux, ils sont là. Ils ne l'abandonnent pas. Son trop-plein d'amour se déverse sur eux et ils ne s'en plaignent pas. Elle gardera aussi longtemps un véritable zoo de peluches qui encombre son lit ! « Je dormais avec vingt animaux en peluche, si bien qu'il ne me restait plus qu'une place minuscule, mais je voulais les avoir sur mon lit tous les soirs. Je les adorais tous [...] ils constituaient ma famille. » La future princesse a définitivement besoin d'affection. Si elle ne manque de rien sur le plan matériel, la tendresse et les démonstrations d'amour sont rares.

Le seul animal avec lequel elle ne réussit jamais à créer de lien est le cheval. Pour son grand malheur compte tenu de sa destinée. Comme toutes les petites aristocrates vivant à la campagne, elle apprend très jeune à monter. Ayant reçu en cadeau un poney qu'elle adore, elle monte régulièrement, et avec beaucoup d'audace. C'est alors qu'elle chute violemment. Une fracture incomplète qui mettra trois mois à guérir lui ôtera l'envie de réitérer ses exploits de cavalière. L'équitation étant obligatoire à Riddlesworth, elle continuera à monter, mais sans aucun plaisir. Cette chute reste un souvenir douloureux qu'elle aura du mal à mettre de côté, y compris pour plaire à son époux. « J'ai prié le bon Dieu qu'il me donne le courage de remonter à cheval. Je voulais tellement faire plaisir à Charles. C'était si important pour lui, pour nous. Mais je n'arrivais pas à me détendre. Je ne sais pas pourquoi. Dieu sait que j'ai essayé, mais je ne pouvais pas. »

Si ses passions sont nombreuses et son potentiel important, Diana n'a jamais été une élève brillante. Jamais excellente dans aucun domaine, elle accomplit un parcours scolaire médiocre et bien vite interrompu. Bien qu'elle ne soit pas bête, elle ne fournit pas non plus beaucoup d'efforts se cachant derrière son angoisse des examens et la réussite de ses sœurs. C'est ainsi qu'elle quitte le système sans diplôme *A-level*, et sans même un certificat d'études ! Pas très douée pour le cursus scolaire classique et les matières générales, elle ne se donne pas de mal pour réussir. Ça ne l'intéresse tout simplement pas.

Elle est distraite facilement, un peu rêveuse, souvent dans ses pensées mélancoliques. Son manque de concentration génère des résultats très moyens. « Je rêvais d'être bonne en classe [...]. Je n'étais vraiment bonne en rien, un cas désespéré [...], je ratais tout [...]. Je me considérais comme une ratée », racontera-t-elle en précisant qu'elle enviait tant son frère qui finira par entrer à Oxford.

Pourtant, Diana Spencer n'est pas bête. Loin de là. Elle n'est simplement pas dotée d'une intelligence scolaire. Ses professeurs disent qu'elle comprend vite, qu'elle a l'esprit fin ou encore qu'elle a une étonnante capacité à cerner les gens et les situations. Tous la trouvent perspicace et louent sa détermination. Toutes ces qualités ne lui sont pas d'une grande aide à l'école. Elle n'assimile pas. Bien que cela reste ainsi toute sa scolarité, elle a la chance de fréquenter des établissements à taille humaine qui ne valorise pas que les notes obtenues. On vante son humour, son sens de la repartie et sa capacité à transmettre des émotions. Elle est d'ailleurs un peu meilleure dans les matières littéraires et l'histoire. Quand elle doit écrire une rédaction, c'est sans difficulté aucune. « J'écrivais dix fois trop. Cela sortait tout seul du stylo et ne s'arrêtait pas. » L'écriture l'accompagnera toute sa vie, comme une forme de thérapie. Elle était consciente de ses lacunes. Son père raconte qu'elle lui avait envoyé un article découpé dans le *Daily Telegraph.* Il évoquait la vie réussie de jeunes en situation d'échec scolaire dont les talents s'étaient révélés tardivement.

Son empathie naturelle, déjà bien présente, et ses qualités humaines lui permettent toutefois de s'illustrer à West Heath dans le service bénévole. Dans cette école religieuse, l'implication sociale est partie intégrante du programme de formation. Ainsi, les jeunes filles rendent visite à des patients de l'hôpital psychiatrique ou organisent des fêtes pour les personnes âgées. Diana s'y engage spontanément. Son professeur principal se rappelle qu'elle était « dans son élément ». Contrairement aux autres filles, elle n'a pas peur. Elle est connectée avec les patients. Elle a ce contact d'instinct avec ceux qui souffrent ; une communion presque inexplicable qui apaise immédiatement celui qui est en face d'elle. Ce qui est impressionnant pour son âge, c'est sa capacité à faire face à tout ça. Elle sait se comporter naturellement en faisant abstraction du handicap ou de la maladie. C'est à l'âme qu'elle s'adresse.

Ainsi, elle tient compagnie aux personnes âgées avec son « rire frais, joyeux, communicatif ». Elle danse avec les patients en fauteuil roulant en leur faisant face et pas en les poussant ! Quand elle s'adresse à un enfant, elle se met à quatre pattes. Elle sait se mettre à la portée de l'autre. Ça lui est naturel. Un jour, elle s'était même rendue sur son temps personnel chez l'une des vieilles dames pour retapisser son appartement ! Ici naissent les prémisses de son engagement social et humanitaire. « Ces occupations me plaisaient énormément. Une introduction, en quelque sorte, à ce qui viendrait plus tard. » En aidant les autres, elle s'aide elle-même. Chacune de ses touchantes interactions est une petite dose de confiance en elle qu'elle collecte précieusement.

Que penser dès lors de l'enfance de la future princesse de Galles ? En dépit de son origine très aristocratique, Diana n'est pas du tout élevée comme une princesse. Traitée comme une enfant normale, elle vit une enfance simple, dans laquelle elle entend même parfois parler de difficultés financières. À cette éducation presque classique, s'ajoute la triste banalité d'une situation d'enfant déchiré par un divorce violent. Si son père est peu démonstratif et sa mère peu présente, tous deux aiment profondément la petite Diana. Toutes les personnes qui composent son entourage – professeur ou personnel – l'adorent et sont très attentionnées à son égard. Ils s'accordent tous sur leur description de la petite fille. De tout cela on peut retenir les deux facettes de Diana qui s'exprimeront encore plus tard. Diana est un peu *tout et son contraire*. Deux personnalités cohabitent et luttent pour exister. Alors, Diana est gentille, joyeuse, active et toujours occupée, mignonne, exquise, heureuse, douée d'un esprit pratique, sage, de bonne humeur, douce, spontanée, ordonnée, docile, innocente, chaleureuse, maternelle. Mais, Diana est aussi sensible, timide, calme, anxieuse, turbulente, mélancolique, triste, rarement insouciante, un peu perdue, esseulée, menteuse, farceuse, renfermée. Comment réconcilierait-elle demain toutes ses contradictions intérieures ? Peut-être, ne le ferait-elle pas… Parfois, la jeune fille se perd en elle-même, arrange sa vérité, embellit son quotidien. Charles Spencer racontera plus tard qu'elle se faisait souvent gronder, car elle était un peu menteuse. Elle ne voulait pas mentir, juste améliorer sa vie. Ils ne pouvaient pas comprendre…

Si ses proviseurs successifs l'apprécient, ils ne lui trouvent rien d'exceptionnel. « Rien ne la distinguait des fillettes de son âge », dira la directrice de Riddlesworth, soutenue par celle de West Heath qui ajoutera : « C'était une fille tout à fait ordinaire. » Pourtant, certains sentent quelque chose de différent en elle. Plus déterminant encore, elle-même s'attend à un avenir complexe. Elle sait que sa vie sera « une route sinueuse ». Elle sent que quelque chose de différent émerge en elle. « Je me suis toujours sentie détachée des autres. Je savais que j'allais ailleurs, que je n'étais pas dans la bonne coquille […] Je me suis toujours sentie différente de tout le monde. Je savais que je me dirigeais ailleurs, mais j'ignorais où. »

2

Un jour, mon prince viendra

Nous sommes en juillet 1977, Diana vient de célébrer ses « *sweet sixteen* ». Ses copines se sont cotisées pour lui offrir une chaîne et un pendentif en or représentant l'initiale de son prénom. À cet instant, ce bijou est si précieux. Elle ne le quitte plus. Elle ne s'imagine pas porter un jour les joyaux de la couronne !

C'est l'époque où elle commence les petits boulots. Bien que sa famille soit aisée, elle ne va pas rester sans rien faire. Diana voue une passion aux enfants, surtout les plus petits. Malgré son jeune âge, elle est responsable et s'en occupe à la perfection. Les parents de son entourage reconnaissent ses qualités et lui confient leurs progénitures. Elle s'occupera notamment du fils de son ancien professeur de piano. Penny raconte que, le jour où Diana est venue la féliciter pour la naissance, elle avait apporté une peluche. Elle la serrait fort dans ses bras en passant le seuil de la porte et lui lança : « Prenez-la vite, sinon je le garde pour moi, c'est trop mignon ! »

Diana possède cette âme d'enfant. Ce petit plus qui fait que les enfants lui font confiance, cette aura. Plus merveilleux encore, sa timidité disparaît complètement dans ce contexte. Elle n'a pas besoin de faire preuve d'autorité, les enfants l'écoutent spontanément. Elle s'occupe ainsi des enfants de la famille Whitaker et de ses cousins les Duckworth-Chad. Quand elle est auprès d'eux, elle est naturelle et décomplexée et ils le lui rendent bien. C'est une conteuse géniale qui connaît des dizaines d'histoires et prend beaucoup de plaisir à les raconter. C'est ainsi que la future princesse mène une vie bien banale entre l'école, le baby-sitting et la famille.

Contrairement à ce qu'elle s'imagine, rien d'exceptionnel ne se présage. C'est en novembre 1977 que sa vie prend un tour différent à la fois magique et funeste. Ce week-end de novembre, une chasse est organisée sur le domaine d'Althorp. Ce n'est pas inhabituel et Diana n'y prête que peu d'intérêt. Quel plaisir peut-on trouver à arpenter la lande pour tuer des animaux qui n'ont rien demandé ? Ça la dépasse ! Par ailleurs, elle ne rentre pas de West Heath pour aller chasser. Franchement, elle a mieux à faire ! Toutefois, cette partie de chasse n'est pas tout à fait comme les autres. Elle accueille un invité d'honneur, et non des moindres, le prince Charles lui-même, qui – au-delà de son héritage royal – a la réputation d'être un fin fusil. Diana n'ira pas chasser. Elle se balade sur le domaine sans prêter attention au battage causé par la venue du prince.

Vêtue d'une chemise écossaise, d'un pantalon de velours côtelé, d'un vieil anorak de sa sœur et de bottes de caoutchouc, elle ne se montre pas sous son meilleur jour. Après tout, pourquoi le ferait-elle ? Elle entend les éloges sur les qualités de chasseur du jeune prince. Elle, elle préfère prêter attention au labrador Harvey qui l'accompagne plutôt qu'à son royal maître. La réciproque semble vraie et Charles remarque à peine l'adolescente mal fagotée et un peu gauche. Diana racontera ce moment : « Je suis restée à l'écart [...], j'étais boulotte, pas maquillée. Aucune élégance ! Mais j'ai fait beaucoup de bruit et il a eu l'air d'aimer ça. » Charles n'assiste pas souvent à un tel déballage de naturel. Devant lui, les jeunes femmes, prétendantes en puissance, sont toutes très apprêtées et se tiennent avec déférence. Lady Diana avait vu juste. Charles dira plus tard qu'« elle était belle, joyeuse, amusante et pleine de vie ». Une chose est sûre, elle avait attiré son attention.

Le soir, les Spencer organisent un grand dîner en l'honneur de Charles. Diana revêt alors sa première robe du soir. Elle a dix-sept ans. Elle est belle autant que timide. Sa sœur aînée, Sarah, rapporte que lors de leur rencontre « ça a fait tilt » et se targue d'avoir été leur Cupidon. À bien y regarder, Sarah est jalouse que sa cadette de six années lui vole la vedette et devant le prince en plus. Quel toupet ! D'ailleurs, quand, après le dîner, le passionné d'art demande à visiter la galerie d'Althorp (un couloir d'une quarantaine de mètres de long dévoilant des tableaux de très belle collection), Sarah tient absolument à être son guide. Admiration pour sa sœur et timidité combinée, Diana s'efface. Le lendemain, elle s'interroge tout de même sur l'intérêt du prince à son égard : « Pour quelle raison un homme comme lui prêterait-il attention à moi ? Pourtant c'était le cas ! »

De retour à l'école le lundi matin, Diana ne cesse de parler de son étrange rencontre du week-end. « Je l'ai enfin rencontré », clame-t-elle. Ses rêves d'adolescente l'emportent. Son conte de fées, celui qu'elle pressent depuis toujours, serait-il là ? Sa chambre se couvre progressivement de photos de l'héritier du trône. Son entourage de l'époque raconte qu'elle en était tombée éperdument amoureuse au premier regard. Était-ce vrai ?

Sarah et Charles se fréquentent. La jeune femme, qui ne manque pourtant pas de conquêtes, a mis la main sur le meilleur parti du monde ! Un peu aidée par sa grand-mère et celle de Charles, elle devient une prétendante sérieuse. Elle a vingt-deux ans et une très bonne éducation. Elle aime les chevaux et la nature. Pourtant, la plus rebelle des filles Spencer mesure l'ampleur de la charge. Elle n'a pas la vocation. Son besoin d'indépendance et l'autorité de la couronne ne font pas bon ménage. Elle apprécie Charles, mais n'en est pas amoureuse. La pression augmente autour de leur idylle et Sarah a dû mal à faire face. Elle finit par reconnaître publiquement qu'elle pense à lui comme à un grand frère. Elle ajoute une phrase qui scellera la fin de son parcours de future reine : « S'il me demandait de l'épouser, je refuserais. Je ne suis pas amoureuse de lui. Et je n'épouserai jamais un homme que je n'aime pas, qu'il soit chiffonnier ou roi d'Angleterre. »

Imbu de sa personne, Charles se vexe de cette déclaration. Ne manquant pas de prétendantes, il se console bien vite ! Les grands-mères, agacées de l'échec de leur plan, se remettent en quête d'une solution. Diana ferait une bonne remplaçante. Elle est tout aussi jolie et bien éduquée. Et elle n'a pas ce tempérament de feu ! Tout cela doit être mis en place dans le calme. Ce sera le premier mariage d'un prince de Galles avec une sincère impression d'être librement choisi… Diana n'a pas discuté de cette idée avec sa grand-mère. Pourtant, elle semble au courant des manigances. Elle est discrète sur ses petits amis et quitte l'école seulement deux mois après la rencontre avec le prince pour rejoindre une institution de luxe pour jeunes filles de bonne société.

Ainsi, en janvier 1978, elle intègre l'institut alpin Vidamenette, située à Château-d'Oex, près de Gstaad, en Suisse. Les Anglais appellent ces établissements des *finishing school*, comprendre plutôt des écoles de bonnes manières. Vidamenette, fermée en 1991, est l'une des plus connues. Dans cet établissement non mixte, les filles apprennent la vie sociale avec des cours de savoir-vivre, d'arts ménagers et de cuisine, de couture ou encore de décoration intérieure. Tout un programme ! À cela, s'ajoutent les leçons de français et de ski. Cet exil est bien éprouvant pour la jeune Diana qui n'a jamais pris ni l'avion ni le bateau. Heureusement, elle adore skier, elle en gardera le goût toute sa vie.

Avec son dossard n° 23, siglé *Ovomaltine*[1], Diana n'est pas peu fière de ses résultats ! À part le ski, Diana n'y apprend pas grand-chose. Surtout pas le français, car elle passe son temps à papoter avec sa compatriote Sophie Kimball. L'endroit est magnifique et les montagnes sont ressourçantes, mais très vite, Diana a le mal du pays. Ce n'est pas la fondue savoyarde qu'elle dévore qui la console bien longtemps. Elle, qui n'a aucune expérience de la vie, s'ennuie fermement. Elle pourrait faire la fête dans les discothèques de Gstaad comme ses camarades, mais ça ne l'amuse pas. Elle écrit à ses parents pour les supplier de la faire rentrer. Tous les arguments sont bons : elle n'apprend rien, elle s'ennuie, ils gâchent leur argent, etc. Sa mère finit par céder et convaincre son père de la faire rentrer. Diana revient au printemps après seulement trois mois et bien peu de nouvelles compétences.

Une fois rentrée de Suisse, bien que toujours aussi inexpérimentée, elle veut son indépendance.

« Je voulais gagner ma vie comme toutes les jeunes filles anglaises », expliquera-t-elle sur cette période. Déterminée à travailler, mais dépourvue de savoir-faire, elle se tourne vers le seul métier qu'elle sait exercer : s'occuper d'enfants. À l'époque, peu de moyens sont réellement consacrés à l'éducation des filles. Elles n'ont guère mieux à faire qu'attendre leur premier bal des débutantes pour se marier avec leurs condisciples. Diana est la parfaite jeune fille au pair pour la bonne société londonienne. La garde d'enfant n'est pas très lucrative. Diana ne rechigne jamais à la tâche et ne se comporte jamais comme une diva. Alors, pour arrondir ses fins de mois, elle devient en plus femme de ménage. Elle travaille notamment pour sa

1. Ovomaltine est une poudre que l'on mélange à du lait pour donner une boisson chocolatée légèrement tonifiante. D'origine suisse, cette poudre est composée de malt d'orge, de lait écrémé, de cacao et de levure.

sœur Sarah qui s'occupe de la gestion immobilière d'un bien confié par son père. Outre le fait qu'elle soit mal payée (environ 1 livre de l'heure), Sarah s'amuse à mal traiter sa cadette. Cela n'entachera toujours pas l'adulation que Diana lui porte.

À son arrivée à Londres, ses parents la jugeant trop jeune pour vivre seule, ils sollicitent un couple d'amis. Diana s'installe chez le photographe Jeremy Whitaker, et sa femme Philippa pour qui elle faisait déjà du baby-sitting régulièrement. Elle sera désormais la *nanny* attitrée de leur petite Alexandra. Quelques mois plus tard, elle emménage dans l'appartement que sa mère a conservé à Londres. Elle n'y vient que très rarement et Diana goûte enfin à la liberté. Situé en plein cœur de Belgravia, un quartier du centre de Londres, l'appartement du 69 Cadogan Place est représentatif d'un logement aristocrate de l'époque sans prétention. Dernier d'une longue série d'immeubles tous identiques, l'appartement se pare d'une façade blanche immaculée égayée par les jardinières aux fleurs rouges, et d'un porche à colonnes. Une petite barrière longe l'espace protégeant les pièces situées en dessous du niveau de la rue.

À la rentrée 1978, elle décide de s'inscrire aux cours de cuisine de la très réputée et française Elizabeth Russel à Wimbledon. Cette célèbre école initie les filles de bonne famille à l'art culinaire. Diana suit ces leçons sans grand intérêt. À part avoir récolté quelques kilos, elle n'a pas l'impression d'apprendre grand-chose : « À l'époque, ça paraissait préférable à taper à la machine, alors j'ai obtenu mon diplôme ! »

Rien ne la passionne vraiment. Enfin, plus exactement, ses vraies passions s'éloignent. Les animaux sont restés à la campagne. Les enfants ne comblent pas complètement ses besoins. Quant à la danse, ses rêves déçus la hantent. Frances inquiète pour l'avenir de sa fille arrange une rencontre avec la légendaire Betty Vacani, professeur de danse de la couronne.

Diana auditionne au printemps 1979 au studio de Brompton Road et devient répétitrice. Malheureusement, seulement quelques semaines après son démarrage, elle fait une mauvaise chute à ski durant son séjour dans les Alpes françaises avec Mary-Ann Stewart-Richardson. Le tendon de sa cheville gauche déchiré mettra des mois à guérir complètement. Ce banal accident signera définitivement la fin de ses velléités de danse professionnelle. La maladie de son père marque cette période. En septembre 1978, John est admis à l'hôpital pour une hémorragie cérébrale et reste dans le coma pendant deux mois. Diana racontera qu'elle en avait eu la prémonition quelques jours auparavant. Cette nouvelle la perturbe. Et si Papa mourait ? Il est trop tôt. Elle n'est pas encore prête. Raine, considérant son mari dans un état critique, empêche les enfants de lui rendre visite. Elle veille sur lui pour lui « insuffler sa force vitale », dira-t-elle. Son état empire pourtant, et il est transféré au Brompton Hospital. Raine, déterminée à sa guérison, se procure un médicament allemand non autorisé en Angleterre. Sa ténacité a eu gain de cause. John est guéri. Il quitte l'hôpital pour un mois de convalescence à l'hôtel Dorchester de Park Lane. Diana lui rend visite. Quel soulagement ! Il ne sera plus jamais le même. Elle le voit dans son regard.

À ses dix-huit ans, Diana reçoit l'héritage de sa grand-mère. Sur les conseils de sa mère, elle acquiert un sympathique appartement pour 100 000 livres[1] situé dans le quartier d'Earl Court. Précisément au 60 Coleherne Court, l'appartement dispose de trois chambres. Un peu dans le même style que le précédent, les pavillons se succèdent entre façades blanches et briquettes grises. Des porches et des balcons en enfilade donnent une merveilleuse uniformité à la rue. Meublé avec

1. Environ 600 000 euros actuels

goût et simplicité, il arbore fièrement des tons pastel. Elle le convertit en colocation, car, indépendamment de l'apport financier, elle aime cette ambiance de vie entre copines. Pour dix-huit livres par semaine, trois ou quatre colocataires selon les périodes partagent la vie de la future icône. Parmi les copines ayant vécu avec Diana, on retrouve Sophie Kimball, la fille d'un député conservateur avec qui elle était en Suisse, Virginia Pitman, Anne Bolton ou encore Philippa Coaker. Les deux plus fidèles sont sans nul doute Carolyn Bartholomew-Pryde et Laura Greig. Carolyn, marraine du prince Harry, restera l'une des plus proches amies de Diana, elle-même marraine de son fils Jack. Ces « indécrottables provinciales » comme le dira Carolyn, s'amusent énormément en restant toujours raisonnables ; bien loin de la jeunesse citadine délurée qu'elles auraient pu fréquenter. Quant à Laura, cette ancienne camarade de classe deviendra plus tard l'une de ses dames de compagnie.

Diana confiera dans les années quatre-vingt-dix que cette période est probablement la plus heureuse de sa vie. Elle aime cette ambiance simple et innocente. « Je riais comme une folle, là-bas [...] Quel plaisir de partager un appartement avec mes amies ! J'ai adoré ça ! C'était formidable. » La *Chief chick*[1] organise la vie de la maison de main de maître. Tout est toujours en ordre malgré les va-et-vient. Diana passait son temps à nettoyer. En revanche, ces jeunes filles un peu dodues ne cuisinaient pas beaucoup. En plat principal, en dehors des traditionnels spaghettis, on trouvait selon les jours du roulé au chocolat, du bortsch à la russe, sa « spécialité » ou des bols de céréales ! Les soirées étaient emplies de rire sans fin et des fous rires légendaires de la princesse. Canulars téléphoniques ou descentes armées d'œufs et de farine pour attaquer les voitures des copains, l'ambiance était à la franche camarade-

1. Poulette en chef

rie et finalement bien innocente. Une bande de copains, bien élevés et sans prétention, qui profitent de la jeunesse, voilà ce qui constitue à l'époque l'entourage de Lady Diana. Parce qu'elle veut à tout prix prouver son indépendance à ses parents, Diana enchaîne plusieurs boulots. En plus des ménages et des baby-sittings, elle s'occupe du linge des jeunes aristocrates pressés, comme William van Straubenzee ou encore Rory Scott. De temps en temps, elle est serveuse pour des fêtes privées. Tous ses employeurs la décrivent comme sérieuse et vaillante. Gaie et vivante, Diana mène une vie tout ce qu'il y a de plus normale dans la trépidante capitale anglaise.

C'est en septembre 1980 que la jeune femme obtiendra son premier vrai travail. Elle est recrutée au Young England Kindergarten, le jardin d'enfants situé au bout du parc Saint-Georges à Pimlico. La petite entrée en brique rouge laisse apparaître de fantastiques locaux et un magnifique jardin à l'arrière. D'abord, seulement trois après-midi par semaine, Diana s'implique et démontre ses talents d'encadrement. Rapidement, elle travaillera trois journées entières par semaine. Les deux autres jours, elle est la *nanny* d'un petit américain.

Plus jeune éducatrice de l'équipe, Diana se montre tout à fait adaptée à ses missions. Elle anime avec ferveur des ateliers de peinture, de musique ou d'histoires. Elle se charge également avec le sourire des tâches du quotidien parfois moins amusantes. Tous ses collègues s'accordent à dire qu'elle travaille dur. Les compliments sont nombreux pour celle qu'ils jugent être « une collègue de rêve » : charmante, réfléchie, généreuse, sérieuse, responsable, sympathique. Ils font surtout l'éloge de son don avec les enfants. Cette expérience est une magnifique école de la vie qui cultive l'humilité et l'ouverture d'esprit. Si ses débuts à Londres sont timides, petit à petit, Diana s'épanouit dans sa vie amicale et professionnelle. Cela reste plus hasardeux dans sa vie amoureuse.

Ses lectures à l'eau de rose abreuvent ses pensées un peu naïves d'adolescentes. La Lady rêve à son conte de fées. Un jour son prince viendra. Dès l'âge de treize ans, elle dit : « Je sais que j'épouserai un personnage public. » Comme toutes les jeunes filles, elle imagine son mariage. À ses copines, elle confie ses espoirs. Elle se mariera à un prince ! Andrew, peut-être son compagnon de jeu de Sandringham, avait-elle pensé. Charles, imagine-t-elle désormais. Quoi qu'il en soit, il sera beau, fort et intelligent. Il la comprendra sans qu'elle ne parle. Il la consolera de tous ses maux. Il sera là. Toujours. Un peu comme un père sur qui la petite fille se repose. Un peu comme ce père qu'elle adule tout autant qu'il ne remplit pas ses attentes. À son journal, elle confie ses angoisses. Ne pas reproduire l'histoire. Son souhait le plus intime : un foyer heureux et stable. Son besoin de sécurité affective est si grand. Ce rejet ressenti dans l'enfance la poursuit. Elle sourit. Il est là, tapi au fond d'elle, prêt à bondir sous de terribles formes. Elle est calme. Il est toujours là, plus puissant que jamais. Comment y faire face ? En rencontrant celui qui pansera ses blessures. Elle l'espère. Celui qui sera à ses côtés en toutes circonstances. Celui qui sera fort et tendre à la fois. Celui qui comprendra ce qui se cache derrière sa timidité et son regard docile.

Diana est une romantique, une enfant aux espoirs princiers, une fleur bleue. À son arrivée à Londres, sa timidité la préserve des amours tumultueuses des jeunes adultes. Elle appréhende les garçons. Tout au moins, elle ne s'en approche pas trop. Elle garde le silence pour ne pas dire de bêtise. Elle rit aux blagues des autres pour ne pas trop attirer l'attention sur elle. Quand, enfin, quelques rares fois, elle trouve le courage de parler, elle se sent rougir si fort qu'elle s'interrompt, sourit nerveusement et plonge dans ses bottines.

Diana fait partie de ce qu'elle appelle la « brigade des bandeaux de velours ». De quoi parle-t-elle ? D'un groupe de jeunes femmes issues de la haute société évoluant dans un certain cadre et aspirant à un certain type de vie amoureuse. Ces *Sloane Rangers*[1] mènent une vie rangée, presque banales, car elles se réservent pour la suite. Diana en est une parfaite illustration : elle ne boit pas, ne fume pas, ne fait pas la fête.

À l'époque, elle est très entourée, d'amis, plus que d'amants. Elle repousse souvent un peu niaisement les avances. Elle rougit bêtement lorsque ses camarades parlent de sexe ou racontent une blague grivoise. Étonnante cette idée de se « garder » ; d'autant plus dans la jeunesse anglaise débridée des *seventies*. « Je devais me garder pour ce qui m'attendait », dira-t-elle quinze ans plus tard, comme si elle avait su.

D'une rare beauté, elle ne laisse pourtant pas les jeunes hommes de son entourage indifférents. Ils n'osent pour autant pas vraiment l'approcher. Consciemment ou inconsciemment, elle leur envoie un message : vous n'êtes pas à la hauteur de mes aspirations. Adolescente, Diana se confie très peu à ses amies sur ses aventures amoureuses ou ses coups de cœur. Certaines pensent connaître quelques secrets de la princesse, mais elle ne s'affiche jamais en galante compagnie. Cependant, on lui a prêté avec le temps une longue liste de fréquentations. Elle avoue qu'elle a eu « des béguins, des béguins très sérieux, pour plein de gens ». Son *boyfriend* le plus connu s'appelle George Plumptre. Noble et diplômé de Cambridge, il aurait fait un mari parfait pour la jeune Lady. Ils se fréquentèrent pendant plusieurs mois allant jouer au tennis, participant à des soirées chez des amis communs ou encore sortant en ville.

Diana a également fréquenté des hommes plus âgés, issus de son milieu social, comme le membre de la garde écossaise, Rory Scott ou William van Straubenzee, pour lesquels elle

1. Cette appellation est tirée du nom de deux lieux à Londres : Sloane Street et Sloane Square, situés dans les quartiers royaux de Chelsea et Kensington et considérés comme très BCBG. Il s'agit d'un jeu de mots avec Lone Rangers. En français, on dirait les jeunes filles BCBG des beaux quartiers.

travaillait de temps en temps. Rory reconnaîtra publiquement qu'elle « était très attirante », mais confirmera que leur relation resta platonique. Willie rapporte une courte romance. Diana et lui formaient un duo très complice. Elle lui piquait ses chemises pour assortir avec son jean. Prémisses de l'icône mode ? Peut-être ! D'autres jeunes hommes de son âge gravitent dans son entourage. Deux d'entre eux font partie de sa bande de copains attitrés. Lors de son voyage au ski à l'hiver 1979, les anciens d'Eton les accueillent, ses amies et elle, dans leur joyeuse équipe. Il règne une ambiance de franche camaraderie. Diana se détend un peu. Elle se sent dans son élément, comme dans les dortoirs des pensionnats ou plus récemment à la coloc'. Batailles de polochons, chansons débiles et blagues permanentes : voilà qui permet à Diana d'oublier sa timidité et sa tristesse. Tous racontent qu'elle passe son temps à « glousser ». Elle n'est pourtant pas nunuche, simplement débordante de vie ! C'est dans ce cadre qu'elle rencontrera des amis pour la vie comme Simon Berry, James Bolton, Alex Lyle ou encore Christian de Lotbinière. Ils s'amusent de son côté ingénu avec ses photos du prince Charles dans son lit. Blessés pendant le séjour, Adam Russell et Diana se rapprochent. Adam découvre l'autre facette de sa personnalité. Une part plus sombre s'expose à lui : plus réfléchie, plus triste aussi. Ils partagent une romance saisonnière sans grande conséquence. Adam, tombé très amoureux d'elle, comprend vite qu'il ne fera pas le poids face à son prince. Il ne cherchera pas à forcer les choses entre eux et demeurera un ami fidèle.

Dans sa période londonienne, Diana a également entretenu une liaison avec l'étudiant en médecine James Colthurst avec lequel elle partage la passion des imitations ! Après leur idylle, ils deviennent des amis proches. C'est le Dr Colthurst qui fera le messager pour apporter les cassettes à Andrew Morton. Certains évoquent des amitiés intimes avec le militaire de la Coldstream Guards, James Boughey ou le député du Norfolk, Henry Bellingham. Ses quelques amourettes ne sont que peu marquantes pour la jeune Diana. Au mieux, elles lui permettent de s'essayer à la vie amoureuse sans risque. En effet, les hommes fréquentés étant tous de bonne famille, ils ont des manières. Les *gentlemen* sont tenus à la discrétion. Quoi qu'il en soit, les plaisirs charnels ne l'intéressent pas trop. Ce qu'elle cherche auprès d'eux ? De la tendresse et de l'affection. L'enquête de moralité a juré des vertus de la future princesse. Nul ne saura jamais si elle était encore vierge le soir de sa nuit de noces. Charles semble le penser. La famille royale en était convaincue. L'affaire était réglée.

Ces deux années passées à Londres vont transformer Diana en profondeur. La jeune fille boulotte et mal fagotée s'est métamorphosée en une ravissante Lady. Toujours joufflue, comme, lorsqu'elle était enfant, sa timidité s'estompe progressivement et elle cesse de se comporter comme une gamine. Son frère Charles dira : « À 16 ans, elle était tout à coup magnétique, tout le monde s'intéressait à elle. »

Il n'est pas le seul à s'en apercevoir. Nombreux sont les témoignages parlant de son aura. Elle a cette capacité rare à capter le regard de l'autre. Quiconque avait croisé ses yeux ne pourrait plus jamais les oublier. Elle brille. Et, cela se voit chaque jour un peu plus. Elle prend enfin conscience de son charme. Cela alimente son grand dessein. Elle sera une star. Sa sœur confie non sans une pointe de jalousie qu'elle ne se « doutait pas qu'elle ferait une si belle femme ».

Avec la découverte de sa beauté, sa confiance en elle grandit aussi. Diana devient populaire. Elle est celle à qui l'on parle dans les soirées. Sarah vit de moins en moins bien de se faire toiser par sa petite sœur. Un jour, alors que Diana lui demande de la raccompagner à Londres à son retour, elle lui oppose le supplément d'essence. Évidemment, Sarah devient la risée de la bande de copains. Diana jubile. Son heure est venue. L'adolescente pensive et mal habile est désormais une jeune femme charmante et enjouée. Elle affirme progressivement son style et quitte son look trop BCBG pour des tenues plus confortables. Pulls Benetton, robes Fiorucci, chemisiers Liberty's : confort et simplicité, mais avec classe, s'il vous plaît !

Précisément une année sépare les deux premières rencontres de Charles et Diana. Ainsi, c'est à l'occasion d'un bal à Buckingham Palace donné pour le 30e anniversaire de Charles, le 14 novembre 1978, qu'ils se retrouvent. « J'ai passé un moment très agréable au bal, fascinant. Je n'étais pas du tout intimidé par le décor. J'ai trouvé cet endroit sidérant ». Charles est un habitué de tout ça. Cela en devient presque lassant. Trente ans plus tôt, le peuple anglais était en liesse pendant que les eaux de la fontaine de Trafalgar Square jaillissaient. Très vite, l'héritier avait dû renoncer à son enfance à base de *plum-pudding* et aventures de Tintin pour se préparer à son devoir. En même temps, il avait dit adieu à ses rêves de travail ou d'aventure. Après une scolarité un peu trop chaotique au goût de ses parents, il avait été envoyé à Gordonstoun, en Écosse, pour recevoir une éducation à la dure ! Le 1er juillet 1969, alors que Diana fête son 8e anniversaire, le jeune Charles est sacré prince de Galles. Son couronnement effectué, Charles s'engage dans la Royal Air Force puis rejoint la Royal Navy.

Adepte de sensation, il s'adonne à la plongée sous-marine en arctique, à la planche à voile, au saut en parachute, campe en Himalaya, participe à des courses de chameau dans le désert ou de traineaux en Alaska, etc. Charlie Boy n'arrête jamais. Le moindre de ses faits et gestes est surveillé, analysé et commenté. Il le sait et il en joue ! Outre sa pratique sportive et artistique, il est le premier membre de la famille royale à détenir un diplôme. Homme de cultures, passionné d'archéologie et d'anthropologie, il obtient une licence d'histoire. Plus que des études, il a la passion des femmes. Dans sa position, les conquêtes ne lui sont pas ardues. Les idylles se succèdent et les médias adorent. La fille de l'ambassadeur britannique au Chili Lucia Santa Cruz, son amie d'enfance Carolyn Jane Wellesley, des héritières de familles royales européennes comme Caroline de Monaco, Marie-Christine de Hollande, Anne-Marie du Danemark ou Marie-Astrid du Luxembourg, quelques filles de notables anglais parmi lesquelles Georgiana Russel, Laura Jo-Watkins, Carolyn Percy. Bien sûr, il adore ce côté playboy et s'amuse à poser de manière équivoque avec de nombreuses femmes. On lui prête ainsi des aventures avec Farah Fawcett, Trixia Nixon, Sophia Loren, Margaret Trudeau, Barbra Streisand. Charles entretiendra deux relations sérieuses avant Diana : Amanda Knatchbull, fille de Lord Brabourne et petite-fille de son oncle Dickie Mountbatten et Anna Wallace, fille d'un propriétaire terrien écossais. Impulsive, la jeune Anna était surnommée Whiplash Wallace. Ils auraient entretenu une relation houleuse jusqu'à leur séparation, car Charles s'était affiché avec une certaine Camilla Parker-Bowles. Les deux jeunes femmes avaient été envisagées comme potentielles épouses. Le prince Charles est encore tendre et cela inquiète ses parents. « Je suis tombé amoureux un nombre incalculable de fois », confesse-t-il. Ce qu'il aime ? Qu'on l'admire, qu'on l'adule. Et puis, il y a l'excitation de la rencontre également. S'il avait pu, il aurait préféré de ne pas se marier. Quand on est l'héritier du trône, ce n'est pas une option. À 31 ans, son célibat commence à poser question. Sous son air jovial, son charme et son humour se cache pourtant un homme difficile à vivre. Charles est un grand anxieux. Il vit sur les nerfs et ça se voit : il mord ses lèvres, tourne sa chevalière, tord ses mains. Triste et mélancolique, il devient parfois irascible. Il s'emporte contre ses domestiques, force ses petites amies à l'appeler *Sir*, ne crée jamais de relations sincères. Intelligent et cultivé, il sait que son destin est scellé. Désabusé, il confie : « Je suis conscient du rôle absurde que je dois à ma naissance. Je n'ai pas de pouvoirs, je m'en console, car la monarchie est le plus vieux métier du monde. »

Jusqu'à l'annonce de leurs fiançailles deux ans et demi après, Charles et Diana se verront ponctuellement. C'était une relation considérée comme régulière dans ce milieu, surtout pour l'héritier du trône. Après le bal auquel Diana assiste avec sa sœur Sarah, les deux Spencer sont invités à un week-end de chasse sur les terres de Sandringham en janvier. À cette occasion, Diana passera un long moment à bavarder avec Charles. Il la trouve rafraîchissante. Elle l'admire déjà.

Le point de bascule de leur relation, tout au moins du point de vue de Charles – est certainement leurs retrouvailles en août 1979 en marge d'un match de polo auquel le prince avait invité Diana. Pour Charles, le polo est une soupape émotionnelle, un endroit où il est lui, presque sans contrainte. S'ensuit une soirée chez un de ses amis, Robert de Pass, dans le Sussex. Quelques jours avant son *papa de cœur*, le comte Mountbatten a été assassiné par l'IRA dans un attentat au cours d'une partie de pêche en Irlande. Le chagrin et la colère rongent le prince Charles qui retrouve son réconfort auprès d'une certaine Camilla. Ce jour-là, toutefois, c'est Diana qui l'écoute. Assis sur une balle de foin, ils parlent. Il lui partage sa tristesse de la disparition de Dickie, le surnom affectueux de son grand-oncle. Elle se montre compatissante. « Vous aviez l'air si triste en remontant l'allée lors de la cérémonie. Je n'ai jamais rien vu d'aussi poignant. Mon cœur a saigné pour vous [...], vous devriez avoir quelqu'un qui veille sur vous », lui dit-elle en le regardant avec tendresse. La conversation se prolonge tard dans la nuit. Charles l'observe avec un œil nouveau. Flattée de son attention et émue de sa compassion, elle le touche. Elle est si naturelle. Diana est sous le charme. Elle a compris qu'il aime se plaindre. « Elle savait parfaitement jouer les cordes sensibles du prince. Elle restait autant que possible dans son champ de vision, toujours jolie et comme il faut, toujours joyeuse. Elle était maligne et comprenait que peu d'hommes savent résister à une jolie fille qui les adore ouvertement surtout une fille au rire ravissant et à l'esprit de repartie, disponible et qui montre clairement son adulation. Le prince était flatté et enchanté », racontera Lord Charteris qui était présent. Charles relatera ce moment à Lady Hussey en disant qu'il pense avoir trouvé sa future épouse. Il se rappellera les mots de Dickie : « Un jeune homme de ton rang doit sortir, jeter sa gourme et se trouver ensuite une prétendante, qu'il épousera et dont il fera la future reine d'Angleterre » C'est peut-être le moment. Elle est si douce. Il ne cessera de l'observer, le reste du week-end.

« Charles avait tout le temps les yeux rivés sur moi », soulignera Diana le trouvant un peu inquisiteur. Il lui propose de rentrer à Londres avec lui. Elle décline, prétextant de ne pas oser se désengager de leurs hôtes à l'impromptu. Elle croit surtout bon de faire patienter le prince. Être une conquête de plus de l'héritier n'est pas dans ses plans. Lorsque le prince est à proximité d'Althorp, il passe saluer les Spencer. Ils s'appellent pour échanger quelques nouvelles ou se croisent chez des amis communs. S'ils s'entendent très bien, rien ne laisse à penser qu'il s'agit d'un coup de foudre. Charles est à l'apogée de sa célébrité. Il est adulé pour ses exploits sportifs et ses soirées en bonne compagnie. Il est l'honneur de la famille royale et il choisira bientôt une épouse. L'amour dans tout ça…

En 1980, leurs rencontres se font de plus en plus fréquentes. Au mois de février, Diana est très émue d'être invitée à un week-end de chasse à Sandringham. Au fond, elle est surtout heureuse d'être invitée officiellement à « un truc pour les grandes personnes ». Elle effectue le trajet depuis Londres avec Lady Amanda Knatchbull. Petite-fille de Dickie, ce dernier voulait la marier à Charles. Il y serait presque parvenu si l'amitié de la jeune femme avec un diplomate n'avait pas été découverte. Une rivale de moins pour Lady Diana Spencer.

En mai, Charles invite Diana en tête à tête. C'est leur premier vrai rendez-vous galant. Ils se rendent, chaperonnés de Lady Fermoy, au Royal Albert Hall pour assister au *Requiem* de Verdi. Après la représentation, ils dînent dans les appartements du prince au palais. Charles la trouve toujours aussi amusante, mais aussi beaucoup plus mûre. Diana, elle, est encore plus éprise. Charles est définitivement le plus beau parti du monde ! Son « palmarès » est impressionnant. Huit titres : prince de Galles, comte de Chester, duc de Cornouailles, duc de Rothesay, comte de Carrick, baron de Renfrew, lord des îles, grand intendant d'Écosse. La présidence de près de 150 sociétés. Colonel honoraire en chef de dix régiments. Et des biens à ne plus savoir qu'en faire : 4 châteaux, 850 appartements (tous loués), de nombreux élevages, des mines, des parcs à huîtres, un stade de cricket, et même une prison ! De quoi faire tourner la tête de la jeune fille la plus solide du royaume. Celle de Diana ne tourne pas. Bien que très amoureuse, elle ne change en rien à son mode de vie. Un bon plat de pâtes sur les genoux avec ses colocataires devant la télévision. La vie, la vraie ! Sa seule concession ? Changer de voiture en troquant sa Renault 5 pour une Austin Metro. Il faut bien soutenir l'industrie britannique !

Durant l'été, Diana se rend à nouveau à un match de polo à Cowdray Park et accompagne Charles au Goodwood Ball, une institution dans l'aristocratie anglaise. Sa danse avec le prince est remarquée. Charles l'invite ensuite à le rejoindre sur le yacht royal *Britannia* qui suit comme chaque année les régates royales de Cowes dans le Solent. Le prince Philip, qui adore la voile, est un champion de la bonne ambiance. Le voyage se passe merveilleusement bien entre ski nautique pour elle et planche à voile pour lui. Le soir, autour du piano, Philip entonne de vieilles ballades. La soirée se termine sur des chansons de marins bien plus osées ! Ils rient. C'est ici, sur le plus ancien bâtiment de la marine royale que Charles et Diana échangent leur premier baiser.

Leur relation débute réellement et Diana est impressionnée. Tous les amis de Charles semblent savoir ce qui l'attend. Pourquoi ne comprend-elle pas de quoi ils parlent, elle ? Leur relation s'épanouit et ils semblent heureux ensemble durant ce mois d'août 1980. Diana séjourne dans le pavillon de sa sœur Jane et son beau-frère Robert qui se situe sur les terres royales de Balmoral. En journée, elle croise son prince, le soir, ils dînent, puis elle regagne sagement sa chambre. Les moments partagés sont rares, mais agréables. Charles commence à l'envisager comme épouse. Elle pourrait lui faire oublier le grand amour de sa vie, Camilla.

À la rentrée, il décide de l'inviter officiellement à Balmoral. Achetée en 1853 par le prince Albert pour que la reine Victoria s'y repose, la propriété est la plus appréciée de la famille royale. Situé en Écosse, sur les rives de la Dee, l'endroit est typique de la campagne écossaise. Grandes forêts et landes vertes, le lieu est un véritable appel à la nature. Étendu et rénové en pierre de grès grise du pays, le château ressemble à une forteresse.

Décoré de tapis et tentures au motif Hunting Stewart – ce tartan vert caractéristique tissu écossais – il règne une ambiance nature. Hall en lambris, damier de marbre noir et blanc et collections d'objets de chasse ou de pêche, le mode de vie de la famille royale y est célébré. Une vie presque autarcique pourrait y avoir lieu avec les récoltes du jardin et les prises de la pêche et de la chasse. Les membres de la famille royale se baladent en kilt et l'on joue de la cornemuse pendant le dîner. Le petit déjeuner est aussi local à base de porridge, hareng fumé et pilaf de poisson. Cet endroit est probablement celui où l'ambiance est la plus familiale et chaleureuse. La reine, qui rêverait d'en faire sa véritable maison, s'y sent merveilleusement bien ; de même que son mari et son fils.

C'est aussi un lieu chargé d'histoires et de traditions pour les Windsor, notamment par admiration pour la reine Victoria.

Surnommé « l'épreuve de Balmoral », ces quelques jours dans le château écossais en présence de toute la famille royale a tout d'un examen de passage. Diana le sait. « Je n'avais jamais séjourné à Balmoral auparavant. J'avais peur parce que je voulais être parfaite. [...] En fait, l'appréhension [se révélera] pire que le séjour lui-même. » C'est à l'occasion des jeux de Braemar[1] que Diana arrive au château. À l'instar de la reine, Charles est heureux sur les terres de Balmoral. Chasse, pêche, promenade, nature : le comble du bonheur pour la famille royale. Le prince vaque à ses occupations habituelles tout en posant un regard attentif sur la jeune femme. Comment s'intègre-t-elle dans le décor ? Diana n'est pas une grande cavalière. Elle n'est pas très sportive non plus... En tout cas, pas de la manière dont on l'entend à Balmoral. Lorsque les hommes partent en chasse, Diana reste au château. Vers midi, accompagnée des autres femmes, elle se met en quête de son petit-ami un panier pique-nique sous le bras. Elle ne se déplaît pas dans ce mode de fonctionnement. Le soir, ce sont les retrouvailles. Diana est si heureuse d'enfin passer du temps avec son bien-aimé. Ce qu'elle découvre malheureusement, c'est qu'ici tous les dîners sont officiels. La tradition veut qu'elle soit séparée de Charles à table.

Après le dîner, Charles fait danser toutes les invitées. Pourquoi ne danse-t-il pas qu'avec elle ? Diana est jalouse. Elle ne veut pas le montrer. La dernière danse, c'est pour elle ! Elle se fiche des traditions. Cet endroit est déstabilisant. « Je suis vraiment désolée. C'est difficile de se repérer quand on arrive dans une drôle de maison », confie-t-elle à Paul Burrell. Elle se perd dans les méandres du château et ne connaît pas

1. Les jeux de Braemar sont parmi les plus célèbres jeux des Highlands. Issus de la culture écossaise, ces jeux sont principalement des lancers d'objets lourds (poids, marteaux, troncs) demandant force et technique. On trouve également des épreuves de course à vélo ou à pied. Les jeux de Braemar comptent parmi les plus grands rassemblements en Écosse, et accueillent souvent des membres de la famille royale.

tous les codes protocolaires du lieu. Le personnel commence vite à jaser sur cette étrange jeune fille gauche et peu révérencieuse. Une seule robe du soir ? Pas de chaussures pour arpenter la lande ? Elle n'est définitivement pas faite pour être ici, se disent-ils dans le secret des couloirs. Pourtant, Diana coche toutes les étapes. Elle discute avec les membres de la famille royale. Elle se montre charmante avec le personnel, comme avec les invités qui défilent. Elle s'adapte aux règles tout en faisant preuve d'humour. La reine-mère, dont l'avis est primordial pour Charles approuve : « La douceur, la modestie et la discrétion de Diana faisaient d'elle une personnalité idéale pour le rôle de la princesse de Galles. »

Les rencontres des tourtereaux sont certes plus fréquentes, mais rien ne laisse présager un mariage à venir, ni même des fiançailles. En plus de six mois, aucun journaliste n'a réussi à voler un cliché du jeune couple. Ils ont pourtant bien essayé lorsque Diana a rejoint Charles, qui pêchait dans la Dee. La seule chose obtenue, c'est une silhouette surmontée d'un fichu écossais partiellement cachée par un arbre. Voilà qui est bien peu pour une presse friande de détails croustillants. Quelques jours plus tard, la Une du *Sun* les met à nu. « Il est encore amoureux, lady Di est la nouvelle petite amie de Charles » La presse veut tout savoir sur cette jeune femme : d'où vient-elle, qui sont ses amis, est-elle amoureuse ? Il cherche aussi des ragots sans succès. C'est peut-être bien la bonne ! Les médias sont sous le charme. Faisant habituellement partie des lecteurs, Diana a compris comment leur plaire. Ils la pousseront doucement vers son prince s'ils sont séduits, elle le sait.

Quelques semaines après le séjour à Balmoral, leur relation accélère. Diana a satisfait à l'examen ! Charles le pense, ce qui est heureux. Mieux, encore, la reine acquiesce. Charles s'ouvre alors de ses projets à sa grand-mère. Celle-ci, emballée par ce mariage *presque pas arrangé* lui enjoint d'aller séjourner avec Diana dans son château de Birkhall, en Écosse. Ils passent un moment très agréable et Charles commence à s'envisager sérieusement marié à Diana.

Encore faut-il satisfaire un nouvel examen de passage ! Visiter Highgrove. Highgrove, c'est cette propriété que le prince a choisie. Son chez lui, enfin ! Il ne pense pas forcément au mariage quand il l'acquiert, mais très vite il la considérera comme l'endroit parfait pour créer une vie de famille au calme. Pour l'instant, c'est un chantier qui semble sans fin, mais le prince s'y sent déjà à son aise. Il est si heureux de cette liberté qu'il veut la partager avec sa future femme. Ils visitent le moindre recoin des lieux. Charles commente. Ici, je voudrais faire tel aménagement. Là, j'aimerais avoir tel style de décoration. Diana l'écoute avec attention.

Durant l'automne, elle se rend à plusieurs reprises sur place, sans jamais y séjourner. Pas question de prêter le flanc aux ragots de village ! À chacune de ses visites, Highgrove devient un peu plus chez elle aussi. Charles lui demande son avis. Il aimerait qu'elle supervise la décoration. Après tout, il faut qu'elle lui plaise. Pourtant, Diana ne se sent pas chez elle. Au fond d'elle, un pressentiment lui dit qu'elle ne sera jamais chez elle ici.

La visite d'Highgrove ne se limite pas à l'apparente visite de chantier. À chacun de ses passages, Diana rencontre Camilla Parker-Bowles. Celle-ci est très envahissante. Elle semble connaître les détails de son intimité avec Charles. Elle se permet même de la conseiller… Diana se rend compte que le couple Parker-Bowles fait partie des invités habituels de Balmoral. Charles et elle passent régulièrement des week-ends chez eux lorsqu'il monte à cheval à Ludlow. « Je suis restée chez les Parker-Bowles affreusement longtemps, et je ne comprenais pas pourquoi Camilla n'arrêtait pas de me dire “ne le forcez pas à faire ceci, ne faites pas cela”, elle en savait tant sur sa vie privée ! »

Elle fait également la connaissance de la bande d'amis au centre de laquelle se trouve Camilla. Elle ne les apprécie pas beaucoup. Des courtisans, voilà ce qu'ils sont. Des flatteurs intéressés. Ils ne sont jamais vraiment là pour Charles quand il en a besoin. « Ils faisaient tout de la lèche. Ils lui baisaient les pieds et j'ai trouvé que c'était affreux pour un individu d'être la proie de toutes ces flagorneries. » Quand sa relation avec Diana évolue, Charles veut absolument recueillir l'opinion de son *amie*. Si Camilla ne les a pas présentés (comme elle se plaît à le raconter), elle s'immisce pourtant très vite dans leur histoire. Charles a besoin d'une fille « qui ne l'embêterait pas trop », dit-elle à leurs amis. Est-ce donc si difficile de dénicher une fille vierge d'un bon milieu de nos jours ? Quelle charmante façon d'envisager une union sacrée !

Alors, Camilla écoute le prince lui parler de sa future femme. Elle la rencontre à plusieurs reprises. Elle sera une merveilleuse épouse, une bonne mère et une reine parfaite, lui dit-elle. Ce que Camilla cherche surtout pour la future femme de son amant, c'est qu'elle ne lui nuise pas trop ! « Elle encouragea l'histoire entre Charles et Diana parce qu'elle jugeait cette dernière empotée. Elle ne l'envisagea pas une seconde comme une menace… », précise son beau-frère. Camilla savait pertinemment qu'une femme comme elle – roturière et déjà mariée – ne pourrait jamais être la future reine d'Angleterre. Le souhaitait-elle seulement ? Être la maîtresse du roi en étant marié à l'homme de sa vie lui convenait parfaitement ! Il n'était pas question de répéter l'histoire et de créer un nouveau scandale pour la couronne. Charles étant très amoureux, elle voulait préserver cette relation si particulière qui les unissait. Elle pourrait manipuler Diana.

C'est lors d'une balade dans les jardins de Camilla que Charles commence à parler à Diana de ses envies de mariage. L'automne s'achève et déjà la nouvelle année approche. Diana n'a que dix-neuf ans. Charles n'est pas certain. Dans les faits, il n'a pas très envie de se marier. Pour lui, se marier et vivre l'amour sont deux choses différentes.

« Le mariage est quelque chose d'infiniment plus important que de tomber amoureux. Je pense qu'il faut voir dans le mariage essentiellement une question d'amour et de respect mutuel. Il faut être bons amis et l'amour, j'en suis sûr, naîtra de l'amitié. Il m'incombe la responsabilité de m'assurer que j'ai pris la bonne décision. La dernière chose que je puisse considérer est d'avoir à divorcer. [...] Beaucoup de gens ont une idée fausse de l'amour. C'est avant tout une amitié très forte. Il faut partager les mêmes intérêts, les mêmes idées et ressentir une grande affection l'un pour l'autre. Lorsque vous avez de la chance, vous trouvez une personne attirante autant physiquement que moralement. [...] C'est certainement la dernière décision où je voudrais que ma tête soit dominée par mon cœur. » Charles aurait sans doute mené une vie à la campagne, loin des mondanités qui l'irritent, s'il n'avait pas été le fils de la reine. Il se serait engagé pour des causes et aurait vécu de ses passions : la peinture, la littérature, la chasse et le polo. Sa propre biographe, Penelope Junor, sent le poids d'un destin bien trop lourd à porter lorsqu'elle dit que « le prince Charles est l'homme le plus triste que [elle n'ait] jamais rencontré ». Elizabeth et Philippe commencent à s'inquiéter. Plus le prince vieillit, moins les prétendantes sont nombreuses. À 33 ans, c'est presque irresponsable de n'être pas marié. Diana est là, et espère. Philip écrit à son fils pour qu'il se décide. Si Charles reçoit cette missive comme une menace, Philip essaie de lui faire comprendre qu'une décision s'impose. La situation est très inconfortable, notamment pour la jeune et impressionnable Diana Spencer.

Une nouvelle rencontre a lieu en janvier. Il écrit à un ami : « Je souhaite vivement remplir mon devoir envers mon pays et, ma famille, je suis parfois terrifiée à l'idée de faire une promesse et de vivre, peut-être pour la regretter. » Puis, le prince part aux sports d'hiver. Avec une bande d'amis, et en galante compagnie. Diana ne peut s'empêcher d'être jalouse.

Devrait-elle sans arrêt s'inquiéter de son prince ? Non, quand ils seront fiancés, puis mariés, tout sera différent. Il sera à elle, rien qu'à elle. Durant son séjour, Charles l'appelle, il doit la rencontrer. C'est important. Dès son retour. Diana s'imagine toute sorte de scénarii. Ses rêves de petite fille ressurgissent. « J'ai deviné, question d'intuition féminine [...] je n'ai pas fermé l'œil de la nuit ! »

Le rendez-vous est fixé au Château de Windsor. Ainsi, la princesse en herbe se retrouve-t-elle face à un prince aguerri dans ce grand château chargé d'histoire pour sceller leur avenir. Forteresse médiévale située dans la grande banlieue de Londres, le château est célèbre pour son architecture impressionnante. Construit par Guillaume Le Conquérant, il est le plus ancien palais habité d'Europe. S'étalant sur 65 hectares, il est composé de très nombreuses pièces et plus de 500 personnes y travaillent au quotidien. Pour l'intimité, on peut toujours mieux faire ! Toutefois, c'est ici après un dîner en tête à tête que Charles formule sa demande. Elle éclate de rire, un rire nerveux. Elle rougit. Charles répète sa question et insiste sur la solennité du moment. Veut-elle devenir sa femme ? La future reine d'Angleterre ? Sa tête tourne. Son monde vacille. C'est ce qu'elle espérait bien sûr, mais ça a soudain l'air si réel. Dans ce petit salon, nulle démonstration de romantisme. Diana mesure la réalité de cette situation. Ni livre pour enfant ni film à l'eau de rose. Pas de prince à genou. Pas de grandes effusions. Un échange. Sérieux. Tout ce qu'il y a de plus sérieux.

Charles explique les conséquences de sa demande. Princesse de Galles est un rôle compliqué. Elle n'aura plus de vie privée. Tous ses faits et gestes seront scrutés, commentés et détournés. Elle devra sans cesse dissimuler ses émotions. Elle sera toujours souriante et en pleine forme. Elle représentera la famille royale. La vie normale sera terminée. Diana l'écoute attentivement. Plus de déjeuner en ville avec les copines ?

Plus de café en terrasse avec un livre ? Plus de courses au supermarché ? Oui, elle comprend. Il ne lui a pas déclaré son amour, il veut connaître sa conception du mariage. Pragmatique. Pas très romantique… Elle imagine que c'est normal. Charles est le prince de Galles. Il la met en garde longuement sur les conséquences de sa décision. Il lui demande de prendre le temps de la réflexion. Diana mesure à quel point c'est important pour lui. Elle voudrait lui dire « oui » instantanément. Lui sauter au cou. L'embrasser. Lui dire qu'elle l'aime. Patience, se dit-elle. Patience. Elle l'écoute. Elle lui répond calmement qu'elle comprend très bien. Elle est prête à assumer. Elle est capable d'assumer. Il pourra compter sur elle.

Charles la trouve mature. Il a fait le bon choix. À peine la question posée, Diana sait qu'elle va dire « oui ». Elle est follement amoureuse de lui. Elle finit par le lui dire. Elle l'aime. Elle l'aime et elle l'épousera. Au-delà de son amour pour le prince, Diana sent son destin se mettre en place. Sens du devoir ? Besoin d'être utile ? Diana endosse déjà son futur rôle. Elle sera bientôt la princesse de Galles. Sera-t-elle aussi la future reine d'Angleterre ? Ça, elle en doute. Pourquoi ? Elle ne sait pas. Une sensation. Une prémonition. « Dans mon for intérieur, une petite voix soufflait : tu ne seras jamais reine, mais tu joueras un rôle difficile. » Peu importe. Elle est heureuse. Nous sommes le 6 février 1981 et sa vie vient de basculer à jamais.

Diana a dix-neuf ans et elle est fiancée au futur roi d'Angleterre. Il y a de quoi avoir le vertige ! À peine franchies le seuil de son appartement d'Earls Court, ses copines se jettent sur elle. Alors ? Ça y est ? Elle a dit Oui ! Elle a dit Oui ! Leur copine va être la future reine d'Angleterre ! Champagne ! Une soirée de fêtes s'ensuit dans les rues animées de Londres. L'insouciance, un instant. La dernière insouciance.

Quelque temps après, alors que la famille royale décide d'envoyer Charles en mission à l'étranger, Diana rentre à

Londres. Il est de tradition de séparer le couple juste fiancé pour que chacun éprouve son choix.

Quand Diana apprend la nouvelle à sa famille, tous se réjouissent pour elle. Enfin, plus ou moins. John est aux anges, sa petite princesse est en passe de devenir une grande princesse, quelle fierté ! Frances et Jane s'inquiètent. Diana est si fragile. Saura-t-elle faire face ? L'aînée, Sarah, ne peut s'empêcher de jalouser sa célébrité. Elle aurait pu épouser Charles, elle aussi ! Son frère se souvient de l'extase de sa sœur chérie : « C'était authentique, car on ne peut avoir l'air aussi heureux si les intentions ne sont pas sincères. »

Diana savait dans quoi elle s'engageait. Les médias ne l'avaient pas épargnée depuis la rentrée dernière. Si les six premiers mois de leur relation étaient passés inaperçus, les six qui suivirent n'avaient pas connu le même traitement médiatique.

À l'été 1979, quelques rumeurs bruissent déjà sur une nouvelle relation du prince Charles. Rien pourtant ne filtre. Le premier scandale a lieu le 6 novembre 1979, quand le *Sunday Mirror*, sous la plume de son rédacteur en chef Bob Edward, publie que Charles aurait affrété un train royal pour l'arrêter en rase campagne avec son amante ! Buckingham Palace exige un démenti : le prince ne dilapiderait pas ainsi l'argent public ! Quant à Diana, elle verse ses premières larmes. Elle n'était pas avec Charles cette nuit-là. Diana ne peut s'empêcher de s'inquiéter. Ce n'était pas elle, elle le sait. Et si, c'était une autre femme ? L'affaire s'étouffe rapidement, et la vie reprend son cours. Les mois passent, les médias spéculent. Qui serait à la hauteur d'un tel rôle ? Quand le prince Charles prendra-t-il enfin une épouse ? Au cours de l'année 1980, l'intérêt de la presse pour Diana grandit en même temps que celui du prince Charles. La presse s'interroge. Diana ne serait-elle pas le portrait-robot de la future reine d'Angleterre ? L'attaché de presse de la famille royale, Michael Shea, entretient le flou : « Je ne démentirai pas cette idée de fiançailles. » Une année après les premières rumeurs, l'opinion publique s'impatiente. Où est l'héritier au trône ? Charles doit se marier ! Toute personne à qui Charles s'intéresse est une reine en devenir. Pour Diana, c'est différent. Il la préserve. Pourtant en septembre 1980, tout s'enchaîne. L'engouement deviendra vite incontrôlable. « La vie dans notre appartement est devenue insupportable, mais mes amies se sont montrées merveilleuses, d'une loyauté sans égale. » Si ses copines la taquinent en mimant une révérence ou en parlant d'elle comme la future reine d'Angleterre, jamais elles ne l'auraient trahie.

La presse soupçonne une idylle bien plus sérieuse que ce qu'il n'y paraît. Les « merveilleuses journées » de Diana éveillent de nombreuses suppositions. Si elle échappe aux objectifs jusqu'à son séjour à Balmoral, il ne faut pas longtemps aux journalistes pour faire la lumière sur leur histoire. Toutefois, et contre toute attente, la presse la traite avec une grande bienveillance. Elle se réjouit même ! Charles « ne pouvait pas trouver meilleure compagne » ; Le prince a « toutes les chances », titrent-ils. La famille royale ne tarit pas d'éloges à l'égard de cette jeune femme, dit la reine Elizabeth. « Parfaite », surenchérit la reine-mère. À leurs côtés, c'est tout le peuple anglais qui se réjouit. Diana est une jeune Anglaise, une fille comme eux ! Enfin, un mariage avec une fille du pays, et pas une héritière d'une sombre famille européenne ! Diana est si touchante. *Shy Di*[1], comme il la surnomme, rougit, baisse la tête, lève ses yeux mélancoliques. *Shy Di* sait surtout se taire tout en restant polie ! Voilà qui plaît à sa future belle-famille.

Le premier, et peut-être l'un des seuls, faux pas médiatique de la future princesse est la photo du jardin d'enfants. En septembre, son lieu de travail est assiégé. Diana est gênée

1. Di, la timide

de perturber les enfants et ses collègues. Les journalistes tambourinent à la porte. Ils sont partout ! Sa responsable lui suggère de sortir se faire photographier, espérant qu'ensuite ils auront la paix. Diana accepte. Elle se montre avec deux enfants sur le parvis de l'école. Une séance photo improvisée débute. Jupe longue fluide surmontée de petits cœurs mauves, chemisier mauve et pull col V sans manches violet, talons plats, Diana s'expose à l'œil malin des journalistes. Pour seuls bijoux, son pendentif D et sa montre.

Pourtant, cette photo en apparence inoffensive fera le tour de la planète. La jeune femme n'a pas fait attention à l'exposition au soleil. Elle ne s'est pas aperçue que sa jupe est transparente. Le lendemain, ses jambes font la Une des journaux ! Quel malheur ! Diana est mortifiée. Elle en rira peut-être un jour, mais pour l'instant, elle, si timide, est embarrassée. Bien sûr, elle subit aussi la réaction du palais qui n'apprécie guère cette exhibition ! Diana est naïve. Elle ne pensait pas à mal… « Je savais que vous aviez de jolies jambes, mais je ne savais pas qu'elles l'étaient à ce point. Cela dit, aviez-vous vraiment besoin de les montrer à tout le monde ? », lui dit Charles. Il trouve que j'ai de jolies jambes, retient-elle. L'incident est clos.

Après cette scène, la crèche restera assiégée plusieurs jours. Le monde entier la regarde. Elle est tiraillée face à cet engouement médiatique soudain et incontrôlable. Il l'effraie autant qu'il l'amuse. Ce qui est certain, c'est qu'elle ne va pas changer ses habitudes pour autant ! Par moments, ça l'amuse. Elle propose à ses collègues d'aller acheter à manger pour voir s'ils sont encore là. Ils sont là. Ils sont toujours là. Elle commence à savoir comment se comporter avec les journalistes. Elle passe des *deals*. « Je vais aller me promener », leur proposait-elle. « Si vous me laissez tranquille, vous pourrez me prendre en photos à mon retour. » Au retour de sa promenade, elle marche en direction des journalistes nonchalamment derrière sa poussette ne regardant pas dans leur direction. Jeune et peu habituée, elle a développé instinctivement les bons réflexes. Un bon présage. Elle n'aime pas spécialement tout ce battage, mais elle le prend avec humour. Un après-midi, alors qu'elle n'arrive pas à sortir de sa place de parking, elle demande à un photographe de le faire pour elle ! Elle est comme ça, accessible, sympathique. Les premiers temps, elle n'a pas vraiment le look de l'emploi ! Un journaliste racontera plus tard qu'on aurait dit « une paysanne endimanchée pour venir à la ville ! » Elle détonne par rapport aux précédentes conquêtes du prince avec son peu de style et son manque de raffinement. Pourtant, toutes les jeunes Anglaises se retrouvent en elle. Elles veulent toutes lui ressembler. Son coiffeur, Kevin Shanley, devient célèbre en quelques mois. Et son style *so british* inspire les jeunes femmes partout en Europe.

Si elle fait partie de l'apprentissage de la célébrité, cette chasse sans pitié des journalistes la fatigue un peu. Elle ne comprend pas toujours le sens caché des questions et répond souvent candidement.

Le lendemain, quand elle lit les retombées, elle est outrée ! Ce n'est pas ce qu'elle a voulu dire, enfin ! Elle se sent bafouée de ce qu'on dit d'elle sans la connaître. À partir de cette période-là, elle lira assidûment la presse chaque matin. Avec l'expérience, elle mesure ce qu'elle dit. Ses réponses sont polies et évasives. Quand elle ne sait plus quoi répondre, elle sourit. Si publiquement elle garde le sourire, la situation devient difficile. « Je pleurais comme un bébé entre mes 4 murs, je ne pouvais plus supporter cette situation », confiera-t-elle. Elle est livrée à elle-même. Buckingham Palace lui recommande de prendre des précautions. « Soyez spontanée et prudente ! », lui dit-on. Une belle injonction paradoxale ! Charles ne l'aide pas non plus. Tant que rien n'est officiel, elle doit se débrouiller… Pourquoi la laissent-ils seule face à cette situation ? Un rite de passage sûrement. Bientôt la presse trouvera un autre sujet de prédilection, espère-t-elle. « La tension a commencé à monter, le fait que les journalistes suivaient chacun de mes faits et gestes a été dur à supporter. Je comprenais bien que c'était leur travail. »

Diana apprend vite. Même face aux taquineries de ses copines, elle ne dit rien. Ne pas faire une confidence qu'elle pourrait regretter. Ne pas donner le fond de sa pensée. Ne pas faire confiance. Diana développe une légère paranoïa. Charles et elle passent Noël à Sandringham. Les journalistes entourent la propriété. Même la reine et son fils s'agacent. C'est Noël, que diable ! Qu'ils les laissent tranquilles !

Plus les mois passent, plus elle est pourchassée. Son lieu de travail est assiégé. Son appartement sous surveillance. Quand elle veut partir, elle doit fait descendre sa valise avec un drap par la fenêtre de la cuisine et passer par la porte-incendie. Pour ne pas être suivie, elle abandonne sa voiture sur le trajet pour prendre un bus ou échange d'automobile avec sa grand-mère ! Sa copine Carolyn se rappelle cette époque : une véritable « chasse à courre en plein Londres ».

Diana s'adapte, trouve des stratagèmes. Elle supporte la pression jusqu'à ce qu'elle se sente en danger. L'appartement de sa mère est cambriolé. Qu'ont-ils volé ? Son album de famille. Puis, il y a cette intrusion chez elle. Cela devient pénible, vraiment pénible. Puisque la famille royale ne souhaite pas intervenir, Frances décide de la défendre. Elle écrit au *Times* pour se plaindre de l'acharnement que l'on fait subir à sa fille. « Puis-je demander aux rédacteurs en chef de Fleet Street si, dans l'accomplissement de leur travail, ils tiennent pour nécessaire ou correct de harasser ma fille tous les jours, de l'aube, jusque bien après le crépuscule ? Est-il correct qu'un être humain, quelles que soient les circonstances, soit traité de cette manière ? » Ces mots sont forts. Ils interpellent. Soixante députés écrivent une motion en « déplorant la manière dont Lady Diana Spencer est traitée par les médias ». Des solutions doivent être trouvées. Le service de presse du palais reçoit les rédacteurs en chef. Les règles du jeu sont fixées. Diana n'en demeure pas moins leur principal sujet éditorial. Il va falloir vivre avec. « J'ai pu rassembler assez de détermination intérieure pour survivre. » Après l'annonce des fiançailles, la princesse en herbe est placée sous la protection du palais.

L'heure de l'annonce des fiançailles approche. Diana va changer de vie. Pour toujours. Lorsqu'elle quitte son travail, ses collègues lui organisent une fête. Avant qu'elle ne parte, ils lui remettent un cadeau. C'est un mug. Sur l'une des faces, il est écrit « miss Diana ». Lorsqu'on la retourne, « Son Altesse Royale, Diana princesse de Galles » s'étale. C'est là sur une tasse. Le point de bascule de sa vie sur un objet de vaisselle banal.

Avant d'aller s'installer à Clarence House pour les fiançailles, la famille royale exhorte Diana à prendre des vacances, à se mettre au calme avant l'engouement que générera forcément l'annonce. Elle voyage en Australie avec sa mère. Dix jours de plage et de farniente. Dix jours d'ennui et de solitude. Charles lui manque. Que fait-il ? Pourquoi ne l'appelle-t-il pas ? « Je trouvais son attitude très bizarre, car, chaque fois que je l'appelais, il ne me rappelait pas. » Elle le pense très occupé. Elle l'avait appelé, elle. Il avait fini par la rappeler. Il fallait qu'elle profite de ce moment. Il n'y en aurait plus jamais d'autres de la sorte.

Quelques semaines plus tard, Charles racontera à la presse que c'était difficile d'être séparé. Il ira même jusqu'à préciser avec humour que, la fois où il chercha à la joindre, on ne le crut pas lorsqu'il affirma être le prince de Galles ! Durant ce voyage, Frances est inquiète. Être marié avec le futur roi est une lourde responsabilité. Elle tente de dissuader sa fille. C'est bien peut-être elle qui a peur de cette nouvelle vie. Diana confiera dix ans plus tard que sa mère n'a pas été capable de l'épauler dans cette phase difficile : « Elle passait son temps à pleurer et à dire qu'elle ne savait pas comment gérer toute cette pression. Il me semblait que c'était moi qui subissais la pression… De colère, je ne lui ai plus adressé la parole… Elle m'a rendue folle. »

Le 21 février, le *Times* pense tenir son scoop : « les fiançailles seront annoncées aujourd'hui » Raté ! Encore quelques jours de patience sont requis. La presse – comme le peuple anglais – est impatiente de savoir l'avenir de la couronne assuré. Charles a conscience de son devoir. Il doit choisir, se ranger, assumer. « Le mieux serait que je vive un peu avec une jeune fille pour savoir si je dois l'épouser. Hélas, c'est le privilège des personnes qui ne sont pas destinées au trône. Elles peuvent se tromper, je suis obligé de bien choisir du premier coup », confie-t-il aux journalistes qui le titillent sur son indécision. Il a 33 ans. Et l'on commence à craindre de le voir finir comme son grand-oncle Edward VIII qui abdiqua pour épouser Wallis Simpson, une Américaine divorcée ! L'annonce imminente sera un soulagement pour le peuple anglais, et pour ses royaux parents. Pour l'instant, les fiançailles sont secrètes. Diana doit passer un examen médical. Est-elle fertile ? Hors de question que le prince épouse, une jeune femme qui ne pourrait pas donner d'héritier à la couronne. Encore un examen de passage. Décidément, intégrer cette famille relève plus du parcours du combattant que de l'amour.

Dans l'intimité du palais, il est l'heure de choisir une bague de fiançailles. Pour ne rien laisser s'ébruiter, un subterfuge est mis en place. Le joaillier de la couronne quitte la Tour de Londres pour se rendre à Buckingham, afin que la reine choisisse une chevalière pour les vingt et un ans de son fils, Andrew. Les coffrets contiennent des bagues ; uniquement des saphirs et des diamants. Elizabeth, Charles et Diana examinent les bagues. Diana est émerveillée. « De véritables pépites ! Je les ai choisis. Enfin, si on veut. » Ces bijoux sont si beaux, si précieux. Elle aimerait choisir, selon son style, ses yeux ou encore pour rendre hommage à sa mère. Une fois de plus, elle comprend vite qu'elle n'aura ni le premier ni le dernier mot ! La reine choisit un somptueux saphir monté sur un anneau d'or blanc et entouré de quatorze diamants. Charles approuve, et Diana l'enfile. C'est un sublime bijou, elle le sait. « Je n'aurais jamais opté pour un bijou aussi criard. Si c'était à recommencer, j'aurais choisi une bague plus élégante, plus simple », racontera-t-elle pourtant plus tard.

Ce qu'il lui faut également, c'est une tenue digne d'une future princesse de Galles. Sa garde-robe n'est pas convenable, encore moins pour une telle occasion. Les dames d'honneur du palais commandent un tailleur jupe sur-mesure bleu roi désormais devenu célèbre. Un chemisier blanc au col lavallière adoucit encore l'ensemble. Ballerines noires et pochette assortie. Le chic en toute simplicité.

La veille des fiançailles, elle quitte définitivement son appartement du centre. Elle ne reviendra plus jamais y vivre. Un garde du corps l'escorte jusqu'à ses appartements. Au moment de le saluer, il la regarde fixement. Elle lève les yeux vers lui. Il ne détourne pas son regard : « C'est la dernière nuit de liberté de votre vie. » Quelle phrase affreuse ! Peut-être a-t-il raison ? Il est trop tard pour reculer.

L'annonce officielle a lieu le 24 février 1981. Le matin, Diana et Charles arpentent les couloirs du palais « main dans la main tout sourire », raconte Paul Burrell. À 16 heures, les fiancés se joignent à la reine et au duc. C'est la première fois que Lady Diana prend le thé avec la reine. Tout un cérémonial ! Tout est disposé sur la table de façon harmonieuse. Les scones amenés par un page embaument la pièce. Diana est pétrifiée. Elle n'y touchera pas. Elle ne boit pas non plus de thé. Elle n'ose pas dire qu'elle n'aime pas. Diana n'a toujours bu que du café. Le personnel s'affaire pour régler les derniers détails. Tout est prévu et minuté. Le couple va quitter la *Bow Room* (le plus beau salon de Buckingham dans lequel il règne aussi l'ambiance la plus guindée). Réservée à la famille royale et aux serviteurs de très haut rang, cette pièce est sobre et accueillante. Il descendra ensuite les escaliers de pierre et s'arrêtera sur la pelouse. C'est Michael Shea, attaché de presse, qui lit le communiqué : « C'est avec un grand plaisir que la reine et le duc d'Édimbourg annoncent les fiançailles de leur bien-aimé fils, le Prince de Galles, avec Lady Diana Spencer, fille du comte Spencer et de l'honorable Mrs Shand-Kydd. »

C'est chose faite. Diana est officiellement la future princesse de Galles. Sur le perron, leur première photo officielle est prise. Charles se trouve derrière elle sur la marche d'au-dessus et pose sa main sur son épaule. Elle place sa main gauche sur son bras droit comme pour mettre en valeur sa bague de fiançailles. Elle sourit timidement. Elle semble intimidée, mais épanouie. Bras dessus bras dessous, ils descendent les marches du palais.

Le gravier crisse sous leur pas avant qu'ils ne foulent la pelouse. Elle est accrochée à son bras. Elle sourit, glousse même un peu. Puis, ils accordent leur première interview officielle. Ils sont tous deux très concentrés sur les questions. Un journaliste demande à Diana comment elle vit ce changement de vie radicale : *nanny* hier, princesse aujourd'hui et reine demain. Charles soupire. Diana répond calmement : « J'ai eu six mois pour m'y préparer. Et puis, il est là avec moi [...] J'ai eu beaucoup de temps pour y réfléchir, c'est ce que je veux alors ce n'est pas difficile. » Les journalistes les interrogent sur leur première rencontre. Charles répond spontanément : « Je l'ai trouvé très amusante, attirante et surtout pleine de vie ! » Il se tourne vers sa fiancée : « Et toi ? » « Je t'ai trouvé assez génial », répond Diana avec humour. Quand avez-vous su que c'était elle ? demande-t-on à Charles. « Progressivement [...], j'en ai parlé à la reine il y a trois semaines. Elle était d'accord. Je voulais que ça reste secret. » Alors, Diana a joué le jeu. Elle n'a mis sa bague qu'il y a quelques heures et ils rient ensemble sur le fait que c'était une bonne manière de tester leurs amis !

L'humour les aide à passer ce moment d'attention médiatique. Où se marieront-ils ? « Dans un endroit d'où elle ne pourra pas s'enfuir », plaisante le prince.

Ils sont soulagés d'annoncer cette nouvelle. Charles tient la main de sa fiancée dans la sienne, et avec son autre main caresse le bout de ses doigts. Il semble très attaché et protecteur. « Je suis étonné qu'elle soit assez courageuse pour me prendre pour mari. » Il est touchant. La scène est idyllique jusqu'à la dernière question fatidique. Êtes-vous amoureux ? Diana répond si spontanément « bien sûr ! » que le prince est décontenancé. « *Whatever in love means*[1] », complétera-t-il. Diana baisse les yeux. Ces quatre mots sont un coup de poignard.

Place à la fête. Une soirée dansante est organisée pour célébrer les fiançailles les plus attendues du royaume ! Pendant que la famille royale se remet de ses émotions et de la fête, la presse s'emballe. Quelles sont leurs chances de réussite conjugale ? Des logiciels, des astrologues, des experts du couple : tout le monde a un avis. De la merveilleuse réussite aux déchirements cruels. Et Diana ? La monarchie a besoin de sa fraîcheur. Elle apportera une autre vision. Ils sont complémentaires. Les commentaires n'en finissent pas. Et, paradoxe anglais : dans un contexte socioéconomique pourtant compliqué, le peuple se réjouit de cette nouvelle !

Diana est fiancée. Elle regarde son prince, son futur mari. Désormais, elle l'appellera Charles. Sir, c'était avant. Avant qu'il ne la choisisse officiellement. Il est si sûr de lui et, elle, si hésitante. Fais-lui confiance, se dit-elle. Elle ne le sait pas encore, mais elle paiera bientôt au centuple cette confiance aveugle et cette admiration sans faille.

1. Quel que soit la signification de l'amour

3

Mariage du siècle ou de raison ?

Le soir même de l'annonce des fiançailles, la princesse en devenir s'installe au palais. Durant cinq mois, elle vit avec son prince en passant la plupart de ses nuits avec lui. Nul n'en a jamais rien su et la reine Elizabeth a préféré fermer les yeux sur cette entorse au protocole. Il faut dire qu'ils semblent si amoureux et si heureux. Les jeunes fiancés passent tout leur temps ensemble, sauf quand Charles est appelé par ses obligations officielles.

Diana est aux anges. Elle est avec son futur époux. Elle est heureuse. Autour, tout est bien compliqué. La reine mère et Lady Susan Hussey lui transmettent quelques rudiments d'histoire et protocole royaux. Cela semble bien sommaire pour une jeune femme n'ayant pas été élevée dans ce monde-là. Diana se sent un peu délaissée dans cette prise de fonction officielle au sein du palais. Tous les membres de sa belle-famille semblent appliquer le protocole comme ils respirent. « Personne ne m'a accueillie. Comme si je m'installais dans un hôtel. »

Curieuse et bien décidée à s'impliquer dans son rôle, elle pose des questions. Des centaines de questions. Le protocole de la couronne anglaise est des plus complexes. Le moindre loupé pourrait créer un incident diplomatique ou pire froisser sa future belle-mère ! La monarchie britannique aime à dire qu'il n'y a aucun code obligatoire autre que la simple courtoisie. Ce n'est évidemment pas le cas. C'est en présence de la reine que le protocole est le plus ardu. Chacun doit faire preuve d'une grande déférence à son égard ; se lever si elle se lève, ne plus manger quand elle a fini, ne pas la toucher, ne pas lui tourner le dos, etc. Bien s'entendre avec sa belle-mère n'est probablement jamais simple. Pour Diana, c'était une épreuve ! Tous les membres de la famille royale sont appelés par le titre Son Altesse Royale. Il est interdit à qui que ce soit d'avoir une conversation privée avec l'un d'eux, ce qui, en réalité, rend toute conversation impossible ; la détermination de ce qui est privé, étant très large.

Ce que comprend Diana très vite, c'est ce qu'on lui interdit de faire désormais. Il y a tant de choses : esquisser un geste tendre pour son fiancé en public, exprimer une opinion politique, avoir de l'argent sur elle, conduire, ouvrir un paquet, porter des courses, aller au restaurant seul, dire ce qu'elle pense, croiser les jambes, sortir sans garde du corps, fumer en public. Et la liste n'est pas exhaustive, semble-t-il. Diana, pourtant élevée dans un milieu aristocratique, ne possède pas tous les codes pour survivre.

Elle doit apprendre tant de choses, sans que personne ne lui explique. Alors, elle observe. Par mimétisme, elle intègre ses devoirs. Comment saluer la foule ? Sourire ? Donner un ordre ? Présenter des condoléances ? Il y a aussi toutes les choses de la vie presque normale : tenir une maison, mettre en œuvre son budget familial, élever des enfants, etc. Lady Diana se sent régulièrement dépassée par l'ampleur de la tâche. Ce qui est le plus difficile pour elle, la timide et spontanée jeune femme, c'est la manière dont ses congénères fonctionnent, y compris entre eux. Il semblerait que, dans ce drôle de monde, personne n'exprime ce qu'il pense, mais encore moins ce qu'il ressent. Chacun est en maîtrise permanente de ses émotions qu'elles soient négatives ou positives. On ne s'indigne pas dans la famille royale. On ne s'extasie pas plus.

Son nouveau rôle demande beaucoup d'ajustements. Charles n'est pas toujours le meilleur des soutiens. Lors de sa première sortie officielle pour un gala de bienfaisance à Londres, Diana porte une robe de taffetas noir sans bretelles laissant apparaître son dos et son décolleté. Elle s'attend à être complimentée par son fiancé. Elle veut tellement qu'il soit fier de l'avoir à son bras. Au contraire, il se fâche. Du noir ? C'est pour les enterrements ! Un décolleté ? Elle fait partie de la famille royale, bon sang !

Perturbée par une telle réaction, Diana tente de faire bonne figure pendant le reste de la soirée. « Je ne faisais pas encore partie de la famille. Et, à mes yeux, le noir était la couleur la plus élégante qu'on puisse porter à dix-neuf ans. Une robe d'adulte, vraiment. » C'est alors qu'elle rencontre Grace Kelly, princesse de Monaco. Diana lui confie son isolement et sa peur de ne pas être à la hauteur du décorum : « Je faisais tout n'importe comment. Je m'en souviens très bien, j'étais presque malade. » Grace lui répond en plaisantant : « Ne vous inquiétez pas, cela va empirer. »

Elle commence à mesurer l'ampleur de son rôle et de ses obligations. Elle doute que ce mode de vie lui convienne. Elle se souvient des mots de sa grand-mère Fermoy : « Tu dois comprendre que leur sens de l'humour et leur mode de vie ne sont pas les mêmes que les nôtres, et je ne pense pas que cela te conviendra », la met-elle en garde ? Un mariage royal, ce sont des contraintes. Elle doute un peu plus. Pourtant, en public, rien ne paraît jamais. Cette leçon-là, elle l'a vite apprise. Pour l'anniversaire du prince Andrew, elle est détendue et s'amuse. Elle fait même une plaisanterie à son ami Adam Russel saluant formellement la famille royale : « Ne prenez pas cet air sérieux ça ne marche pas avec moi. »

L'humour a toujours été son meilleur rempart ; l'arme ultime pour dissimuler son stress ou sa peine. Elle a son conte de fées. Le monde entier, aussi. Quelques fois, quand elle se sent seule, elle étouffe, prisonnière de sa propre histoire, de ses peurs et de ses doutes. Elle pleure et appelle à l'aide ses amies : « Téléphonez-moi, je vous en supplie, je vais avoir besoin de vous. » Celui sur lequel, elle veut s'appuyer, c'est Charles : « Avec lui à mes côtés, je ne peux pas me tromper », écrit-elle à son amie. Mais, c'est bien là que le bât blesse, Charles n'est pas toujours à ses côtés.

En soi, découvrir Buckingham Palace est un challenge. Avec ses 600 pièces, le palais est un dédale de couloirs. Plus encore, il est une ville dans la ville. La vie pourrait ne s'effectuer qu'en son sein : bureau de poste, cabinet médical, poste de police, laverie, chapelle et tous les corps de métier dont vous pourriez avoir besoin : électricien, plombier, couvreur, etc. ; sans mentionner une liste d'emplois domestiques remontant au XVIIIe siècle presque impossible à citer. Le lieu est décoré avec le faste de la monarchie ; moquettes, tapis, tentures ; tout doit représenter le confort de l'opulence. Les sols rouges sont régulièrement peignés pour en redresser les fils. Des dorures et œuvres d'art en tous genres peuplent les couloirs et le moindre recoin du palais. Les chambres sont immenses et très confortables. Seule la salle de bains collective pourrait faire pâle figure avec ses baignoires en box. Le palais est un lieu de règles, de protocoles et de traditions. Ici, tout est normé, millimétré. Le souci du détail va jusqu'à la disposition de la petite cuillère ou l'orientation de l'anse d'une tasse sur un plateau ! La monarchie a besoin de ces apparats pour garantir sa pérennité.

Peu de temps après l'emménagement de sa fiancée, le prince Charles est appelé un mois en voyage officiel en Australie. C'est alors que Diana commence à se sentir vraiment seule. Ne trouvant pas beaucoup de moyens d'interagir avec sa belle-famille qui semble toujours très occupée, elle se rapproche du personnel. Il n'est pas non plus très accueillant. C'est à croire qu'elle dérange ! S'il y a beaucoup de respect ici entre employeurs et employés, la distinction est très ferme entre les deux mondes. Paul Burrell explique que le rôle d'un domestique est d'être invisible. « Les hommes en costume gris », comme Diana les appellera, sont plus snobs que la famille royale elle-même. Elle sympathise pourtant avec quelques membres, dont Paul Burrell, Mark Simpson ou encore Maria Cosgrove. Nombre de leurs collègues n'apprécient pas du tout cette manière qu'elle a d'envahir leur territoire.

Outre sa solitude passagère, Diana pense déjà à sa future équipe, celle qu'elle emmènera avec elle lorsqu'ils emménageront à Kensington Palace. Alors, elle sonde les différents métiers. Elle apprécie particulièrement Victor Fletcher, le garde de la vaisselle, et Cyril Dickman, l'intendant du palais. Tous deux connaissent très bien le protocole et la conseillent volontiers sur le sujet. Elle aime également papoter avec Ann Gardner, la demoiselle en chef de la salle du café qui lui raconte plein d'anecdotes de la vie *normale*. Elle adore l'humour du chef pâtissier, Robert Pine, et la douceur d'Evelyn Agly qui s'occupe de sa garde-robe. Quelques membres sont à ses petits soins. Elle les touche. Un soir où elle était seule, Mark était allé acheter des burgers. Ils les avaient dévorés avec Paul. Paul se souviendra des années plus tard de la décontraction de la princesse. Simplicité et spontanéité. « C'est quelqu'un comme nous », conclura Mark. De ce jour-là, elle se lie d'amitié avec lui. Elle lui avait adressé le lendemain une photo dédicacée sur laquelle elle avait ajouté à la main : « Pour Mark, avec toute mon affection. » Mark lui rend souvent visite et lui tient compagnie. En tout cas, il le fera jusqu'à ce qu'il se retrouve un jour nez à nez avec le prince Charles surpris autant qu'agacé ! Cela aurait pu porter à confusion. Diana et Mark ne subissent pas de représailles, mais arrêteront sur le champ leurs rencontres amicales.

Diana commence à s'habituer à l'ambiance du palais. Elle y a maintenant des repères et des personnes sur qui compter. Elle va et vient librement dans les couloirs, le plus souvent en jean et pieds nus ! Ce n'est pas tout à fait le look attendu pour la princesse de Galles. Dans la famille royale, les vêtements sont très importants. La plupart des membres se changent plusieurs fois par jour. Diana se rend bien compte qu'elle a beaucoup à apprendre sur le sujet. Ça ne l'intéresse pas énormément. Plutôt, ça ne l'a jamais beaucoup intéressée.

Avec le temps, elle prend confiance en elle. Sa silhouette s'affine, son style s'affirme. Elle a décidé de s'entourer des meilleurs experts en la matière. Elle ne travaille plus et il y a tant de gens autour d'elle qui s'occupe de tout. C'est ainsi qu'elle sollicite Anna Harvey. Anna, qui est une amie de Jane, est rédactrice mode pour *Vogue*. Diana lui confie la lourde tâche de créer sa garde-robe officielle. Ensemble, elles créent le style Diana : sophistiqué et simple à la fois. En arrivant au palais, Diana est la parfaite représentante de sa génération dans le plus pur style Laura Ashley[1] avec ses chemisiers et jupes en tweed. Avec l'aide de stylistes et de professionnels de la beauté, Diana apprend à se maquiller, s'habiller, se coiffer, se tenir en public. Elle commence à être à l'aise dans ses vêtements. Elle sait désormais faire face aux indiscrétions des journalistes. On ne l'y reprendra plus à dévoiler ses jambes si elle n'en a pas envie ! Elle s'adapte dans un protocole vestimentaire très contraignant.

1. Marque anglaise fondée en 1953 connue pour être dans un pur style british BCBG

En effet, les femmes de la famille royale doivent toujours se montrer en jupe ou robe, au moins jusqu'au genou. Évidemment, tout ce qui est jugé vulgaire est à bannir : décolletés plongeants, maquillage voyant, vernis à ongles de couleur. Elles doivent porter des talons, mais bas et carrés. Pas question de s'élancer sur des talons aiguilles. Les coiffures doivent toujours être impeccables et surmontées de chapeau pour les grandes occasions. Il n'y a guère qu'à la campagne qu'elles peuvent être habillées de manière décontractée, mais pour Diana, ce n'est rien de mieux qu'un autre uniforme ! Pantalons et pulls beige, kaki et taupe, Barbour ou imperméable, bottes.

Pour l'instant, Diana suit le protocole à la lettre. Toutefois, son apparence intrigue et interpelle. La presse et le grand public guettent ses apparitions avec impatience pour analyser les moindres détails de son style. Perchée sur son mètre soixante-dix-huit, gracieuse de ses années de danse, Diana s'affine très vite et renvoie une classe naturelle. Sa beauté captive. Son charme envoûte. La *Sloane Ranger* de beaux quartiers, un peu gauche et potelée laisse vite place à une sublime princesse. « Le jour de mes fiançailles, je possédais en tout et pour tout : une robe longue, un chemisier de soie et une paire de chaussures habillées. Du jour au lendemain, ma mère et moi avons dû nous procurer toutes les tenues possibles. En six exemplaires chacune. Nous en avons acheté autant que nous estimions nécessaire. Et pourtant, nous étions encore loin du compte ! Quand on est obligé de se changer quatre fois par jour, votre garde-robe prend des proportions inimaginables. De là probablement à mon arrivée sur la scène, les critiques s'adressant au fait que je portais toujours de nouvelles tenues. »

Diana s'efforce de se conformer au modèle royal, au look Windsor, mais cela lui est difficile et cela se voit ! Elle est tiraillée entre plaisir à son clan et vivre avec son temps.

« Je ne pouvais pas porter des vêtements à la mode, car il n'aurait pas été pratique pour mon travail. Il me fallait des tenues qui tiennent toute la journée, des couleurs, des décolletés, des longueurs de jupe convenable. » Anna la met en relation avec des couturiers anglais. Elle fait appel à plusieurs d'entre eux, dont Victor Edelstein, mais c'est Catherine Walker qui devient sa styliste attitrée. « Diana devait incarner à la fois une première, un membre de la famille royale la future reine d'Angleterre une ambassadrice une icône », explique la créatrice. Si dans la famille Spencer, personne n'attache une grande importance à la mode. Pour Diana, cela devient une manière de vivre son conte de fées. La vie de princesse a remplacé les romans à l'eau de rose.

« Au début des années quatre-vingt, j'ai conçu pour elle des vêtements très élaborés. Il lui fallait une sorte d'uniforme royal qui serait un héritage des robes de cours du XVIIIe siècle. Il ne fallait rien de simple. Plus tard, j'ai travaillé un look plus sobre, plus dépouillé », complète Catherine. Diana comprend aussi que ses tenues doivent lui servir de moyen de communication lorsqu'elle se déplace à l'étranger : « Elle exigeait à la fois une certaine rigueur qui la distingue de la foule et des détails qui témoignent de son respect pour le pays, comme l'incorporation de petits emblèmes dans les broderies. J'effectuais des recherches, m'instruisais en même temps. J'ai travaillé sur les couleurs du deuil japonais les costumes traditionnels tchèques la marqueterie indienne les fleurs indonésiennes les batiks nigérians et même sur la signification des galons des uniformes militaires. »

Son assurance grandit. Si quelques fois, elle infléchit légèrement le protocole, elle est toujours très impressionnée par son environnement, et encore plus par les gens qui le composent. À l'approche du mariage, la pression augmente. Celle des médias, évidemment, mais aussi des enjeux. Les médias ne sont pas les seuls à l'angoisser. Durant les trois semaines précédant la cérémonie, un fou lui enverra chaque jour une lettre lui disant qu'il la tuerait le jour de son mariage ! C'est angoissant de voir ce qu'elle suscite parfois.

Pour échapper à cette tension grandissante, Diana se consacre aux préparatifs de son mariage. C'est sur la fabrication de sa robe que la princesse s'implique le plus. Elle a décidé de ne pas se plier à la tradition des couturiers habituels. Elle a craqué pour les vêtements de David et Elizabeth Emanuel, deux jeunes stylistes qui avaient dessiné une robe de bal pour sa première sortie officielle.

Cette robe va entrer dans la légende. David et Elizabeth réalisent des dizaines de croquis tous examinés avec beaucoup d'attention par la princesse. Diana insiste sur la traîne. Elle doit remplir l'allée complète ! La plus longue traîne qui n'ait jamais existé, voilà ce qu'elle veut ! Elle répétera à plusieurs reprises avec des draps gigantesques cousus entre eux. Elle passe beaucoup de temps avec les stylistes et les couturiers et s'enquiert du moindre détail. Ils racontent qu'elle était douce et accommodante. C'était leur premier job ! Et non des moindres ! Malgré la pression, ils s'amusent beaucoup dans les ateliers. Les fenêtres sont cachées, car la robe est tenue secrète. Les croquis sont rapidement détruits pour ne pas prendre de risque. Quatre versions possibles ont été dessinées pour pouvoir apporter des modifications dans le cas où le secret serait éventé… Diana ne manque jamais un essayage ou une répétition, souriante et toujours de bonne humeur, adorable avec tout le monde. Contrairement à certaines futures mariées stressées, elle est facile et attentive aux autres. Certains essayages se transforment même en fous rires généralisés !

Diana ne fait pas exception à l'état de toute jeune femme qui prépare son mariage : elle fait attention à sa ligne. Elle mincit régulièrement, forçant ses stylistes à resserrer chaque fois un peu plus la taille de sa robe. Entre l'annonce des fiançailles et le mariage, son tour de taille a fondu, passant de 73 à 60 cm. Ce n'est pas simple d'assumer les trois ou quatre copieux repas de Buckingham Palace tout en voyant son image partout publiée. Au palais, personne n'y a fait cas. C'est le stress du mariage. C'est de famille. Elle est fatiguée. Elle a subi une enfance malheureuse. À aucun moment, la relation des fiancés n'est interrogée. Diana semble à la fois « sur un nuage » et surexcitée. Quoi de plus normal quelques semaines avant son mariage ? Elle n'hésite cependant pas à s'octroyer des moments de détente.

C'est ainsi, moins d'un mois avant son mariage, la future reine d'Angleterre se lance dans une séance shopping avec ses demoiselles d'honneur ! Sous l'œil éberlué des autres clients, elle se retrouve dans un magasin à essayer… un jean ! Elle est heureuse, stressée, mais heureuse ! Lors des répétitions officielles, Charles se joint à elle. Ils déambulent bras dessus, bras dessous, s'embrassent quand personne ne les regarde. Amoureux ? Il semble. C'est ce que tout leur entourage pense et rapporte. Bien que Charles, encore amer des mots de sa femme en 1992, confie à son biographe n'avoir jamais été amoureux, il est clair qu'il éprouvait une sincère affection pour elle. « Quoi qu'on en dise, quand nous nous sommes mariés, nous étions très amoureux », se contredira-t-il deux ans plus tard.

Pourtant, il y a déjà une ombre au tableau : Camilla, la proche amie du prince. Diana connaît leur passé commun. Elle l'a même régulièrement rencontrée durant les premiers temps de leur histoire. Comment l'oublier ? Charles en parle si souvent ! La princesse angoisse. Des dizaines de questions tournent dans sa tête. Est-ce qu'il la fréquente toujours ? Est-ce vrai que c'est elle qu'il voulait épouser ? Est-elle plus jolie qu'elle ? L'aime-t-il encore, plus qu'elle ? Ses doutes la hantent.

Quand, un mois après l'annonce de leurs fiançailles, Charles part en voyage officiel, Diana l'accompagne à l'aéroport. Ils se disent au revoir sur le tarmac. Au moment, où il l'embrasse sur la joue, elle fond en larme. Elle est touchante, se dit-on. Elle pleure, car son prince va lui manquer. C'est si beau de voir leur amour. La réalité est bien différente. Diana n'est pas la seule à qui Charles a dit au revoir. Juste avant de se diriger vers son avion, il a eu une longue conversation téléphonique avec Camilla. Diana a laissé faire. « Ça m'avait brisé le cœur. » Quelques jours plus tard, Camilla l'invite à déjeuner en ville : « L'annonce des fiançailles m'a enthousiasmé. Si nous déjeunions ensemble pendant le voyage du prince Charles ? [...] J'adorerais voir votre bague de fiançailles. Toute mon amitié. »

D'abord décontenancée par l'invitation, elle décide de s'y rendre. C'est peut-être mieux qu'elle puisse la jauger en vrai. Inutile de s'en faire une ennemie pour l'instant. Lors du repas, Camilla interroge sans vergogne la princesse sur ses intentions. Aime-t-elle la chasse ? Prévoit-elle de séjourner à Highgrove ? Apprécie-t-elle la campagne ? Diana répond poliment aux questions. Son estomac lui fait mal. Camilla veut s'assurer que Diana ne mettra pas sa relation avec son amant en péril. Une nausée la secoue.

Camilla est décidément partout. Quelques semaines avant le mariage, un paquet arrive à Buckingham. Michael Colbourne, le responsable des finances du prince suggère à Diana de ne pas l'ouvrir. Peut-être aurait-elle mieux fait de suivre son conseil... À l'intérieur, elle découvre un joli bracelet en or assorti d'une plaque en email bleu sur laquelle est entrelacé un F et G. Diana sait parfaitement ce que représentent ces deux lettres. Fred, pour Charles. Gladys, pour Camilla. Diana entre en rage. Elle est inconsolable. Cris, pleurs. Elle est incapable de gérer sa frustration.

Pourquoi ce bracelet ? Qu'est-ce que cela signifie ? Pourquoi lui ment-il ? Drapé dans son flegme, Charles se défend. Ce bracelet est un simple souvenir du passé, rien de plus. Pour Diana, ces initiales sont un symbole. Une trahison. Comme pour réparer l'outrage, le papier à lettres des deux résidences princières s'ornera d'un D majuscule aux côtés du C quelques jours plus tard. Diana fait face : médias, préparatifs, nouvelle vie. En revanche, la présence de Camilla dans le quotidien, et surtout dans le cœur, de son futur époux la dévaste. Camilla, comme Lady Tyron, se bat pour rester dans la vie de Charles. Les deux savent désormais que Diana est une menace. La jeune femme, elle, ne s'en rend pas compte. Peu sûre d'elle, elle ne se sent pas à la hauteur de ces femmes d'expérience. Encore moins, lorsqu'elle comprend les nombreux points communs que Charles et sa maîtresse entretiennent. Pourtant, Barbie (le surnom dont Camilla l'affuble) aurait pu ne faire qu'une seule bouchée du Rottweiler si elle avait utilisé l'arme de séduction plutôt que les pleurs.

En juin 1981, alors qu'elle assiste à un match de polo de Charles, elle craque. Camilla est là. Encore. Camilla est toujours là. Accompagnée par des gardes du corps pour se réfugier dans sa voiture, Diana a laissé entrevoir sa peine. Les journalistes commentent sans fin les raisons de ses larmes. Aucun d'eux n'en imagine la réalité.

Les doutes grandissent. Elle parvient de moins en moins à les faire taire. Désorientée, elle voudrait renoncer, retourner dans sa vie d'avant, fuir. À qui en parler ? Personne ne comprendrait qu'elle passe à côté de cette vie de princesse qui l'attend. Elle s'en ouvre à ses sœurs : « Pas de chance Duchesse, maintenant que ton visage est sur les torchons, il est trop tard pour te dégonfler ! » Ses sœurs ont raison. Il est trop tard. Et puis, elle est amoureuse, profondément et sincèrement, amoureuse.

Elle n'est pas la seule à douter. Charles aussi hésite. De plus en plus agité, quelques jours avant le mariage, il se confie à son valet Stephen Barry : « Je suis en train de faire une erreur épouvantable. » À son grand désespoir, tout le monde aime Diana… Tout le monde, sauf lui ! Il est trop tard pour faire machine arrière. Changer d'avis serait un scandale dont la monarchie ne se relèverait pas. Pourtant, ce serait bien plus raisonnable. Il s'inquiète de leur différence d'âge, de leur manque de centres d'intérêt commun, de l'absence d'un lien authentique. Certains de ses amis intimes le confortent dans ses doutes : vous n'avez rien en commun ! Elle s'intéresse au prince de Galles, pas à toi Charles ! Il doute, mais il est trop tard. S'il n'est pas éperdument amoureux, il est très attaché à Diana. L'amour viendra, se dit-il. Protecteur, il veut être là pour elle. Il s'y est engagé. Il sent qu'il ne peut pas lui mentir sur son amour, alors il lui parle. Elle gagnera son amour, se murmure-t-elle. Quand ils seront mariés, tout ira mieux.

Leur entourage balaie leurs doutes sans discussion. C'est le stress du mariage, rien d'autre. Ce n'est pas tous les jours qu'un aussi grand événement se profile. Tous deux idéalistes et sensibles, ils pensent sincèrement réussir à faire fonctionner leur union.

« À 19 ans vous pensez que vous êtes prêt à faire face à tout. [...] Je pense que comme tout mariage, surtout lorsque vous avez eu des parents divorcés comme moi, vous voudriez essayer encore plus fort que cela fonctionne. Vous ne voulez pas retomber dans un schéma que vous avez vu se produire dans votre famille. [...] Je voulais désespérément que cela fonctionne. J'aimais désespérément mon mari et je voulais que nous partagions tout. Je pensais que nous formions une très bonne équipe », expliquera Diana à son biographe.

La réalité est autre. Leurs engagements se fondent sur de mauvaises raisons. Charles la voit comme une reine potentielle. Elle satisfait à tous ses critères. C'était le moment de trouver une épouse. Si certains amis partagent ses doutes, sa grand-mère pense qu'il fait le bon choix : « Ne repousse pas Diana Spencer. C'est peut-être un vilain petit canard timide aujourd'hui, mais elle pourrait bien se transformer en un superbe cygne. » Camilla également le conforte sur ce choix :

ce n'est « pas une lumière, mais elle est aimable, attentionnée et parfaite avec les enfants. Elle peut être façonnée dans le bon sens, et elle est d'une excellente famille », lui dit-elle.

Camilla a raison. Diana est jeune et malléable. Charles est hypersensible et souvent écorché. Diana douce et chaleureuse remplit son besoin maternel. Lui faire plaisir, voilà son unique objectif quand elle est à ses côtés. « Il est surmené, c'est terrible, tout ce qu'on exige de lui. » Elle le sent triste et solitaire. Il a besoin de quelqu'un pour s'occuper de lui. Elle lui montre une vulnérabilité qui lui permet de se placer en homme protecteur. Elle l'adule et cela flatte son ego. Mais, Diana n'est pas complètement honnête. Elle dissimule une partie de sa personnalité pour lui plaire. Elle n'est pas si réservée et ingénue qu'elle le laisse voir. Charles le découvrira bientôt. C'est vrai aussi qu'elle est d'une bonne famille. Une famille que lui-même apprécie. Une famille qui aime la campagne, comme lui. Quant à elle, elle se laisse emporter par sa vision romantique de l'existence.

Elle veut croire au conte de fées, celui qu'elle imagine depuis si longtemps. Cette obnubilation l'aveugle. Bien sûr qu'elle pense qu'il l'aime. Avec le recul, elle confiera après dix ans d'union qu'il avait l'air « trop follement épris [...], ça n'avait rien de sincère ». Elle aime aussi son image, celle de prince de Galles. Outre un peu de dissimulation bien banale au démarrage d'une relation, Charles et Diana n'ont pas pris le temps de se connaître. Ils ne partagent pas les mêmes références culturelles, ne sont pas de la même génération, n'aspirent pas aux mêmes choses. Seuls douze rendez-vous ont eu lieu entre le début de leur histoire et leurs fiançailles. Qui pourrait prétendre connaître une personne en douze rencontres ?

Charles et Diana ont l'air heureux. Et ils le montrent. La veille du mariage, le couple accorde une interview. Celle-ci est réalisée dans une ambiance détendue et gaie. Charles, en costume sombre, se tient droit et répond avec beaucoup de calme et d'enthousiasme à toutes les questions. Pour Diana, c'est une épreuve à laquelle elle n'est pas encore parfaitement habituée. Vêtue d'une robe gris clair à petits pois blancs et col jabot, elle essaie de garder une contenance. Tout ceci est si nouveau. Elle croise les jambes pour se sentir plus à l'aise. Une femme de son rang doit seulement croiser les chevilles. L'aura-t-on remarqué ? Charles, en tout cas, le lui signalera. Elle répond avec gentillesse. Quand elle penche la tête avec timidité, les petites gouttes de diamant accrochées à ses oreilles renvoient la lumière. Elle est là. Bien là. Ils évoquent les milliers de réactions, lettres et cadeaux dont ils sont l'objet. Ces touchantes et chaleureuses réactions du grand public leur donnent du courage pour faire face à la pression. 25 000 lettres par semaine. 300 000 cadeaux. Tant de marques d'affection.

Diana le reconnaît c'est « un énorme coup de pouce » pour tenir. Ce qui la touche le plus ? Tout ce qui vient des enfants naturellement. C'est tout de même beaucoup de pressions, toutes ces démonstrations. Charles reconnaît qu'il y est habitué. Il sait depuis sa plus tendre enfance que ses moindres faits et gestes sont analysés et commentés. Bien sûr qu'il faut s'y accoutumer, sinon « on devient fous ». Pour Diana, c'est encore un peu difficile, mais Charles est là, « mon pilier ». Diana a conscience qu'elle devra progressivement prendre en main son rôle de princesse de Galles. Il faudra aussi trouver du temps pour être ensemble, construire une famille. Elle reconnaît en plaisantant qu'en dépit de ses cours de cuisine, elle reste moyenne, et que naturellement, si Charles n'aime pas sa cuisine, il pourra toujours changer d'avis !

Son rôle lui tient déjà à cœur : « Je veux aller aux Pays de Galles, rencontrer les gens là-bas. » Elle esquisse les prémisses de ce qu'elle veut faire de son rôle : s'occuper des enfants malheureux, à l'étranger également. D'ores et déjà, et malgré son trac, elle affiche son sens de l'humour. Elle fait très attention à ne pas perdre sa bague de fiançailles avant le Jour J, confie-t-elle, sinon personne ne la reconnaîtra quand elle arrivera à Saint-Paul !

L'humour et la bonne ambiance sont aussi de mise lors du grand bal organisé à Buckingham. Près de mille invités se pressent pour assister à cette soirée mémorable. Les membres de la famille royale ont l'air si heureux, si excités à l'idée de ce mariage. La princesse Margaret et son neveu Andrew accrochent des ballons de baudruche, elle a sa tiare et lui a sa queue-de-pie. Diana est aux anges. Vêtue d'une robe de taffetas fuchsia, elle danse, elle rit. Elle en oublie quelques instants le poids du moment. Elle confie même son collier de diamants et perles à une copine pour ne pas l'abîmer en virevoltant.

La reine semble au comble du bonheur. Il règne au palais une douce euphorie. Les invités s'en souviennent encore plusieurs décennies après. Adam Russel parle d'une « atmosphère de bonheur enivrante ». Quoi de mieux la veille d'un mariage ! Un feu d'artifice gigantesque voyant 12 000 gerbes de feu tirées sur *Firework Music* d'Haendel clôture le bal. L'apothéose de nombreux mois de tension relâchés en couleur dans le ciel londonien. Salvateur. Diana a fait face à ces six mois de préparatifs et de stress grandissant avec brio. Charles est admiratif. Le soir, elle trouvera dans ses appartements une chevalière aux fleurons du prince de Galles accompagnée d'un petit mot : « Je suis très fier de vous et, lorsque vous remonterez l'allée, je vous attendrai à l'autel. Regardez-les simplement dans les yeux et mettez les K.-O. »

Il a confiance en elle. C'est rassurant. Il l'aime. Ça, ce n'est pas certain. Un peu apaisées, ses angoisses n'ont pas disparu complètement pour autant. Elle confiera de nombreuses années après qu'elle était d'un « calme mortel » en se couchant ce soir-là. S'il ne l'aimait pas, que feraitelle ? « J'avais l'impression d'être l'agneau que l'on mène au sacrifice. Je le savais, mais je ne pouvais rien faire [...] j'essayais de toutes mes forces de faire preuve de maturité, mais je n'avais pas d'assises assez solides et personne à qui me confier. Je me souviens que mon mari était très las – nous l'étions tous les deux. » Si les mauvaises langues racontent que Charles aurait passé la nuit dans les bras de sa maîtresse Camilla, le protocole ne l'aurait jamais permis. L'aurait-il souhaité ? Rien n'est moins sûr. Il voulait se donner une chance. Il voulait leur donner une chance.

Nous voilà déjà demain. Diana est tirée de son sommeil par la clameur de la foule sous ses fenêtres. Il est tôt. Tant mieux, il y a tant à faire. Une tasse de café à la main, elle se dirige vers le *dressing room*. Tout le monde s'agite. Des livreurs vont et viennent. Tous les prestataires du mariage courent d'une pièce à l'autre les bras chargés et l'air affolé. Diana, en jean, s'affale sur un fauteuil devant le petit poste de télévision. « Poussez-vous », crie-t-elle à quiconque l'empêche de voir. Elle est fascinée de regarder ainsi un reportage sur sa propre vie, son enfance, sa jeunesse. C'est un peu perturbant. Émue, elle commence à réaliser l'ampleur du mariage, de son mariage.

Toutefois, elle ne se départit pas de sa bonne humeur. Une publicité très connue tourne en fond, elle en entonne le *jingle* ! Maquillage, coiffure, habillage. Elle se sent comme une poupée qu'une petite pressée tourne dans tous les sens pour la préparer. Sa maquilleuse, Barbara Daly – qui deviendra bientôt une amie – la trouve drôle et spirituelle pour une future mariée de son rang. Elle s'est affairée depuis des semaines pour mettre en valeur la princesse avec un maquillage naturel. Pas question d'avoir l'air d'une starlette ! Kevin Shanley, son coiffeur de toujours, ajuste le diadème après avoir mis en plis ses mèches blondes. Ballottée, elle n'est pas certaine d'être vraiment actrice de ce qui lui arrive. Elle se voit dans le miroir. Une larme point au coin de son œil. Ce n'est pas le moment de pleurer. Son maquillage est parfait !

Excitation, peur et stress, un véritable cocktail d'émotions. Elle se tourne. Mince, elle a renversé du parfum sur sa robe. Pourvu que cela ne laisse pas de marque ! Franchement, elle n'est pas certaine de comprendre tout l'engouement international que suscite l'union d'une jeune femme du Norfolk. « Mon Dieu, que de tapage pour un mariage, vous ne trouvez pas ? », interpelle-t-elle son entourage.

Et pourtant ! Le peuple anglais est dans la rue. Des visiteurs sont venus de toute l'Europe. Des foules surexcitées se massent sur le parcours fléché en anglais, français et allemand. Certains sont là depuis deux jours avec des sacs de couchage et des thermos de café pour ne rien rater de l'événement du siècle. C'est un moment convivial, familial pour la plupart d'entre eux. Un véritable *melting-pot* : tous âges, toutes origines géographiques et sociales, tous unis sous une même bannière. L'amour du prince et de la princesse de Galles.

Les rues de Londres habituellement plus discrètes sont bariolées : des fleurs, des drapeaux britanniques, du bleu, du blanc, du rouge, des tee-shirts à l'effigie des fiancés, des chapeaux de toutes les couleurs, des badges, des posters de Lady Di et Charles scotchés aux barrières ou brandis en étendard. Jamais les rues de la capitale n'ont été si festives. Si dans la nuit de la veille, il y a eu quelques échauffourées, aujourd'hui rien n'entachera la fête. Pour que tout se passe bien, un important dispositif de sécurité a été déployé. Coordonnés par Scotland Yard, 5 000 policiers et 3 000 agents de sécurité arpentent les rues. Ils veillent et fouillent même certains paniers-repas ! C'est grâce à cette surveillance méticuleuse qu'aucun incident ne sera à déplorer. Seuls quelques Anglais mal lunés ont fui la capitale pour éviter l'euphorie collective. La foule grossit chaque minute un peu plus. La Une des journaux ne parle que de ça ! Les détails de la cérémonie, le tour de taille de Lady Di, les invités prestigieux, les confidences de Diana à ses amies, le trajet du cortège, les bons mots de Charles pour défendre sa fiancée, les spéculations sur la future vie du couple princier.

Le temps a décidé d'embellir ce grand moment. Il fait beau à Londres ce mercredi de fin juillet. Ni trop chaud ni pas assez. Le ciel est dégagé, aucun nuage n'apparaît à l'horizon. Si seulement cela avait été le cas pour leur union.

Les cortèges se préparent dans les monuments royaux. À Buckingham, une Aston Martin bleu marine dérape sur les gravillons roses du Palais avec le prince Charles à son bord. La foule hurle sa joie. Le prince salue poliment. Quelques instants après, c'est la Range Rover verte du prince Philip qui fait son entrée. La foule redouble d'enthousiasme.

Pendant ce temps, les invités se regroupent autour de la cathédrale. Entièrement en pierres blanches, la cathédrale Saint-Paul, construite au XVIIe siècle est surplombée de deux flèches et d'une coupole gigantesque. L'intérieur est digne des plus grands fastes religieux avec des plafonds subliment peints et dorés à l'or fin et des bancs de bois merveilleusement sculptés.

Les journalistes venus du monde entier se voient remettre une pochette portant la mention suivante : « Cérémonial. Mariage de S.A.R. le prince de Galles avec Lady Diana Spencer, à la cathédrale de Saint-Paul, le mercredi 29 juillet 1981, à 11 heures du matin. ». Sur l'enveloppe, les armoiries de la couronne s'affichent fièrement aux côtés de la devise – écrite en français – « Dieu et mon droit ». À l'intérieur, la cérémonie y est décrite dans le moindre détail. Tout est millimétré. Les portes de la cathédrale seront ouvertes à 9 heures précises. Les invités doivent occuper leurs sièges avant 10 heures, la reine arrivant à 10 h 42.

Naturellement, à l'entrée de la cathédrale, des contrôles stricts sont appliqués pour assurer la sécurité de la cérémonie et de la famille royale. Un double contrôle des invitations et de l'identité par un garde en habit rouge brodé d'or, puis par des détectives de Scotland Yard. Appareils photo et caméras sont inspectés dans le menu détail. À l'autre entrée, par le porche, les invités de renom, eux, ne sont pas contrôlés. Les places sont numérotées. Chacun s'installe consciencieusement là où on lui a indiqué. Une estrade a été fabriquée pour l'occasion devant l'autel. De part et d'autre, deux rangées de chaises dorées et rembourrées ont été disposées pour la famille des mariés. La nef fleurie ne désemplit pas. C'est un défilé permanent : hallebardiers, gardes, enfants de chœur, chanoines, évêques, invités royaux, journalistes, amis. La cathédrale est presque pleine. Des écrans de télévision ont été installés pour que l'on puisse voir ce qu'il se passe sur le parvis.

Devant la cathédrale, c'est la cohue. Le vacarme est assourdissant : des hurlements, des applaudissements, de la musique. La foule semble délirante de bonheur et d'excitation. Elle assiste émerveillée à une procession de voitures : des Rolls, des Jaguar, mais aussi des Austin Mini ou de vieilles Opel. Après les voitures des invités, le cortège royal démarre. Les carrosses, appelés landaus, défilent. La chaussée a été recouverte de tonnes de sable pour que les chevaux royaux ne glissent pas. Ils trottent avec entrain.

À l'arrière, les laquais sont des agents de sécurité. Selon qui est à bord, la foule adapte sa réaction. Le peuple adore la reine-mère, et le lui fait savoir. En tête du cortège, arrive sous les ovations le landau de la reine Elizabeth et de Philip. Ils entrent d'un pas décidé et joyeux dans la cathédrale. Le maire les talonne avec l'épée de perles[1]. Le carrosse suivant est celui de Charles accompagné de son frère Andrew. Charles en descend et remonte la nef souriant, saluant les invités, profitant de ce moment d'exception. Dans son uniforme

1. Surmontée de 2 500 perles, cette épée de cérémonie a été offert à la ville de Londres par Elizabeth Ier.

de la Navy, arborant le cordon bleu foncé de l'ordre de la Jarretière et ganté de blanc, Charles attend sa future épouse. Le landau de glaces, embarquant Diana et son père, ferme la marche. La foule est au paroxysme de l'excitation et hurle son admiration à la future princesse. Estomaquée par tant de ferveur, Diana tâche de garder son calme. Son père, jaquette grise ornée d'un œillet blanc, lui tient la main. Il est si fier. Il salue la foule. John est si heureux pour sa fille. Diana respire calmement. Sa traîne, bien trop grande pour rentrer dans le carrosse, semble prête à l'étouffer. Elle respire à nouveau. Elle lève les yeux. Mille pigeons s'envolent du Strand Palace pour escorter son carrosse.

Fin mélomane, Charles voulait que son mariage soit « une expérience musicale émotionnelle ». C'est la partie dans laquelle il s'est le plus impliqué. Convaincu de l'acoustique spectaculaire de la cathédrale, il a pris beaucoup de soin à choisir la musique avec le directeur du *Royal College Music*. Il a aussi prévu un solo de son amie, la chanteuse néo-zélandaise Kiri Te Kanawa qui promet d'être splendide. À 11 heures précises, la fanfare et les 2 133 tuyaux d'orgue de Saint-Paul retentissent. Charles a choisi une musique entraînante. La remontée de l'allée pour Diana allait durer trois minutes trente, elle avait besoin d'une musique qui la porte, « pas d'entendre ses chevilles craquer ! ».

Diana sort de son carrosse et pose un pied sur les marches de la cathédrale laissant apparaître une petite ballerine ivoire ornée de minuscules perles et d'un cœur sur le dessus. La cathédrale a l'air si grande, et, elle, si petite. Les douze colonnes qui soutiennent le premier plan lui paraissent immenses. Elle lève les yeux. Les statues en or de la coupole et des deux flèches sont parfaitement alignées, du moins, elles en ont l'air. Les aiguilles dorées de la grande horloge noire indiquent 11 heures. Il est temps. Elle s'accroche à son père, ou plus exactement fait en sorte que son père s'accroche à elle. Depuis son attaque, il est diminué et elle est si inquiète qu'il tombe pendant le trajet. Quelle émotion de parvenir devant l'autel avec lui à son bras au bout de ces 200 mètres de tapis rouge ! Au bout de l'allée, Diana se retourne et regarde ses demoiselles d'honneur comme pour leur dire merci. Parmi elles, il y a de toutes jeunes filles, dont deux filleules de Charles, Sarah Jane et India Hicks, la petite-fille de Lord Mountbatten. Toutes soulignent l'extrême gentillesse de la princesse à leur égard. La plus jeune d'entre elles, Clementine Hambro, a été son élève au jardin d'enfants. Elle se souvient encore aujourd'hui de l'aura de Diana ce jour-là : « Elle était magique. »

Jusqu'ici tout va bien. Dans l'assistance, tous les membres de sa famille sont présents. Ses amis aussi. Personne n'aurait raté cet événement pour rien au monde. Son frère est émerveillé. Sa sœur, d'habitude si naturelle et simple, est si belle. « Pour la première fois de ma vie, je me suis dit qu'elle était très belle. Ce jour-là, elle était vraiment sensationnelle et elle ne montrait aucune nervosité en dépit de sa légère pâleur. Elle était heureuse et sereine. » En remontant l'allée, Diana n'en revient pas de tout ce qui l'entoure. « Je trouvais cette manifestation démentielle, ce mariage, car tout avait l'air tellement adulte, alors que je n'étais que Diana, une maîtresse de jardin d'enfants. C'était d'un ridicule ! »

Diana est en effet splendide. La consécration de son fantasme de princesse est là dans cette robe. Le secret de la robe a été conservé. À 9 h 05, les journalistes s'étaient vus remettre une grande enveloppe jaune portant les armes royales et la mention : « Embargo. À ne pas publier, radiodiffuser ou téléviser avant 10 h 35. » L'enveloppe contenait une description très précise de la robe ainsi que des dessins et une liste des fournisseurs de chaque partie la composant. « Robe de soie ivoire et de dentelle ancienne, brodée de perles et de sequins de nacre ; petit fer à cheval serti de diamants, cousu dans la robe comme porte-bonheur : parapluie de mariage, fait de même étoffe que la robe. »

Cette création de stylistes a tout de la robe princesse. Le corsage s'orne de dentelles fines de même que les derniers volants des manches bouffantes. Le col bateau surmonté de petits volants rassemblés au centre par un nœud plat laisse apparaître le port princier de Diana. Aucun bijou n'a été ajouté à cet endroit. Diana porte les boucles d'oreilles de sa mère, de petits pendants en diamants assortis au diadème de sa famille qui maintient son voile. Celui-ci recouvre un visage anxieux, mais que l'on devine souriant. Elle s'agrippe à la cascade de fleurs blanches qui lui sert de bouquet. Sa traîne emplit l'allée principale et ses deux plus jeunes demoiselles d'honneur coiffées de leur couronne de fleurs s'assurent qu'elle est bien à plat. La cathédrale est encore plus impressionnante vue de l'intérieur. Mais qu'est-ce que je fais là ? se dit-elle. Arrivée devant l'autel, elle voit son prince. Soudainement, tout va mieux.

Depuis l'extérieur, cette cérémonie d'État semble bien impersonnelle. S'il est vrai que les futurs mariés n'ont pas eu beaucoup la main sur le protocole, leur touche personnelle se retrouve dans le choix des invités. Lui, comme elle, tenaient à avoir à leurs côtés les personnes qui comptent dans leur vie : amis de longue date, personnes qui les ont accompagnés dans leur vie depuis leur naissance, comme leurs *nannies* ou professeurs. Diana avait fait en sorte de n'oublier personne. Son ancienne gouvernante, Maudie Pendry, ou ses copines de lycée racontent que non seulement elles avaient été invitées, mais qu'en plus elles étaient mieux placées que Nancy Reagan. Toutes ses anciennes collègues de travail étaient aussi présentes. En tout, 2 650 invitations ont été envoyées par le Grand Chambellan, maître-organisateur suprême de la cérémonie royale !

Toutes les têtes couronnées d'Europe font naturellement partie de la liste – à l'exception du roi et de la reine d'Espagne vexés que le *Britannia* fasse escale à Gibraltar pour le voyage de noces – ainsi que 160 chefs d'exécutifs, présidents ou Premiers ministres. Parmi ces milliers d'invités, l'un d'entre eux contrarie Diana. En remontant l'allée, elle l'a aperçue. Elle est là. Le grand amour de son futur mari. Camilla. Très vite, elle chasse ses noires pensées. C'est elle qui remonte l'allée. C'est elle qui est acclamée. C'est elle que tout le monde regarde et adule. « D'immenses espoirs emplissaient mon cœur, [...] j'étais la fille la plus chanceuse du monde. Il allait veiller sur moi. », racontera-t-elle. Le reste de sa vie débute aujourd'hui. Camilla appartient au passé. Tout ce stress accumulé pour arriver à ce moment précis est désormais derrière elle. C'est ici et maintenant.

Un tapis rouge recouvre le damier noir et blanc qui pave d'habitude le lieu. La cérémonie religieuse selon le rite anglican démarre. Diana aurait voulu que le Révérend Sweet puisse la marier. Ce privilège était réservé à l'archevêque de Canterbury. Alors que les chœurs entament les chansons choisies par Charles, l'émotion envahit la cathédrale. Les cœurs s'arrêtent. Un silence de plomb règne dans la cathédrale. L'archevêque interroge l'audience : « Si quelqu'un a quelque raison que ce soit de s'opposer à ce mariage, qu'il parle maintenant, ou se taise à jamais. » Le silence demeure. Le prêtre reprend. Les époux se promettent-ils fidélité jusqu'à la mort ? Oui. Vient alors le moment d'échanger les vœux. Bien que la cathédrale soit bondée, Charles et Diana se sentent seuls au monde. Ils récitent leurs vœux avec ferveur. Avec l'émotion, Diana inverse les prénoms de son futur époux. Elle a failli marier son beau-père ! Cela fera un souvenir. Elle avait demandé à supprimer le vœu d'obéissance à son mari. L'archevêque y avait consenti, considérant qu'il était toujours préférable de ne pas commencer une vie commune par un mensonge !

Après les vœux, l'alliance de Diana est bénie. Elle sera la seule à en porter une. Dans la haute aristocratie, il est de tradition pour les hommes de ne pas porter d'alliance[1]. Le chant de psaume est suivi de la lecture par le speaker de la Chambre des Communes du chapitre XIII de la première Épître de Saint Paul aux Corinthiens : « Maintenant, trois choses demeurent : la foi, l'espérance, l'amour; mais, la plus grande des trois, c'est l'amour. » L'archevêque livre sa dernière bénédiction. Voici donc « l'étoffe dont sont tissés les contes de fées », dit-il avant que *God Save The Queen* retentisse dans la cathédrale.

Les registres signés, la princesse de Galles fait la révérence à sa belle-mère. La fanfare retentit. Les cloches sonnent. Les jeunes mariés redescendent l'allée suivie de leurs garçons et demoiselles d'honneur. Diana s'agrippe à son mari. « J'ai éprouvé un sentiment d'allégresse en sortant [...] alors que dans mon esprit se dressait un grand point d'interrogation. Je me rendais compte que je venais de m'engager à remplir un rôle très important, mais j'ignorais complètement en quoi il consisterait. Complètement. » Les têtes se tournent sur leur passage. Ils franchissent le seuil de l'église et la clameur populaire les porte jusqu'à leur carrosse. L'archevêque a raison : un véritable conte de fées !

Voici le cortège de landaus reparti. Charles et Diana sont désormais dans le même carrosse. Ils saluent tous deux la foule. Ils s'éloignent sous les pétales de rose, les confettis multicolores, les bouquets de fleurs. Mouchoirs et drapeaux s'agitent aux fenêtres et sur le bord de la route. Le service d'ordre est débordé par tant de dévotion. À l'arrivée à Buckingham Palace, pas le temps de souffler. C'est l'heure des photos officielles. Patrick Lichfield, cousin de la reine,

1. Les hommes portent éventuellement une chevalière. Philip n'en portait pas avant lui, William n'en porte pas non plus. Il ne s'agit pas d'une règle de protocole mais plus d'une tradition. Avant, les aristocrates les plus endurcis excluaient même le port d'une montre.

a été choisi pour couvrir officiellement la cérémonie. Ses photos, devenues célèbres, offrent une vague de naturel et de gaieté au milieu d'une cérémonie en grande pompe. Il aura la concurrence du papa de la mariée bien déterminée à faire ce qu'il a toujours fait : « J'ai photographié tout ce qu'a fait ma fille, je n'allais tout de même pas m'abstenir ce grand jour ! »

Avant cela, la famille royale remonte un long couloir pour rejoindre le balcon. Diana se montre d'une tendresse absolue avec tous ceux qui l'entourent. Sur l'une des célèbres photos du mariage, on la voit consoler sa plus jeune demoiselle d'honneur, Clemmie, qui venait de tomber. Baissée vers la petite fille, elle esquisse un sourire réparateur. À quatre reprises, la famille royale se montrera aux millions de personnes venues l'acclamer. L'effervescence est à son paroxysme : une foule euphorique prenant des photos, chantant l'hymne. Depuis le balcon, cette marée humaine est presque angoissante. « Le spectacle de ces milliers de gens heureux avait quelque chose d'irrésistible. De quoi nous rendre humbles, c'était vraiment merveilleux. »

La porte-fenêtre s'ouvre et laisse apparaître les jeunes mariés. Charles cherche la main de son épouse. Ils saluent calmement. Il trouve sa main, et la secoue tendrement, comme pour lui dire : allez, tout va bien, je suis là. Le bruit est assourdissant. Ils saluent à nouveau. Il reprend sa main. La reine et John Spencer les ont rejoints. Ils sourient. Ils rient même. Ils quittent le balcon. La foule siffle et proteste. Ils entrent et ressortent trois fois. Leurs familles les entourent. Charles et Diana saluent calmement. La foule est déchaînée. Charles prend la main de Lady Di et l'embrasse. La foule s'exclame. « Je crois qu'ils attendent que l'on s'embrasse », lui souffle Charles. Diana consent. La foule exulte.

Les voilà dans l'intimité du palais. Diana sautille dans le couloir à la moquette rouge avec ses chaussures dans une main et sa traîne dans l'autre. Une goutte de spontanéité dans cet océan de protocole : elle est radieuse. Elle est surtout soulagée que tout se soit bien passé. La séance de photos officielles leur semble sans fin. Avec la famille royale, avec sa famille, avec les deux familles, avec les demoiselles d'honneur, simplement tous les deux. Patrick donne des instructions aux mariés. Ils s'exécutent. La traîne gigantesque est un handicap. Son installation pour la photo est presque plus longue que la mise en place des groupes ! Sur les clichés, Diana semble absente. Fatiguée de toutes ces obligations. La séance finie, elle se laisse tomber au sol. Affalée sur l'estrade bordeaux, entourée des siens. Le photographe prend son ultime photo. Du bonheur simple : les trois frères riants, Diana avec un sourire détendu et les demoiselles d'honneur nichées dans les montagnes de soie de sa robe !

L'intimité familiale n'est que de courte durée. Il est temps de rejoindre les 125 invités les plus proches pour le *lunch*. Du homard, un suprême de volaille appelée « *Princesse de Galles* » (en français dans le menu) et une pièce montée somptueuse. Réalisé par l'école de cuisine de la Royal Navy, le gâteau de cinq étages mesure 1 mètre 50 de haut et a demandé onze semaines de travail pour sa décoration. Charles le coupe avec son épée de cérémonie. Son frère porte un toast. La fatigue commence à se faire sentir. « J'avais l'estomac noué, j'étais toute retournée. » Qui ne l'aurait pas été face à tant d'émotions et de pression ? Un peu absente pendant le déjeuner, Diana reprend vie après s'être changée dans une ambiance familiale.

Vers 16 h 30, le couple s'installe dans son carrosse pour partir en voyage de noces. Comme s'il ne s'agissait pas d'un mariage royal, Edward et Andrew ont attaché des boîtes de conserve à l'arrière du véhicule et une pancarte « *Just Married*» ! Le carrosse s'éloigne sous les confettis et les ballons avec la reine à ses trousses leur faisant coucou.

La famille royale est au comble du bonheur, Diana également. Toute la journée sous le feu des projecteurs, elle est restée douce et bienveillante. Tous les intervenants ou invités du mariage mentionnent encore vingt ans après son extrême gentillesse et sa bonne humeur constante. Tous saluent son grand cœur. Sa maquilleuse se rappelle un geste fantastique. Dans la soirée, enfin posée, elle l'appellera pour la remercier. Probablement l'aura-t-elle fait avec tous ceux qui ont été là pour elle aujourd'hui. Désormais, Diana est en paix. La journée est terminée. Elle la qualifiera encore des années plus tard comme « la journée la plus confuse de ma vie sur le plan émotionnel ».

Il n'y a pas qu'à Diana, que cette journée donne, le vertige. Cette cérémonie, ayant rassemblé des célébrités comme d'illustres anonymes, a été suivie par 750 millions de téléspectateurs dans 70 pays. Retransmis en direct par la *BBC*, ce mariage du siècle fut l'un des événements les plus regardés au monde, juste derrière l'alunissage en 1969 suivi par un milliard de personnes et le concert d'Elvis en 1973 par 1,5 milliard de fans.

De nombreuses analyses sociologiques ont porté sur ce mariage royal. Le contexte politique et économique de l'époque au Royaume-Uni n'a rien de simple, avec notamment un taux de chômage record. La reine avait compris que son peuple avait besoin d'une cérémonie exceptionnelle, fastueuse et populaire. Elle se souvenait des mots de Churchill : « C'est à cela que sert la monarchie, quand il y a la crise partout, à apporter une touche de couleur sur la route sombre où nous cheminons. »

Ces images de bonheur donnent à rêver aux Anglais. C'est aussi ça l'attachement aux coutumes. Croire en son histoire pour croire en l'avenir. Si des critiques ont pu se faire jour sur le coût du mariage, c'est un sujet rapidement balayé au regard de ce qu'il a rapporté. En marge du mariage, l'économie de la restauration a explosé : 80 000 hamburgers, 60 000 hot-dogs, 100 000 glaces, 100 000 bouteilles de vin blanc, 120 000 de champagne ou mousseux, 60 millions de pintes de bière ; le tout vendu au double ou au triple du prix habituel ! Et c'est sans compter l'industrie du souvenir dont les bénéfices auraient dépassé les 500 millions d'euros !

Charles et Diana sont bien loin de ces comptes de résultat. Arrivés à la Gare de Waterloo, ils marchent sur le tapis rouge installé pour l'occasion sur le quai n°12. Avant de monter dans le train royal, Diana embrasse le grand Chambellan pour le remercier de tout ce qu'il a géré. Le train s'éloigne pour le manoir de Broadlands. Il est de tradition de passer la nuit de noces dans ce petit manoir traditionnel anglais situé dans le Hampshire. C'est ici que la reine Victoria, puis la reine Elizabeth célébrèrent leur mariage en compagnie de leur époux. Une forme de passage obligatoire du protocole royal. Dans la coquette chambre verte trône un lit à baldaquin. Des fleurs ornent les tissus et les porcelaines parfont la décoration. Leur mariage est consommé. Diana est un peu surprise par l'appétit sexuel de son mari. De son côté, il confirmera plus tard qu'il lui semblait qu'elle n'avait pas beaucoup d'expérience en la matière. Après tout, il fallait bien qu'il épouse une vierge.

Habillés de couleurs claires et grand sourire aux lèvres, le 1er août, les jeunes mariés décollent de Southampton pour rejoindre Gibraltar dans un avion militaire piloté par Charles. C'est ici que le *Britannia* les attend pour leur lune de miel en Méditerranée. À part, l'escale prévue dans douze jours à Port-Saïd, personne ne connaît leur itinéraire exact. Arrivé à Gibraltar, le couple embarque. Il regarde la côte s'éloigner en plaisantant.

La lune de miel oscillera entre moments de pur bonheur marital et angoisses monstrueuses[1]. Diana écrit à un ami depuis le yacht, elle y parle tendrement de « Hubby[2] », le surnom qu'elle a donné à Charles. « Je ne pourrais être plus heureuse, et jamais je n'aurais cru me sentir aussi épanouie. La croisière sur le Britannia a été extrêmement plaisante, et on a passé la majeure partie du temps à rire et se taquiner. Le mariage me convient merveilleusement et j'adore avoir quelqu'un à chérir et gâter. C'est la meilleure chose qui soit arrivée – à part d'être la femme la plus chanceuse du monde. »

Ils rient en regardant la vidéo de leur mariage, elle écrit : « On manque de fondre en larmes chaque fois qu'on regarde la vidéo du mariage, et j'imagine déjà, dans dix ans, l'un des petits "de Galles" demander : "pourquoi tu as appelé papa Philippe ?". Ça, j'ai hâte d'y être. »

Pour la première fois, depuis de très nombreuses années, Charles a le loisir de dormir le matin. Son plus proche valet, Stephen, raconte la vie du couple à bord. Ils prennent leur petit déjeuner au lit, dînent en amoureux sur le pont en contemplant le paysage et profitent de la vie au large. L'équipage cherche des plages désertes pour le jeune couple. Diana adore nager, lui, il fait de la planche à voile. Ils aiment tous les deux se prélasser au soleil ou encore pique-niquer sur la plage. Plongée, baignade au couchant sur des plages paradisiaques, la vie est douce en Méditerranée. Décrite comme radieuse par l'équipe à bord, « Diana fut merveilleusement heureuse pendant son voyage de noces. Elle donnait l'impression d'être au septième ciel ».

Charles, plus réservé et plus protocolaire que sa jeune épouse, est moins démonstratif, mais semble très heureux

---

1. Deux théories s'affrontent sur la lune de miel. Les majordomes Paul Burrell et Stephen Barry racontent que le couple princier était au comble du bonheur. Des amies de Diana parlent d'un désastre et de ses crises de boulimie violentes. Charles aurait lui-même raconté plus tard à Camilla qu'il savait parfaitement que Diana était boulimique.
2. Diminutif de *husband* qui signifie mari en anglais

aussi. Diana est au comble de son amour pour le prince qu'elle ne veut pas lâcher et qu'elle contemple avec adoration. Par moment, elle se sent rejetée. Pourquoi veut-il pêcher ? Pourquoi avoir apporté autant de livres ? Avait-il peur de s'ennuyer à ses côtés ? Elle veut profiter de ce moment hors du temps pour faire mieux connaissance avec son mari. Renforcer leur complicité, c'est ce à quoi Diana aspire le plus. Avec 21 officiers et 256 marins, l'intimité n'est pas toujours au rendez-vous. Toutefois, le couple se prête au jeu : orchestre et dîner officiels ou barbecue sur la plage au son des chants de marins.

En public, elle est heureuse. Dans cette intimité qui peine à se créer, Diana angoisse. Sa peur de l'abandon la tenaille. Une invitée surprise semble présente dans leur voyage de noces. Rapidement, elle constate aux poignées de son mari de nouveaux boutons de manchettes représentant deux C entrelacés. Quelques jours plus tard, deux photos de Camilla glissent de l'agenda du prince. Trop, c'est trop. Il n'y a pas renoncé ! Mais, ils sont tout juste mariés. Comment peut-il lui faire ça ? Elle le sait, qu'il est en contact avec elle. Il lui a déjà écrit ! Mais ils sont mariés depuis moins d'une semaine ! Quel manque de respect ! Quelle trahison ! Quelle trahison… Diana a mal. Elle a physiquement mal. Elle mange. Elle mange plus que de raison. Plus que son corps frêle ne peut endurer. Elle vomit. Le mal de mer ? Non, le mal de l'autre. « J'étais jalouse, véritablement jalouse. »

Le prince Charles sait qu'il la fait souffrir, mais il ne comprend pas pourquoi elle le prend si mal. Il interroge son valet. Est-ce normal pour une femme d'être obsédée par le passé de son mari ? Son fidèle serviteur ne lui livrera pas le fond de sa pensée. Pourquoi avoir repris si vite sa relation avec sa maîtresse sans donner une réelle chance à son mariage ? Au-delà de ces tensions, ils sont tous deux très fatigués, et c'est bien normal après l'année qui vient de s'écouler. Le mariage et la cérémonie les ont beaucoup perturbés émotionnellement. Quand elle est seule, elle se laisse aller à ses angoisses : « J'ai versé toutes les larmes de mon corps. J'étais à bout de forces, mais absolument pas pour les bonnes raisons. » Charles et elle ne vivent pas au même rythme. Pendant qu'elle cherche à s'en rapprocher, il écrit : « Diana court dans tous les sens, bavarde avec les marins et les cuisiniers, tandis que je demeure comme un ermite sur le pont plongé avec joie dans l'un des livres de Laurens van der Post. »

Le périple du yacht royal les emmènera dans les plus beaux endroits de la Méditerranée : Algérie, Tunisie, Sicile, détroit de Messine, Corfou, Crète, Santorin. Toutes ces côtes enchanteresses apaisent un peu les tumultes du bord. Le 12 août comme prévu, le bâtiment royal fait escale à Port-Saïd pour rencontrer le président Anouar el-Sadate et sa femme anglaise, Jehan. Après un dîner à bord, ils reprennent la mer en direction du canal de Suez jusqu'à leur arrivée à Hurghada. Ils y embarquent pour un vol les ramenant sur le sol britannique.

Mi-août, ils arrivent à Balmoral, en pleine forme et bronzés, en apparence toujours aussi amoureux. Ils resteront jusqu'au mois d'octobre. Les grandes pompes ne sont apparemment pas terminées. Leur calèche recouverte de bruyère remonte l'allée de la propriété. La situation est presque ridicule, ils rient. Le cadre est romantique dans ce château écossais. Charles lui lit des histoires. Elle s'adonne à la tapisserie. Ils se promènent le long des berges de la Dee, main dans la main, heureux.

Elle parfait son éducation royale et son entrée dans la famille ! Armée de ses bottes et de sa veste en tweed, elle assiste aux parties de chasse. Si elle aime cette ambiance nature, la chasse lui plaît moins. Toutefois, elle fait de son mieux pour suivre le programme en vigueur à Balmoral. Là encore, son humeur est changeante. Souvent en adoration devant son prince et prête à tous les efforts, par moments, elle ne supporte plus l'ambiance qui règne autour d'elle. Plus l'automne approche, plus les journées sont grises et pluvieuses. Le poids de la tradition et du protocole commence à lui peser. Ce n'est pas la discipline royale stricte qui la taraude. C'est l'ombre de Camilla. Elle n'arrive pas à la sortir de ses pensées. Sa jalousie la ronge. Elle en est malade, physiquement malade.

À qui en parler ? Sa famille et ses amis sont loin. En outre, ils ne comprendraient pas. Tout le monde est persuadé qu'elle vit un conte de fées. Elle ne peut pas les décevoir. Lorsqu'ils lui rendent visite, elle profite de leur présence sans rien laisser paraître. Ce n'est pas non plus à sa nouvelle famille qui abhorre les manifestations affectives qu'elle va pouvoir se confier. « Toutes les nuits, je rêvais de Camilla [...], j'étais obsédée par Camilla. Je ne faisais pas confiance à mon mari, j'imaginais qu'il l'appelait toutes les cinq minutes pour lui demander des conseils sur son mariage. » Il ne réussit pas à l'aider. Elle se sent incomprise.

Charles essaie de la distraire, il l'emmène voir de merveilleux paysages. Il lui lit des livres de psychologie. « Toutes ces histoires de forces psychiques me dépassaient. Je savais bien que je possédais quelque chose à l'intérieur de moi qui n'avait pas encore été éveillé, mais ce n'était sûrement pas comme ça qu'il y parviendrait ! »

À ses amies, elle écrit : « Je suis totalement déplacée ici, je me demande parfois dans quoi je me suis fourrée. Je me sens tellement petite, tellement seule, tellement dépassée. » Pourtant, jamais elle ne les invite à séjourner à Balmoral pour l'aider à s'acclimater. Pudeur ? Insouciance ? Parfois, lorsque vous êtes mal, la simple perspective d'aller bien vous épuise, comme si, avec le temps, la douleur devenait confortable.

Outre la lourdeur du protocole, Diana découvre la relation entre la reine et son fils. Elle comprend qu'ici, comme en tous lieux, la reine commande. Le rendez-vous pour l'apéritif est fixé à 19 h 30 précises. On ne fait pas attendre la reine. Charles se soumet aux moindres volontés de sa mère. Un jour où elle portait pour le dîner une très jolie robe décolletée que Charles adorait, la reine lui a fait remarquer qu'elle n'était pas appropriée. Quelle ne fut pas sa surprise quand Charles acquiesça !

Pour l'instant, Diana redoute encore la reine et n'a pas développé de relation sincère avec elle. « La reine me terrifie. Dès que je la vois, je tremble des pieds à la tête. Je n'ose pas la regarder dans les yeux. [...] Elle est gentille avec moi et fait son possible pour me mettre à l'aide, mais je suis incapable d'être naturelle quand je suis avec elle. » Pourtant, la reine l'apprécie énormément. « Elle est l'une des nôtres », dit-elle, comble de la consécration dans sa bouche. Mariée à son fils, Diana ne l'appelle plus Votre Majesté, mais Maman. Diana cherche son attention, son amour. Elle cherche ce modèle féminin qui lui a tant fait défaut dans sa jeunesse. Elle désire que sa belle-mère soit fière d'elle. La reine est conciliante, mais reste en retrait. Elle considère comme normal que Diana trouve ses marques. Elle ne force pas son intégration, car elle lui fait confiance. Elle y est parvenue, elle, quand elle a été couronnée à 25 ans. La jeune femme est plus fragile, ou a moins le sens du devoir. Tout est plus difficile.

Comme elle l'avait déjà expérimenté précédemment, elle est toujours loin de son mari, coincé entre deux hommes âgés à qui elle n'a rien à raconter ! À vrai dire, même quand il n'y a pas d'invités extérieurs, elle ne se sent pas à sa place. « Je ne suis pas du tout à ma place. Je me demande souvent, ce qui m'a pris, de m'engager dans cette aventure. Je me sens toute petite, seule et perdue », écrit-elle. Les conversations sont spirituelles ou culturelles, et emplies de sous-entendus familiaux qu'elle ne comprend pas. Et puis, toute cette déférence...

Les gens la considèrent comme un titre. Elle n'a pas changé pourtant, elle. Je suis la même, se dit-elle. Les autres la traitent inexorablement différemment. « J'étais Diana. [...] Rien d'autre n'avait changé. Moi, je traitais tout le monde comme avant. » Cette admiration la met mal à l'aise : non, elle n'est pas fragile ou intouchable. C'est agaçant à la fin ! Quant à sa célébrité, Diana se rend vite compte que le phénomène est loin d'être terminé. Elle est toujours le sujet de prédilection de la presse *people*. Pendant leur séjour à Balmoral, les époux consentent à donner une conférence de presse. Au bord de la Dee, Charles en kilt traditionnel et petit pull vert et Diana en tailleur de tweed écossais se prêtent à l'exercice des questions-réponses avec des journalistes frustrés de n'avoir pu les suivre depuis deux semaines. Diana raconte avec le sourire leur fabuleux voyage de noces. Elle a l'air enchantée, sûrement l'est-elle à cet instant précis. Elle regarde Charles plein d'amour et plaisante même : elle recommande fortement la vie de jeunes mariés ! Ici, à Balmoral, elle est bien, dit-elle, c'est l'un des plus beaux endroits du monde. Derrière les apparats, la réalité est déjà tout autre.

PARTIE II

Un conte de fées au goût amer

4

Une princesse de Galles pas comme les autres

Lady Diana Spencer est désormais Son Altesse Royale, la 9e princesse de Galles. Devant Madame, on s'incline. Que de responsabilités ! Que d'apparats ! Contrairement à son époux qui n'avait connu que la vie au palais et le devoir, et bien qu'elle fût courte, Diana a eu une vie avant. Elle semble cependant soulagée d'en démarrer une nouvelle. Cela fait maintenant plus d'un an qu'elle est sous pression en permanence : petite amie scrutée par les médias, jeune fiancée à la Une, mariée du siècle, voyageuse de luxe ! Ses moindres faits et gestes sont disséqués. C'est usant à la longue. Elle commence à mesurer son rôle et à prendre confiance. En dépit de son manque d'expérience, elle rayonne. Pourtant, elle ne mesure pas l'ampleur de la tâche. L'épouse de Charles, la mère des héritiers du trône : ça, elle saura faire. Son propre rôle ? Il faut le construire.

Depuis mars 1981, le palais a mis à son service Oliver Everett, attaché au ministère des Affaires étrangères, en tant que secrétaire particulier. Malgré son jeune âge, la princesse est très consciencieuse. Elle analyse avec grand intérêt les suggestions de patronage triées par Oliver. Il y en a tellement ! Les attraits de la princesse sont privilégiés. Ainsi, les œuvres en lien avec les enfants, la musique ou le Pays de Galles reçoivent des réponses favorables. Anne Beckwith-Smith est sa dame de compagnie. Oliver et Anne l'aident à organiser cette nouvelle vie.

Très vite, et à force de travail, elle forge son opinion sur son rôle et les évolutions nécessaires à la survie de la monarchie. Ce n'est pas du goût de tout le monde. Comment cette gamine inexpérimentée pourrait-elle bien avoir raison sur la gestion d'une monarchie vieille de près d'un millénaire ? Qui sait alors que cette jeune fille timide manquant de sophistication deviendra en seulement dix ans cette femme affirmée mettant en cause le système ? Pour l'heure, la princesse a déjà sa marque, sa manière de séduire le peuple, ses attitudes avec les journalistes. Même mal à l'aise dans ses prises de paroles, on l'adore ! D'instinct, elle sait. Ce qu'elle comprend moins en revanche, ce sont tous ces rituels permanents dont tout le monde autour d'elle semble s'accommoder sans broncher.

Avait-elle seulement mesuré avant l'ampleur des règles qui régiraient désormais sa vie ? Probablement pas, car elle écrit à une amie : « Le changement qui s'opère en moi est impressionnant... Je suis partagée entre la petite Diana qui préfère se cacher plutôt que d'être sur le devant de la scène et la princesse qui s'efforce d'accomplir un travail du mieux qu'elle peut. La seconde remporte la partie, mais à quel prix pour la première ? »

Contrairement à sa future belle-fille, Kate Middleton, qui a été entraînée pendant plusieurs mois à faire face aux journalistes et à se comporter en société, Diana n'a pas été préparée à la vie royale. En dépit de son éducation, elle ne maîtrise que peu le protocole. Cette soudaine notoriété est une vague qui vous engloutit. Bien que le palais le démente, le service de presse est peu intervenu à ses côtés dans son entrée médiatique. Elle avait un sens inné des médias : ni trop entraînée pour perdre en spontanéité ni trop nature pour se faire piéger. Le juste équilibre. Contrairement à ses congénères, elle n'a pas été élevée dans la méfiance de la presse. Elle échange sans filtre et crée une relation équilibrée avec elle. De là viendra son salut.

Son premier déplacement officiel a lieu en octobre 1981, au Pays de Galles. Un véritable baptême du feu ! Sur leurs terres. Enceinte. Submergée par l'ampleur de son propre phénomène et fatiguée de ses nausées, Diana ne se sent pas à la hauteur : « J'avais les mauvais vêtements, le mauvais timing, le mauvais tout, des nausées affreuses, le teint gris et les joues creuses » Pourtant, son charme opère. Le public l'adore. La pluie ne freine pas les cohues sans fin qui se ruent pour l'apercevoir. Jamais rien de tel n'était arrivé pour aucun membre de la famille royale. Les télévisions du monde entier se sont déplacées pour couvrir cette première.

Tout de suite, Diana imprime un style très différent des autres femmes de la famille royale. Elle va vers la foule, se laisse toucher, touche à son tour, parle, montre ses émotions. Elle est proche du peuple. Il le lui rend bien. Elle s'accroupit pour parler à un enfant ou tenir la main d'un malade. Sa sensibilité naturelle envers les plus fragiles se manifeste déjà. Les foules l'acclament. Parfois, on lit la peur dans son regard. Cela ne la rend que plus touchante. Le peuple aime ce naturel. Du jamais vu chez les Royaux ! Populaire par sa simplicité et la fraîcheur de ses réponses, elle conquiert le monde. Naturelle, elle ne refrène pas ses élans d'affectation envers Charles, même en public. Elle montre parfois son agacement ou son ennui.

Elle est comme nous, se dit le peuple. Elle fait vendre, se disent les journaux. Bien que cela agace parfois la vieille garde, ce vent de fraîcheur qui souffle sur la monarchie est bien utile !

La jeune princesse attire la lumière. Et la garde ! C'est elle, et seulement elle, qu'ils adulent. Quand Charles et Diana inversent le côté de la rue qu'ils remontent, de grands « Oh » déçus se font entendre. Les badauds hurlent son nom pour qu'elle revienne. « Je n'ai malheureusement qu'une femme et elle est là-bas », s'excuse Charles. Lorsqu'il se déplace seul, la presse en parle à peine. Quel affront ! Et sur ses terres de surcroît ! Diana sent bien ce malaise naissant, mais que faire ? Elle met du cœur à remplir sa mission. C'est son devoir. Elle agit pour que son mari soit plus acclamé. Elle sent que cela sera un problème. Cela se calmera vite, se dit-elle. N'est-ce pas que cela se calmera vite, interroge-t-elle ? Les observateurs avertis ne semblent pas y croire.

À l'automne, le traditionnel séjour à Balmoral se prolonge. Tout le monde, particulièrement son mari, semble à son aise. « Venir ici, c'est un peu comme hiberner, on peut marcher des kilomètres sans rencontrer personne », dit sa belle-mère. Mais quelle horreur ! Diana a vingt ans et le manque de la vie londonienne. Quel ennui cette hibernation. Charles a beaucoup d'obligations et elle se retrouve souvent seule. S'ajuster prend du temps. Elle est fatiguée. Trouver sa place prend du temps. Elle a la nausée.

Peu à l'aise avec sa belle-famille, Diana se rapproche du personnel qui garde consciencieusement ses distances. Ici, les relations entre domestiques et patrons sont très rigides : chacun chez soi ! Elle se sent vraiment seule. Il n'y a qu'en cuisine qu'elle trouve refuge aidant à cuisiner en bavardant. À Balmoral, comme à Buckingham Palace, la princesse ne trouve pas sa place. Quand Charles n'a pas changé son mode de vie, elle a dû modifier son monde entièrement. Comment retrouver des repères dans tout cela ? Bien qu'un peu désemparé par l'attitude de sa jeune épouse, Charles cherche des solutions. Il invite des camarades de polo plus jeunes et branchés, mais elle ne les aime pas ! Des gens bruyants et puérils obnubilés par leurs chevaux et leurs sports ! Il cherche des activités à pratiquer ensemble, mais se rend vite compte que leurs goûts diffèrent.

Peu habitué aux effusions émotionnelles, Charles s'inquiète. Il décide de faire venir son ami, le poète Laurens van der Post. Ce dernier confiera plus tard à sa fille qu'il avait trouvé Diana un peu paranoïaque. On l'aurait été pour moins ! Diana est déprimée, c'est un fait. « J'allais très bien jusqu'à ce que je sois happée par la vie royale », analyse-t-elle. Ce qui la déprime encore plus, c'est qu'elle ne se sent pas comprise par son mari. Élevé dans la devise : « *never explain, never complain*[1] », Charles n'est pas naturellement dans l'empathie. Sa grossesse la perturbe : « Je suis devenue d'une maigreur épouvantable. [...] Nous sommes restés à Balmoral d'août à octobre. Au mois d'octobre, j'étais en très mauvais état. [...] Je suis rentrée plus tôt que prévu de Balmoral pour me faire soigner, non parce que je déteste Balmoral, mais parce que j'allais vraiment très mal. Vous n'imaginez pas le nombre de psychanalystes et de psychiatres qui ont tenté de me tirer d'affaire. »

De retour à Londres, elle consulte plusieurs médecins et psychologues. L'un d'eux analyse ses rêves sans fin, le second discute avec elle de ses journées. Elle n'est pas en confiance. Personne ne comprend ses tourments réels. Du repos, voilà de quoi elle a besoin. Qu'ont-ils tous à vouloir qu'elle aille mieux instantanément ? Personne ne va-t-il jamais mal dans cette famille ? Il faut trouver une explication à ces faiblesses qui quelques fois sont publiques. Ainsi, le 5 novembre 1981, le

1. Ne jamais s'expliquer, ne jamais se plaindre

palais annonce officiellement sa grossesse. Moins de six mois après son mariage, la princesse accomplit déjà son devoir !

La presse redouble d'engouement pour elle. Un peu trop au goût du protocole. Une photo de la future reine en bikini avec son ventre arrondi est clairement un manquement aux valeurs ! Dans les années quatre-vingt, le corps de la femme enceinte est encore tabou, presque vulgaire. La reine est furieuse. Elle, qui n'a pourtant pas l'habitude d'agir ainsi, convoque les rédacteurs en chef des principaux médias et leur demande de laisser Diana tranquille. Depuis toujours, un code de conduite tacite régit les relations entre la presse et la famille royale. Les congés ou les moments privés sont respectés. Avec l'arrivée de Diana, la presse oublie ces rudiments. La reine se décrit comme « la belle-mère la plus inquiète du pays ». Il n'est pas question que la presse, par son comportement, mette en danger la santé de sa belle-fille ou, pire encore, ses futures responsabilités. Elle conjure les rédacteurs de ne plus acheter ces photos « privées ». Sans acheteur, pas de photographe indiscret ! Diana a besoin de repos. Ah, enfin, quelqu'un qui la comprend. Vraiment ? Le répit ordonné par Elizabeth II sera de courte durée. La « Lady-dimania » prend son essor. Entre adulation et rêve de princesse, Diana devient la cover-girl que l'on s'arrache.

Malgré tout, elle s'acclimate lentement à cette présence oppressante des médias. « À mon arrivée sur la scène, je baissais toujours la tête. Avec le recul, je me rends compte que j'avais l'air de bouder. Je n'ai jamais boudé. Ma pauvre petite cervelle était morte de terreur. [...] L'attention qu'on accordait me terrifiait totalement. Il m'a fallu 6 années pour m'habituer à cette nouvelle peau. [...] En une minute, je suis passé du statut de personne à celui de Princesse de Galles, mère, jouet des médias, membre de cette famille. [...] C'était trop à la fois pour une seule personne. » Très vite pourtant, ce que la presse colporte l'obsède. Cela devient une drogue. Elle lit, regarde et analyse tout. Les journalistes de l'époque racontent qu'elle était capable de formuler une remarque très précise sur un article en sachant qui l'avait écrit et quand. Elle finit par prendre goût à sa starification. Son styliste, Jasper Conran, raconte qu'elle aimait se sentir « comme une star de cinéma » et « réussir son entrée ».

La folie Lady Di trouve son apogée en mars 1983 lorsque les Galles réalisent leur premier déplacement officiel à l'étranger : une tournée en Australie et Nouvelle-Zélande. Contre les recommandations et les coutumes, Diana impose sa volonté. William, son petit prince de neuf mois les accompagnera. Emmener un enfant en représentation officielle est une première. Outre démontrer l'importance accordée à son rôle de mère, cette décision la rend accessible au grand public. L'héritier séjournera dans une ferme d'élevage de moutons avec sa nounou où le couple princier le rejoindra tous les trois à quatre jours. Ce voyage est la parfaite diversion à l'état psychologique de Diana et une manière privilégiée pour le couple de se retrouver. Charles décrit à un ami le bonheur de cette parenthèse : « La grande joie, c'était d'être complètement seuls ensemble ».

Plus à l'aise qu'en Angleterre, Charles complimente sa jeune épouse. Il est fier d'elle, dit-il. Bien qu'il n'apprécie guère la menace sur sa propre notoriété, il a compris qu'elle est un atout politique ; en Australie, peut-être encore plus qu'ailleurs. Le chef du Parti travailliste ne cache pas son peu d'intérêt pour ce déplacement en grande pompe : « Je ne crois pas qu'on parlera encore longtemps des rois d'Australie », dit-il narquois. Alors l'objectif politique du voyage est clair : garder l'Australie au sein de la monarchie et rallier les Australiens à la cause britannique. Leur séjour est un véritable marathon : visites de ville, bains de foule dans les rues, rencontres officielles, soirées de gala, etc. Les Galles ont un planning très chargé – ils prendront en tout 27 vols internes – mais sont bien entourés par les 23 personnes à leur service. Les premiers jours sont très éprouvants, Diana confie à sa dame de compagnie qu'elle ne se sent pas capable de faire face : « Il s'agissait véritablement d'un moment crucial du côté difficile du métier de Princesse de Galles. Des milliers de journalistes nous suivaient. [...] Le premier jour, nous nous sommes rendus dans une école d'Alice Springs. Il faisait une chaleur torride, je souffrais du décalage horaire, j'avais des nausées, j'étais trop maigre. Ce jour-là, je focalisais l'intérêt du monde entier. J'étais à la Une des journaux, j'ai trouvé cela épouvantable. Je n'avais rien fait de magnifique. »

Puis, l'effet magique de la princesse opère. Sa simplicité charme les Australiens plutôt habitués à des attitudes colonialistes. Comme au Pays de Galles, de véritables marées humaines se forment pour les acclamer. Les images sont marquantes et font le tour de la planète, enfin surtout le tour de Buckingham Palace. Des océans de gens, à perte de vue. Des foules immenses en délire. Plus d'une centaine de journalistes se sont déplacés depuis le Royaume-Uni. Soixante-dix photographes internationaux s'ajoutent au cortège. Jamais un voyage royal n'avait suscité autant de curiosité. Les journalistes le savent. Elle a l'étoffe d'une star. Personne ne s'y trompe. Elle est drôle, accessible, photogénique. La perfection sous l'objectif. L'inégalable classe face aux questions. Chaque jour, pendant six semaines d'affilée, elle est en photo dans tous les magazines et journaux. C'est une couverture médiatique sans précédent. Diana prend conscience du pouvoir que cela lui confère et y prend goût. « À notre retour. J'étais quelqu'un d'autre, plus adulte, plus mature. Mais encore très loin. De l'évolution qui allait être la mienne durant les quatre ou cinq années à venir. Sur le fond, notre visite a été un grand succès. »

Malheureusement pour Charles, la quasi-totalité des retombées est centrée sur son épouse. Il s'en plaint, mais que faire ? Elle apparaît tant à la portée des gens qu'il semble encore plus guindé et distant. La foule la réclame. Charles plaisante : « Vous devriez exiger un remboursement. » Diana a conscience de la jalousie de son mari. Elle ne fait pas exprès de monopoliser l'attention. Quand il s'emporte, elle se défend : « Je n'arrivais pas à lui expliquer que je n'avais rien demandé. » C'est parce qu'il est le prince de Galles que l'on s'intéresse à sa femme, et non l'inverse ! Si Charles est certes jaloux, il se montre aussi inquiet pour son épouse qui subit tant de pression. « Diana m'affole. Elle ne peut pas faire un geste sans que ces gens affreux, et, j'en suis convaincu idiots, ne la photographient... Qu'est-ce qui leur prend à tous ? Comment peut-on imaginer que quiconque, encore moins une fille de vingt ans, soit l'objet d'une telle obsession, d'une telle attention, et en ressorte indemne ? »

Les Australiens sont sous le charme, à commencer par leur Premier ministre, Bob Hawke : « Ce qui frappait le plus chez elle, c'était sa jeunesse et sa beauté, sa vivacité, sa joie de vivre. J'appréciais beaucoup son scepticisme concernant le faste et l'apparat. Manifestement son apprentissage était rude et je trouvais qu'elle s'en sortait bien d'autant qu'elle ne croyait pas trop à tout ce cérémonial. Elle aimait s'en moquer un peu, et ça me plaisait, mais cela ne l'empêchait pas d'être responsable. Elle était consciente de ses obligations et se débrouillait très bien. »

Charles est relégué au second plan. S'il fait montre d'humour en public, et qu'il pourrait à l'instar de Kennedy en faire un atout, son ego ne lui autorise pas. C'est plus fort que lui, sa jalousie le ronge, écrit-il à ses amis restés à Londres. Politiquement, le voyage est une réussite. La princesse est une arme de choc pour la communication de la monarchie. Personnellement, Diana a pris la mesure de son rôle. Plus encore, elle a pris confiance en elle. Pourtant, elle ne recevra aucun éloge de sa belle-famille. Charles est jaloux ; la reine circonspecte. L'arme pourrait bien se retourner contre eux. Le voyage est épuisant et Diana découvre la pression, presque inquiétante parfois, des foules. C'est surtout l'une des premières illustrations de l'éternelle dichotomie de sa vie : l'image qu'elle renvoie et l'engouement que son image publique suscite face à sa tempête intérieure et au manque d'affection dont elle souffre dans sa vie privée.

Diana possède naturellement cette aura de star. Quand Charles travaille avec acharnement pour user des bons mots, faire de l'humour, paraître intelligent, sa grâce suffit. Pourtant, la jeune princesse ne manque pas d'humour. Elle se plaît à répéter qu'à force de sourire en public, ses joues vont s'affaisser ! Bien qu'elle trouve l'attention qu'on lui porte démesurée, elle s'amuse du surnom Lady Di qui agace les défenseurs de la république ! Elle a compris le fonctionnement du système : « Je déteste être un centre d'intérêt. Être en permanence dans l'œil du public me confère une responsabilité particulière, notamment celle de jouer de l'impact des photos pour faire passer un message, sensibiliser le monde à une cause importante, défendre certaines valeurs. » Elle sait que les médias l'ont installée dans le cœur des Anglais en parlant tout le temps de sa normalité et en la peignant en épouse parfaite. La presse et la princesse entretiendront une relation à double sens et ambivalente. Ils s'observent mutuellement. Les journalistes analysent ses faits et gestes. Diana scrute leurs articles. Elle les cherche tout en s'agaçant de leur présence. Ils la traquent tout en étant sous son charme.

Peut-être parce que son père avait la passion de la photo, Diana avait un sens inné de l'image. Elle respectait beaucoup le travail des photographes. Elle se liera d'ailleurs d'amitié avec plusieurs d'entre eux, dont Tim Graham ou Patrick Demarchelier, qui auront le privilège de la suivre en privé comme en public. Très photogénique, elle adore prendre la pose tout en reflétant un naturel constant. Jamais elle ne retouche sa coiffure ou son maquillage. Jamais même elle ne se regarde avant qu'on la prenne en photo. La plupart des personnes l'ayant photographiée sont unanimes. Elle avait ce magnétisme, cette capacité à capter la lumière et le regard. Meredith Etherington Smith[1] dira d'elle qu'elle « entretenait avec la caméra un rapport semblable à celui de Garbo. Elles sentaient la façon dont la lumière les frappait et y réagissaient d'instinct, c'est un don. » Sa beauté subjugue tous ceux qui l'approchent : « Je crois que c'est l'une des plus belles femmes que je n'aie jamais photographiées parce qu'elle avait tout : les jambes, le visage, la personnalité et un sourire radieux. Elle était extraordinaire. J'espère avoir eu le privilège de révéler la vraie Diana qui se cachait derrière la princesse. C'était un peu comme si l'on m'avait confié un secret très personnel », dira Glen Harvey.

Ne pas être reconnue au sein de sa propre famille est douloureux. Après cette tournée océanique, Diana sait que sa notoriété est une force. Parce que son manque d'assurance et son humilité lui permettent d'aller vers les affligés, c'est à leur service qu'elle mettra son aura. « [Diana] a beaucoup plus de mal à parler aux gens sûrs d'eux-mêmes qu'à ceux qui ne le sont pas. [...] En arrivant quelque part, elle se sent plutôt attirée par ceux qui sont un peu mal à l'aise, comme elle », explique sa mère. Certains disent qu'outre son courage qui lui permettait de ne craquer en aucune circonstance, elle possédait un don de guérisseur. « Après ses fils, le travail caritatif était ce qu'il y avait de plus important dans sa vie, car elle le voyait comme une mission. Je pense qu'elle avait un talent particulier, un peu comme ces gens qui guérissent avec les

1. Commissaire en charge de la vente aux enchères de ses robes en 1997.

mains. Je ne dis pas qu'elle avait ce pouvoir [...], mais les malades finissaient par aller beaucoup mieux », précise son amie Lucia.

Diana est une princesse généreuse. Plus exactement, elle est douée d'une bonté toute particulière. Si son tempérament charitable et dévoué est inné, il a été renforcé par les principes éducatifs de ses deux parents. La philanthropie fait partie intégrante de l'aristocratie. Sa mère s'agacera d'ailleurs sur le sujet : « Elle a toujours été dotée d'un caractère charitable. À en croire certains livres, on dirait qu'elle est devenue généreuse du jour au lendemain, ce qui est absolument faux. Diana était généreuse par sa nature. [...] Elle avait de grands yeux et vous regardait toujours en face. Elle s'intéressait sincèrement aux personnes. » Son oncle le confirme : « L'altruisme était inscrit dans ses gènes, mais elle est allée bien au-delà [...] elle était fermement résolue à changer les mentalités. »

C'est une chose d'être serviable et douce, c'en est une autre de comprendre intuitivement les autres. La princesse Diana a un don. Elle les comprend. Elle les ressent. « Elle était persuadée que nous avons tous des talents, des talents dont nous ne sommes pas forcément conscients tant que quelqu'un ne nous les a pas fait remarquer », dit sa mère. Tous s'accordent sur sa faculté de compassion extraordinaire. Peut-être parce qu'elle la nourrit de sa propre souffrance, Diana sait lire les âmes et les guérir. Cette empathie naturelle est doublée d'une capacité à briser le protocole et à mettre ses interlocuteurs en confiance. Connaissant le prix de l'attention portée, elle se rend accessible. À ses côtés, on se sent important. « Je suis beaucoup plus proche des gens d'en bas que des gens d'en haut », expliquera-t-elle.

C'est dans ce travail caritatif de représentation qu'elle se révèle. Avec conscience, elle construit ses combats et sa manière d'agir. Elle veut maîtriser son action. Par exemple, la princesse refusera toujours de déléguer la gestion de son courrier. Elle ouvre elle-même toutes les correspondances reçues, et oriente les réponses, voire répond personnellement. Elle connaît son charme, mais son implication va bien au-delà. Elle mène ce rôle avec beaucoup de conscience professionnelle, de l'engagement et une grande force de travail. Malgré son jeune âge, Diana fait preuve d'une maturité impressionnante face à des sujets très complexes. Elle grandit dans ce rôle d'ambassadrice des nécessiteux, s'intéresse à tout, comprend très vite les grands enjeux. Tout le monde l'adule pour cela, même sa famille s'en étonne. Elle a d'instinct des rapports directs et complices. Bien que cette attitude soit critiquée par l'establishment, elle paie, et au sens propre !

Son aura et ses méthodes permettent à ses œuvres de lever des sommes considérables. Hors de question de faire la potiche pour récolter de l'argent ! Quand certains la voient uniquement comme une source de revenus, elle s'agace. Faire appel à la générosité pour ses œuvres ne lui pose pas de problème, mais elle tient à ce qu'on sache qu'elle n'est pas dupe. Elle connaît son impact. « Les donateurs mettraient l'argent directement dans la tirelire si je leur demandais », confie-t-elle à son secrétaire particulier.

Sa sœur, Sarah, qui deviendra sa dame d'honneur et l'accompagnera dans de nombreux déplacements officiels a raconté comment Diana était sur le terrain. Avec le temps, la princesse apprendra à supporter avec grâce ce qu'elle appelait son « parcours du combattant» (rencontrer le maire, les dignitaires, le capitaine des pompiers, le chef de la police, etc.). Elle prend beaucoup de plaisir dans les visites mêmes les plus éreintantes. « Elle s'enthousiasmait alors même qu'elle était extrêmement épuisée. Elle se donnait à fond dans ce qu'elle faisait. Aussi bien physiquement qu'émotionnellement, dans tous les sens du terme. Et les gens étaient comme des éponges, ils absorbaient son énergie. Ils étaient euphoriques lorsqu'elle repartait. Elle communiquait l'espoir. », confie son aînée.

Souvent après une visite vraiment éprouvante, elle raconte une blague : une forme d'exorcisme ! Si certains sont outrés de sa crudité, elle en a besoin pour revenir à la normalité, pour oublier. Même en action sur le terrain, plaisanter, bavarder ou poser des questions banales lui permet de dédramatiser ce qu'elle voit tout en offrant à ses interlocuteurs une aisance bienvenue. Elle sait parler des petites choses de la vie, de ses garçons, de ses goûts. Cette implication sans faille est aussi une immense source de « gratifications émotionnelles », raconte son secrétaire particulier, Patrick Jephson. C'est ainsi qu'avec le temps, elle ira au-devant de difficultés de plus en plus grandes, comme pour se mettre à l'épreuve. Se confronter à toujours plus de souffrance pour apaiser la sienne.

Durant une quinzaine d'années, la princesse des cœurs se saisit de très nombreuses causes. Santé, handicap, exclusion, Lady Diana s'intéresse à tout. D'enjeux nationaux aux causes planétaires, son impact grandit chaque année un peu plus.

Elle est sensible à la détresse des personnes qu'elle rencontre. C'est avec Janet MacNelly, administratrice de la *Parkinson's Disease Society*, que Diana découvre l'ampleur de cette maladie et cherche à en comprendre les conséquences. « Elle m'a fait parler comme si on se connaissait depuis des années. Elle m'a témoigné beaucoup de compréhension », raconte Janet. Des témoignages comme celui-là sont légion dans les rencontres de la princesse. Au sein de *SeeAbility*, association pour les malades de scléroses en plaques et paralysies cérébrales, elle s'illustre par son empathie. « Elle m'a traité sur un pied d'égalité. » Voilà ce dont elle était capable : se mettre à la portée de l'autre. Dès 1983, elle parrainera la *British Deaf Association.* Loin de se contenter d'apposer son nom sur cette cause, elle apprendra la langue des signes qu'elle utilisera même en public. Aucune personnalité n'avait jamais fait une telle chose. Portée par son souhait de lutter contre toute forme de discrimination, elle donnera un réel élan à la Grande-Bretagne sur ce sujet. Elle sait faire fi du handicap avec une facilité déconcertante. Un jour qu'elle recevait trois personnes paraplégiques après un accident de la route, la princesse s'était exclamée : « Regardez-moi ces muscles, je suis entouré d'hommes vraiment costauds ! » Elle nouera une amitié avec l'un d'eux, Simon Barnes, avec qui elle déjeunera régulièrement. Il rapporte des discussions franches avec une femme sensible et diplomate.

Comme elle le faisait adolescente, elle poursuivra ses visites de foyers pour personnes âgées. C'est en 1986 qu'elle acceptera de devenir la marraine de l'association *Help the Aged*. En une décennie, la récolte annuelle de fonds est passée de 8 millions d'euros à 40 millions. Jamais elle n'est prête-nom. Quand elle s'implique pour une cause, elle donne de son temps. Pour l'association, elle organisait sept à huit visites par an, contrairement à une seule habituellement programmée par les anciens parrains, les résidents s'illuminent en sa présence. Elle a un don avec les personnes âgées comme avec les enfants, et ce depuis toujours.

L'enfance est naturellement une cause qui tient à cœur à Lady Diana. Elle intervient régulièrement pour la *Pre-school Learning Alliance* pour défendre le rôle des crèches et des jardins d'enfants dans la société qui, selon elle, « procure une première éducation » indispensable pour les jeunes générations.

En 1984, la princesse Margaret lui cède sa place à la tête de l'association Barnardos qui prend en charge les enfants défavorisés. L'association qui voulait faire oublier son image d'orphelinat à la Dickens bénéficie d'une princesse moderne et rayonnante. Ce sera un de ses engagements les plus longs salués comme une contribution exceptionnelle au-delà de son nom. En douze ans, elle assistera à plus de 130 manifestations. Elle soutient également l'hôpital pour enfants de Great Ormond. « Lorsque Diana quitte l'hôpital, il y règne toujours un infini bien-être », dira le directeur. Il savait qu'elle était capable de remonter le moral de son personnel par un simple sourire, et le personnel à Great Ormond, c'était la clé de la réussite. Dans toutes ces visites et apparitions, Diana avait une manière particulière de s'impliquer, une marque bien à elle avec une écoute et une accessibilité innée et inimitable. Elle s'asseyait par terre pour parler aux malades, répondait aux questions sur sa vie personnelle sans filtre, échangeait sans barrière. Nombreux sont ceux qui racontent que sa seule présence était réconfortante.

Sur le terrain de l'exclusion, elle prête attention à la situation des sans-abri. Elle fut l'une des premières personnalités publiques à s'y intéresser et surtout à comprendre ce que recouvre cette problématique. Vivre dehors est la conséquence de facteurs multiples : problèmes familiaux, drogue, maladie mentale, etc. À l'époque, une grande partie de la classe politique considère que ces exclus sont responsables de leur propre situation. Diana, elle, savait qu'un toit ne suffisait pas. Pour travailler à la réinsertion, il faut décrypter les causes d'exclusion. Elle visite régulièrement des foyers, souvent accompagnée de ses fils. Elle arbore toujours cette attitude ouverte et naturelle. Très à l'aise dans ces situations, elle parvient à faire oublier son rang. Elle n'a pas de leçon à donner ou de publicité à faire, elle est là, simplement. En empathie. Elle donne de son temps. Elle n'a jamais peur, même des plus agressifs. Elle veut interagir directement avec eux sans filtre et sans accompagnateur. « C'est sur le terrain que je suis vraiment à l'aise, il faut savoir parler à ceux qui se trouvent en haut de l'échelle pour pouvoir parler aussi à ceux se trouvent en bas. »

Les sans-abri ne sont pas les seuls pour lesquels la princesse de Galles a fait changer le regard de la société. Dans son pays et dans le monde, elle révolutionne l'approche face aux malades du sida ou de la lèpre. Ces malades en souffrance traités comme des pestiférés, Diana les comprend. Elle n'en a pas peur.

C'est en 1987 qu'elle prouve au monde entier la puissance de son travail caritatif. À seulement 26 ans, elle est photographiée, serrant la main d'un malade du sida sans gant. Il convient de se remettre dans le contexte de l'époque pour comprendre la portée de son geste. À cette époque, la maladie est encore méconnue et elle est incurable. Les gens craignent d'être contaminés simplement en côtoyant les malades. Par ailleurs, le sida est tabou, car associé à des pratiques considérées par certains comme déviantes : l'homosexualité, le sexe déluré, la consommation de drogue. Cette photo qui a fait le tour du monde aura des conséquences incroyables qu'aucune publicité ou aucun message officiel n'aurait permises. L'hôpital avait demandé la présence d'un membre de la famille royale pour son inauguration et le palais avait refusé que ce soit Charles et proposé Diana à sa place.

Son geste a sidéré le monde entier pour ce qu'il est en tant que tel, mais également, car il contraste si fortement avec l'attitude habituelle de la famille royale. La princesse était sensibilisée à cette maladie. Dans le monde de la danse, elle avait fréquenté beaucoup de malades. Un an auparavant, le valet de son mari Stephen en était décédé. Son frère rapporte qu'elle avait une « conscience intuitive » des sujets qui comptent. « Tout le monde est capable d'accomplir un travail de bienfaisance ordinaire, mais il faut avoir une véritable vocation humanitaire et pouvoir donner beaucoup de soi-même pour s'attaquer à quelque chose que les autres refusent de toucher », précisera-t-il. Par ce geste, elle avait donné un statut à tous les malades. Elle connaît la puissance du geste, particulièrement du sien. Celui-ci signera le commencement de son combat dans ce domaine. Deux ans plus tard, elle devient la marraine de *National Aids Trust*. Ses premières actions se tournent vers les malades, puis elle prend de plus en plus la parole publiquement.

En 1992, elle prononce une allocution marquante sur la situation particulière des mères atteintes du sida. « Une mère séropositive ou atteinte du sida n'abandonne pas toute responsabilité ni l'idée de prendre soin de ses enfants. Elle est souvent l'unique parent, l'unique salaire, celle qui fournit le couvert et le logis, organise la vie quotidienne s'occupe des autres membres malades de la famille, dont ses propres enfants. Elle subit une pression psychologique, porte le chagrin et la culpabilité de n'être pas assez en bonne santé pour pouvoir assurer pleinement l'éducation de ses enfants. Si elle a transmis le virus à l'un de ses enfants, elle sera témoin de sa maladie, préoccupée de son avenir, craignant de mourir avant lui. Mais la pire douleur n'est pas la maladie ; elles ont appris à vivre avec. Ce qui les terrifie, c'est le regard des autres ! Elles affrontent les sarcasmes, les licenciements, l'isolement, et même les agressions physiques quand le secret sort du cercle familial. »

La famille royale n'apprécie pas ces prises de position jugées indignes. Comment peut-elle s'intéresser à toutes ces horribles personnes ? Pour Diana, c'est naturel. En aidant les marginaux et les rejetés, c'est sa propre sensibilité qu'elle apaise. Elle considère que c'est de son devoir. Jean-Paul Claverie, avec qui elle collaborera pour des actions caritatives avec LVMH raconte : « Lorsque, grâce à elle, le regard que l'on portait sur le sida se mit à changer, elle eut d'énormes problèmes avec l'establishment. Mais elle me confia : "je dois le faire, si je peux contribuer à la reconnaissance sociale de ceux qui souffrent, je dois le faire. En raison du pouvoir que me procure ma position [...] si je possède un pouvoir, je dois m'en servir". »

C'est pourquoi, en 1988, elle apporte son soutien à Jean-Michel Jarre pour son concert dans les docks londoniens en faveur des malades du sida. À la lutte avec le gouvernement local, Diana ne dédit pas son soutien. Et, bien que le concert ait lieu en automne sous une pluie battante, la princesse monte sur scène ! Ce n'est pas conventionnel ? Peu importe, si cela sert une noble cause. En février 1989, elle reproduit son geste mythique, cette fois-ci en prenant un enfant malade dans ses bras. En visite à New York, elle avait entendu parler de ce lieu pour orphelins séropositifs à Harlem. Sachant l'impact qu'avait eu sa poignée de main, elle décide de venir se faire photographier avec un enfant. La photo fait la Une des journaux, et le *Times* se gausse de chahuter l'establishment en interpellant Reagan : fallait-il un membre de la monarchie étrangère pour une prise de conscience locale ? Quoi qu'il en soit, et de manière très concrète, de nombreuses familles se sont proposées pour adopter. Dans les deux années suivantes, la plupart des enfants avaient été placés, et chaque nouvel arrivant trouverait rapidement une famille d'accueil.

La princesse de Galles reproduira le même type d'engagement pour les malades de la lèpre. « La pire maladie n'est pas la lèpre ou la tuberculose, mais le désamour. [...] Au fil des années, je constate que le monde souffre surtout d'intolérance », affirme-t-elle dans ses prises de paroles. Lors de sa visite en Indonésie, la presse commente la dangerosité de cette maladie. Fidèle à ses convictions, elle s'assied à côté des malades et les touche. Elle explique avec sa photo en Une que la maladie n'est contagieuse qu'en cas de contact prolongé. L'impact sera exceptionnel pour les 15 millions de lépreux dans le monde. À son retour le révérend Tony Llyod lui demande d'être la marraine de sa fondation : elle a généré plus pour la sensibilisation en une photo qu'eux en 120 ans ! Elle les aidera à lever des fonds dans de nombreux pays.

La bataille contre les préjugés, telle était sa bataille.

C'est ainsi qu'elle s'engage dans l'association *Turning Point* sur le sujet des maladies mentales. Si son implication dans ce domaine est moins connue, elle y reçoit à titre personnel un grand réconfort. Elle trouve toujours des sujets de conversation, même avec les patients les plus difficiles. Jamais gênée, elle partage parfois ses propres problèmes en toute simplicité. Il n'est pas rare d'entendre la princesse se confier sur sa vie familiale à un malade dont elle écoute les peines. « Le divorce m'a aidé à établir une relation avec tous ceux qui ont subi un bouleversement dans leur vie familiale. Syndrome du beau-père ou de la mère, peu importe, je comprends les choses. Je les ai vues, je les ai vécues. »

Ces visites donnent espoir. Elle s'intéresse notamment à la situation des femmes. Son point de vue est bien résumé dans cette intervention au début des années quatre-vingt-dix. « Les femmes sont censées faire face. Qu'elles souffrent de dépression postnatale, de violence conjugale, d'épuisement, de stress, de difficultés financières, elles sont supposées faire face. Il leur faut beaucoup de courage pour admettre qu'elles n'en sont pas toujours capables, qu'elles ont besoin d'aide. Elles cherchent souvent à s'en sortir seules alors qu'elles s'enfoncent inexorablement dans la dépression, se laissant emprisonner par la vie qu'elles mènent. Le piège se referme sur elles. Elles perdent confiance en elles, se murent dans la solitude, le désespoir et s'éloignent de plus en plus de ceux qui peuvent les secourir. » Elle participe même aux réflexions politiques sur le sujet en collaborant à l'écriture d'un livre blanc, *Health of the Nation*, édité par des représentants conservateurs. Dans ce cadre, ceux qui ont travaillé avec elle racontent qu'elle comprenait parfaitement les enjeux et qu'elle était très pertinente dans ses propositions. Le palais n'apprécie pas cet engagement qu'il considère un peu trop politisé.

Diana n'avait pas peur de grand-chose, sûrement pas de la maladie ou de la mort. Elle se rend régulièrement au chevet des mourants. Elle se sent proche des besoins de ceux qui vont partir : spiritualité, affection, paix de l'esprit. Elle sait que ceux qui vivent leurs derniers instants n'ont plus rien à dissimuler. « Que je sois présente pour ces derniers moments, c'est un privilège. Je ne suis pas autant attirée par ceux qui sont convalescents. En revanche, je ressens un profond désir d'accompagner ceux qui sont en fin de vie », dit-elle. Très courageuse, jamais elle ne flanche. Jephson raconte la visite d'un centre gériatrique empli de patients comateux où l'on sentait la mort, la princesse ne se démonte pas et traverse la pièce avec dignité et empathie : « Elle irradiait d'énergie et de santé sur cette toile de fond d'âge et d'infirmité. »

Pendant que Diana entreprend ce travail caritatif qui la définira, la capitale anglaise n'échappe pas à la vague mercantile venue de l'autre côté de l'Atlantique. Les marques de luxe et la bonne société ont désormais besoin de marketing et d'icônes. Diana est la parfaite cible ! Mais, Diana est une princesse, pas une starlette. Alors, les marques se lancent dans les œuvres pour accoler à leurs événements publicitaires des causes que la princesse estime. Elle n'est pas dupe : « Au fil du temps, vous vous rendez compte que vous êtes un bon produit qui se trouve sur une étagère et se vend bien, et que les gens se font beaucoup d'argent avec vous. »

Ce mélange des genres génère une controverse sur ses intentions. Imaginer que Lady Di fait ça pour les causes n'est pas suffisant pour nombre d'observateurs. Elle doit bien avoir un motif caché ! Elle a de l'ego, forcément. Elle veut de la publicité, c'est évident ! Quelle que soit l'importance de ses apparitions, de ses causes ou de ses discours, la presse prend toujours un malin plaisir à commenter sa tenue, sa coiffure, son maquillage… Elle aime la mode et les belles tenues. Elle a la chance de pouvoir le faire. En quoi cela amoindrit-il son travail ? Ne pourrait-elle donc pas être belle et engagée ? Pleine de charme et intelligente ?

L'un de ses photographes l'analyse avec clairvoyance : « Elle avait quelque chose de magique. Tout le monde l'aimait. Elle était généreuse et gentille. Les photos le prouvent avec éloquence : au-delà de son sourire, on perçoit sa bonté. On a pensé qu'elle était calculatrice. C'est faux : son charme était tout à fait naturel. On dit qu'elle manipulait la presse, mais je crois que les journalistes étaient tout simplement amoureux d'elle. Ses photos la présentent telle qu'elle était. Comme elle était très photogénique, les paparazzi en profitaient, c'était de l'argent facile. Ils travaillaient en équipe [...] pour ne perdre aucun instant. Ils ont gagné des fortunes. Elle fut l'une des femmes les plus intéressantes que j'ai jamais prises en photo. Elle n'était pas prétentieuse, simplement un peu timide. »

Les mauvaises langues s'en donnent à cœur joie. Elle avait soutenu la Chaîne de l'espoir depuis de nombreuses années. Créée en France par le Professeur Yacoub, cette association permet à des enfants cardiaques de venir en Europe pour être opérés. Diana a financé elle-même quelques opérations. Son dévouement est total. Quand un enfant était opéré, elle arrivait tôt le matin et repartait tard le soir seule dans sa voiture pour être à ses côtés. Parfois, elle assistait aux opérations. Elle voulait comprendre. Un jour où elle assistait à une opération, une chaîne de télévision tournait un reportage. Elle avait jugé bon d'en faire un scoop ! Elle était furieuse. « Je n'arrive pas à croire qu'ils ont transformé cela en coup médiatique, à cause de mon maquillage et de mes boucles d'oreilles. Encore une fois ils n'ont rien compris ! Ils n'ont même pas filmé ce pauvre enfant d'Afrique occidentale qui doit être opéré. » Elle s'agite pour la galerie, dit-on. Que c'est mal interprété ! Pourquoi aurait-elle eu besoin de publicité personnelle ? Son métier ne le nécessite pas. Elle n'a rien à vendre. C'était déjà une star !

L'attention sur sa vie publique est permanente. Si elle a un sens inné des relations et de la communication, elle travaille surtout énormément. Elle lit sur les thématiques, se renseigne sur les chiffres, s'informe sur les personnalités qu'elle va rencontrer. Son entourage en témoigne. Elle y consacre beaucoup de temps et d'énergie. Elle n'a pas besoin de la presse, mais elle sait l'utiliser pour attirer l'attention sur ses œuvres. Manipulation, diront certains. Habileté, reconnaîtront d'autres.

Une partie de son travail n'est pas médiatisée. Elle soutient certaines causes très controversées comme les abus sexuels sur les enfants. Dans les années quatre-vingt, l'opinion ne veut pas en entendre parler, ce qui ne l'empêche pas de rencontrer régulièrement des victimes. Avec elle, les enfants parlent librement. « Je comprends la douleur des gens, leurs difficultés, plus que vous ne pensez », explique celle qui a le don d'entendre la souffrance de l'autre. Son officier de protection, Ken Wharfe, raconte l'avoir accompagné dans de nombreuses visites anonymes. Elle travaille dur « au-delà des poignées de main princières », résume-t-il. Souvent, elle se retrouve dans des foyers ou des hôpitaux, assise par terre avec des personnes âgées ou des enfants. Nul journaliste pour immortaliser cela. Juste elle, et l'autre.

Ses visites et rencontres publiques se poursuivent souvent par des échanges plus intimistes, des rencontres, des lettres ou des appels. « Elle était consciente du pouvoir des images, mais n'en était pas esclave. Les photographes étaient présents pendant deux minutes, puis ils étaient priés de quitter la pièce. Elle restait pour parler aux patients et encourager les enfants. », précise un membre de son personnel. Elle reçoit parfois certaines personnes pour le thé à Kensington Palace. Les familles endeuillées des patients qu'elle avait connues ou d'anciens malades en rémission. Ces attentions pour ceux qui souffrent ne lui apportent rien. Tout ceci prend place dans le secret de ses appartements. Jephson l'explique simplement :

« Elle apporte du bonheur. » Des centaines d'anecdotes, de témoignages et de lettres retrouvées prouvent l'authenticité de ses relations. Il y avait ce jeune malade qu'elle suivit des mois durant et pour lequel elle se rendit à une fête donnée en son honneur par sa famille après sa guérison. Cette petite Bosnienne, blessée à Sarajevo, avec qui elle correspondait, Helena, dont la fille était morte du sida. Cette autre jeune fille passionnée de danse à qui elle avait apporté un gâteau en forme de ballerine. Ou encore cette fillette à qui elle faisait les ongles en attendant sa greffe. Elle a aidé, touché, marqué, bouleversé, soutenu, aimé, tant de personnes. Tous ces remerciements et félicitations ne viennent jamais des officiels, mais ils suffisent à la combler.

Ce don de conseillère, elle aurait aimé l'exploiter. Quand on lui demandait ce qu'elle aurait fait si elle n'avait pas été princesse de Galles, elle répondait : conseillère conjugale ou encore travailleuse sociale. Elle sait écouter et elle aime ça. Avec le temps cet attrait grandira et, dans dix ans, elle dira : « Si je pouvais étudier un sujet maintenant, ce serait pour connaître l'être humain. L'esprit, définitivement. J'aimerais étudier la psychologie. »

Une autre preuve – si besoin est –, de sa sincérité est l'implication de ses fils dans son travail de charité. William et Harry l'accompagnent aux visites ou écrivent des lettres aux patients avec elle. Il est impératif pour elle qu'ils soient confrontés à la « vraie » vie. Ils doivent savoir qu'il existe des exclus. « Est-ce leur rendre service que de leur masquer lasse souffrance et les désagréments ? », interroge-t-elle publiquement. Certainement pas ! C'est cette éducation qui demain fera évoluer la monarchie. « William et Harry m'ont accompagné dans des foyers de sans-abri. Je les ai amenés auprès de gens qui mouraient du sida. Je leur ai dit ce qu'était le cancer. Je les ai amenés dans toute sorte d'endroits où peu d'enfants de cette famille sont allés à leur âge. Ils savent des choses. Ils ne les utiliseront peut-être jamais, mais la graine est là et j'espère qu'elle grandira. Parce que savoir, c'est pouvoir, je veux que mes enfants puissent comprendre les émotions des gens, leurs insécurités, leurs espoirs et leurs rêves. Mon père m'a toujours appris à traiter quiconque comme un égal. Je l'ai toujours fait et je suis sûre que William et Harry en feront de même. »

Elle a ce don de connecter avec les gens. Même à l'étranger, elle échange sans même parler la langue. Toutes les personnes l'ayant côtoyée dans ses œuvres rapportent que ceux qui souffrent se sentent irrémédiablement proches d'elle. Le fait de sentir qu'elle comprend leur souffrance a un réel effet curatif pour eux. « Je me sens proche des gens, quels qu'ils soient. Nous sommes au même niveau, sur la même longueur d'onde. Voilà pourquoi je gêne certains milieux. Parce que je suis plus proche des gens d'en bas que de ceux d'en haut, et cela, on ne me le pardonne pas. Parce que j'entretiens une relation très étroite avec les plus humbles. Mon père m'a toujours appris à traiter chacun en égal. Je l'ai toujours fait et j'espère que Harry et William suivront mon exemple. » Un don, une vocation.

Pourquoi aurait-elle fait tout cela par calcul ? Qu'avait-elle à y gagner ? Une théorie plus simple lorsque l'on s'intéresse à sa vie est qu'elle souffre elle-même beaucoup. « On a sûrement raison de s'attarder sur l'extraordinaire qualité d'une personne qui cherchait avant tout à aider les gens les plus vulnérables et qui le faisait tellement bien. Si elle y parvenait, c'est qu'elle-même était vulnérable. Elle était passée par là. Elle n'avait guère l'intention d'être une sainte », écrit Lord Deedes du *Daily Telegraph.*

Son propre sentiment de perte la rend généreuse et lui permet d'entrer en empathie avec les fragiles. L'observation des milliers de photos d'elle confirme cette compassion. On sentait dans son regard, ses gestes, ses attitudes la puissance de son empathie et l'authenticité de son intérêt. Diana est affectueuse et tactile. Elle explique elle-même l'importance de ses gestes : « Je touche littéralement les gens. Je crois que tout le monde en a besoin, quel que soit son âge. Poser la main sur le visage d'une personne qui souffre physiquement ou mentalement, c'est lui offrir un contact immédiat, communiquer avec tendresse, montrer sa préoccupation. C'est un geste naturel qui vient du cœur. Ce n'est jamais calculé. C'est pour ça que je dérange certaines personnes, parce que je suis plus proche des faibles que des puissants. Personne ne me dicte ce que j'ai à faire. J'agis par instinct, c'est mon meilleur conseiller. »

Si elle n'en cherche aucun bénéfice financier ou médiatique, son travail caritatif agit comme une catharsis. La meilleure manière de trouver la paix est de chercher à l'apporter aux autres. Ambassadrice hors norme, elle n'est jamais dans le jugement. Elle veut juste la paix. Pour elle, et pour ceux qui souffrent dans le monde entier. À travers ses actions et ses discours, elle communique ses tourments, sans honte, sans enjeu. Pression sociale, manque d'assurance, marginalisation, nécessité d'être parfaite, solitude, etc. Tant de sujets qu'elle ne comprend que trop bien. Les personnes qu'elle croise la respectent aussi pour ça. Lors d'une intervention pour *Turning Point*, elle exprime clairement ce point de vue : « Faut-il toujours être à la hauteur des attentes ? Est-il interdit de craquer, de se sentir frustré, pour les hommes aussi bien que les femmes ? N'a-t-on jamais le droit d'être en colère et de vouloir modifier une situation douloureuse ? Peut-être faut-il regarder de plus près les causes du mal plutôt que d'essayer de les ignorer ? On ne peut pas étouffer impunément les sentiments et les émotions. N'est-il pas préférable de laisser aux femmes la parole, l'opportunité de s'expliquer plutôt que d'attendre l'assèchement des ressources et du désir de vivre ? »

Elle a donné de l'espoir à tant de personnes. Les témoignages sur son empathie et sa bonté sont inépuisables. « Elle a été ma source de courage » ; « Si Diana déjeunait tous les midis avec moi, je n'aurais plus besoin de médicament » ; « Elle s'asseyait à côté de moi et on bavardait» ; « La princesse semblait beaucoup aimer offrir des cadeaux » ; « Quand on m'annonçait la visite de Diana, ça me revigorait [...] ça me faisait tellement de bien de voir quelqu'un d'aussi bonne humeur » ; « Elle était comme une grande sœur » ; « Elle se comportait de façon naturelle avec une très grande gentillesse ». Toutes ces visites, ces rencontres, Diana veut connaître les personnes, les comprendre, les aider. « Je fais très attention aux gens, et je me souviens d'eux. Chaque rencontre, chaque visite est particulière », dit-elle.

Au-delà de ces individualités, elle a un impact collectif indéniable. Par sa simple présence, elle modifie l'opinion publique. Par un simple geste, elle change le monde. Lady Pamela Harlech explique : « On n'accordera jamais assez d'importance au geste qu'a accompli Diana le jour où elle a touché un malade du sida. L'image que les gens se faisaient de la maladie ne serait désormais plus jamais la même. Et à NY en prenant dans ses bras un bébé sidéen, elle a définitivement mis fin à la diabolisation de la maladie. » Diana va vers les autres. Ainsi, elle se soigne elle-même. Aider l'autre la rend heureuse. Parfois, elle utilise directement sa souffrance pour agir. Par exemple, sur les troubles alimentaires, c'est en partageant son histoire lors d'une conférence à Londres qu'elle aidera le plus ceux qui subissent les mêmes maux. Avec le temps qui passe, et sa souffrance qui grandit, la princesse des cœurs développera un attrait pour des causes de plus en plus lourdes.

C'est ce rapport différent à l'autre qui rend Lady Diana beaucoup plus populaire que tous les membres de la famille royale. « Elle aimait les contacts physiques. Elle en avait besoin et elle était le premier membre de la famille royale à avoir ce type de rapports avec les gens. Elle faisait les choses à sa façon, qui était nouvelle, et cela fonctionnait à merveille.

Je suis persuadée que ce n'était pas du tout calculé. Je crois plutôt qu'elle s'est rendu compte de ce que les gens voulaient. Le bien qu'elle leur faisait lui a donné une grande confiance en elle dès le début », commente son amie Lucinda Hall.

Diana ne cherche pas cette « surpopularité ». Au contraire, elle souhaite la mettre au service de son mari et de sa belle-famille. Ces derniers ne l'entendent pas de cette oreille. En parlant de sa notoriété, la princesse dit : « Je trouvais cela injuste parce que je voulais la partager. » Pourtant, ses actions font l'objet de procès d'intention. Lors d'une cérémonie d'ouverture du Parlement – traditionnellement à l'honneur de la reine –, elle avait essayé une nouvelle coiffure dont la presse fit étalage. Si elle n'avait pas pensé à mal, c'était un affront. La princesse Margaret l'avait reprise avec virulence : « N'éclipse plus jamais la reine. » Même si elle ne changera quasiment jamais de style arborant toujours une coupe courte et blonde, ses cheveux sont un symbole important de sa liberté. D'abord avec Kevin Shanley, puis avec Sam McKnight, sa coupe copiée par des milliers de jeunes femmes fait des envieux. Elle s'affirmera encore quand Diana s'éloignera du carcan de la famille royale. Sans s'en rendre compte ni même le chercher consciemment, Diana est devenue le membre le plus populaire de la famille royale, alors qu'elle n'en fait pas réellement partie ! Selon le rédacteur en chef du *Daily Mail*, c'était « une publicité inespérée, ils adoraient cela. Mais leur problème [...], elle allait devenir un accessoire de la famille royale alors qu'elle allait en faire réellement partie, et, ça, ils ne le supportaient pas. » Personne n'aurait pu soupçonner l'ampleur que prendrait sa célébrité. « Jamais personne n'aurait pensé qu'elle allait devenir cette personnalité exceptionnelle célèbre dans le monde entier », analyse le photographe Tim Graham.

Nombreux sont ceux qui regrettent que la famille royale n'ait pas mesuré l'opportunité d'utiliser Diana à leur bénéfice. Grâce à ce sens hors pair des relations, elle aurait pu être un atout majeur. Selon Paul Johnson, elle est la « plus forte personnalité de la famille royale depuis la reine Victoria. [...] Mieux aidée et entourée, [elle] aurait pu modifier la relation entre la monarchie et le public, l'approfondir, la renforcer, la rendre invulnérable. » Le rédacteur en chef du *Times* partage cette analyse : « La princesse de Galles est en pleine conscience des enjeux que représente la monarchie, bien que son échec conjugal amoindrisse sa position ». Selon ce dernier, la famille royale « refuse de reconnaître le caractère obsolète de [son] attitude ». Alors bien sûr, Diana espère le soutien de sa belle-famille. Il ne viendra jamais. Ce n'est pas tant une volonté de l'isoler ou de la maltraiter qu'une incapacité notoire à exprimer un soutien, voire un sentiment. Et peut-être également une pointe de jalousie voyant le plaisir qu'elle prend dans ses œuvres qu'ils considèrent comme des corvées !

Une belle illustration de leurs relations réside dans les funérailles de Grace de Monaco en septembre 1982. Considérant la princesse monégasque comme une starlette, aucun membre de la famille royale ne souhaitait s'y rendre. Diana ayant toujours eu beaucoup d'admiration pour la jeune femme demanda à y représenter la famille. Elle admirait son style et sa classe et elle avait surnommé l'une de ses robes, une robe cocktail en mousseline de soie blanche, sa robe Grace Kelly pour son élégance et sa simplicité. Sa mort dans un tragique accident de voiture, comme une funeste prémonition, l'avait dévasté. Tous les grands de ce monde s'étaient déplacés sur le Rocher.

Malgré son jeune âge, Diana y fut remarquée pour sa classe. Entre Danielle Mitterrand et Nancy Reagan, la princesse avait fait rayonner la couronne britannique. Son retour coïncida avec celui du prince Andrew, victorieux aux Malouines, et personne ne prêta attention à sa prestation. Ce serait toujours ainsi. Quand elle rentre d'une représentation officielle, jamais un compliment ou un encouragement ne lui est adressé. Après tout, c'est bien normal ! Elle ne fait que son devoir. Et puis, elle en tire déjà suffisamment profit. Ces rivalités au sein de la famille royale, particulièrement entre les femmes, prennent une telle ampleur que cela en devient presque grotesque. « Nous sommes le héros d'un feuilleton », concédera Charles à contrecœur, ce que ne manquerait pas de reprendre le soap opera satyrique de l'époque, *Coronation Street.*

Ce n'est pas non plus au sein de sa propre famille que Diana trouve du réconfort. Seulement quelques semaines après son mariage, sa mère raconte dans le livre de Gordon Honeycombe sa version du divorce Spencer. Johnnie, outré, réplique publiquement. Sans égard pour ce déballage qui nuit à la princesse, ses parents se déchirent à nouveau. La petite fille est revenue. D'une manière générale, elle ne risque pas de compter sur sa mère. Peu présente, elle est presque jalouse de la célébrité de sa fille. « J'ai de belles et longues jambes comme ma fille », dira-t-elle provocatrice à leur retour d'Australie. Elle se défendra de son manque de soutien plus tard, considérant que les filles devaient être « libres de prendre leurs propres décisions et de faire leurs propres erreurs ». Une belle manière de justifier son manque d'intérêt. Elle ne comptera pas non plus sur sa grand-mère pourtant proche de la royauté qui ne se gênera pas de dire publiquement que sa petite fille « a encore beaucoup à apprendre ». Sentant les tensions poindre, elle se tiendra à l'écart. Elle ira même jusqu'à prendre le parti de Charles jugeant le comportement de Diana inapproprié. « C'est une intrigante », dira-t-elle sans mesure. Une attitude choquante, mais constante par rapport au précédent divorce de la famille dans lequel Lady Fermoy avait pris le parti de son gendre.

Dès 1981, Lady Di le confiera plus tard à son ami James Colthurst, Charles ne supporte pas cet engouement pour sa femme. Il s'en était pris à elle après la tournée au Pays de Galles. Probablement doté du plus gros ego de la famille royale, l'héritier au trône a toujours été adulé depuis sa naissance. Objet de toutes les flatteries et de toutes les attentions, il n'a pas l'habitude qu'on le supplante. Comment sa femme avait-elle pu devenir aussi célèbre, et plus que lui, en aussi peu de temps ? Sans qu'elle ne fasse rien, tous les regards étaient braqués sur elle.

Les mauvaises langues, dont nombre des amis du prince, pensent qu'elle en joue. Ils l'accusent de n'avoir aucune considération pour Charles et de chercher le feu des projecteurs. Stephan Barry raconte que Charles appréhendait déjà la suite des événements en visionnant le film de leur mariage : « La princesse avait tous les talents, sauf celui de ne pas voler la vedette au prince », estime-t-il. Diana se montre compatissante : « Il faut aussi comprendre que c'est la première fois qu'il vit avec quelqu'un. Les foules me supplient de venir leur parler. Quand je me mets à sa place, ça doit être tellement dur. » Au lieu de le mettre en valeur d'avoir une femme aussi populaire, cela accentue ses défauts. Si Charles avait été sûr de lui et bien dans son rôle, peut-être cela n'aurait-il pas posé de problème ? Ce n'est pas le cas.

Charles doute, ne se sent pas l'étoffe d'un roi d'Angleterre. Malmené une nouvelle fois pendant la tournée en Australie, il ne supporte plus cette notoriété qui le diminue. « Maintenant, je connais ma place. Je ne suis que le porteur des fleurs de ma femme », se désespère-t-il. S'il tente d'en plaisanter face aux foules déçues, cela l'agace et le blesse profondément. Pendant que le prince se ronge d'un manque de confiance, celle de la princesse grandit. Elle devient une icône internationale extrêmement rentable pour de nombreuses industries : produits dérivés, mode, presse, coiffure, etc. Charles se sent émasculé, et son ego réplique.

Plus elle est célèbre, plus il semble ringard. Pourtant, il aurait pu se montrer sous un meilleur jour. Élevé de manière démodée et rigide de nature, il essaie de s'émanciper. Il est d'ailleurs régulièrement challengé sur ses visions jugées excentriques autour des médecines alternatives, du végétarisme, de l'écologie. Sur nombre de sujets, il est en avance sur son temps. Si ses conseillers n'apprécient pas, Diana lui apporte un soutien sans faille en la matière. Mais, sa jalousie le consume. Il en devient paranoïaque. Il s'était emporté violemment au Canada en juin 1983 contre un collaborateur qui avait aidé Diana à préparer ses rendez-vous officiels. L'esprit d'équipe souhaité par la princesse n'est pas de mise. La compassion de Diana s'amenuise au fur et à mesure que les réactions de son mari se durcissent. Elle ne comprend plus cette jalousie qu'elle trouve déplacée. « Nous aurions fait une équipe formidable », confie-t-elle à Tina Brown. Si seulement Charles avait accepté de lui laisser un peu de place. Diana commence à s'en lasser. Personne ne lui résiste à part son propre mari… Un comble !

Lors de la tournée américaine de 1985, le palais a essayé de cadrer la presse locale et internationale. C'est Charles qui doit être mis en avant. Diana ne fait que l'accompagner. À cette époque, Diana fait vendre la presse mieux que quiconque. Peu importe aux journalistes les recommandations du palais !

Lors du dîner officiel à la Maison-Blanche le 9 novembre 1985 à l'invitation de Ronald et Nancy Reagan, Diana envoûte les invités. Surdouée pour attirer la couverture médiatique à elle, tout le gratin présent est sous le charme. La princesse qui parlait de ses fils avait ému le danseur étoile et chorégraphe Baryshnikov. « Elle arrivait à créer tout de suite la complicité », racontera-t-il. Cette supposée complicité n'emballait évidemment pas Charles : « Vous avez de la chance, lui dit-il, ma femme a exigé que vous soyez assis à côté d'elle ce soir, elle adore me rendre jaloux ». Le grand danseur blessé ne pouvant danser, c'est à John Travolta que revient cet honneur. Le héros de la fièvre du samedi soir racontera la scène des années plus tard. Sur ce moment mythique, « tout était comme dans un rêve. […] Elle avait le charisme d'une star de cinéma ». Pendant quinze minutes, ils impressionnent l'assistance. Il se rappelle qu'elle était parfaitement consciente de son propre impact médiatique avec son « sourire envoûtant, un brin triste ». Qu'importe l'avis du prince Charles, la classe de Diana était époustouflante. Du jamais vu à la Maison-Blanche ! Elle est radieuse. Sur le damier beige et saumon de la salle de réception, la princesse virevolte au bras de l'acteur hollywoodien. Bien que sa robe de velours noir ne laisse pas apparaître ses jambes, son aisance emplit la pièce. Quand l'assistance s'émerveille de sa grâce, le prince Charles détourne le regard. La princesse avait toujours été passionnée de danse. Tous les styles lui plaisaient ; l'aspect princier de la danse classique comme la fraîcheur des danses modernes. Danser était une manière de s'exprimer sans mots. Merveilleux outil pour se détendre, elle ne cessera de prendre des leçons de danse ou d'assister à des répétitions au ballet national.

La magie Diana avait une fois de plus opéré. La presse ne tarit pas d'éloges le lendemain au désespoir du prince relégué en petites lignes. Toujours sauvé par son humour, le prince Charles rétorque quand les salles se remplissent : « Ils viennent voir mon nouveau costume. » Ses plaisanteries dissimulent mal une jalousie grandissante qui lui donne une pâle couleur. Si seulement, il avait su utiliser cela à son bénéfice. C'est sa femme, il l'a choisi, une partie du crédit aurait pu lui revenir s'il s'était dit touché de l'affection portée à la mère de ses enfants ! Au contraire, il s'illustre par sa maladresse, voire son manque de tact. Le jour où sa femme embrasse l'enfant sidéen dans le Bronx, il ne trouve rien de mieux que de commenter : « Elle embrasse n'importe qui. Elle ne sait pas faire la différence entre un palefrenier et un Premier ministre. »

Lorsqu'ils sont tous deux face à la presse, il lui coupe éhontément la parole. Il ne peut plus se contenir. « En tant que porte-parole de la princesse, je peux vous affirmer qu'elle a beaucoup aimé Washington », se gausse-t-il. Il en devient, méprisant ce qui le fait apparaître mesquin, et loin de redorer son image la ternit un peu plus. « Ils viennent sûrement voir la soucoupe volante qu'elle a sur la tête », lance-t-il à propos des foules rassemblées devant la cathédrale et du chapeau de sa femme. Charles se met également hors de lui quand sa femme ne respecte pas son rang. Ainsi, quand elle fait un malaise lors de leur visite au Canada, au lieu de la soutenir et de s'en inquiéter, il la réprimande. S'évanouir en public, quelle inconvenance ! Le soir même, il la force à assister au dîner d'honneur. Quelques jours plus tard, le couple princier s'envole pour le Japon, plus éloigné que jamais.

Les incidents se multiplient entre eux. Un jour, en marge d'un match de polo, Diana pose pour une photo appuyée sur son Aston Martin, Charles lui crie de s'en ôter pour ne pas rayer la carrosserie. La même scène se produit lorsqu'en visite dans une école de musique, Charles se fait voler la vedette par Diana qui entame un concerto au piano. L'humour du prince ne suffit plus à dissimuler sa hargne. Même quand elle croit lui faire plaisir, il le prend comme un affront. C'est ainsi que Charles se mettra dans une colère noire en décembre 1985 contre sa femme.

Voulant se montrer sous son meilleur jour et faire plaisir à son époux, Diana avait répété dans le plus grand secret un pas de deux avec Wayne Sleep pour se produire à l'occasion de la soirée des Amis de Covent Garden au Royal Opera House. En robe de satin blanc, elle entame son numéro sur *Uptown Girl* de Billy Joel. Son partenaire est sous le charme, « elle était tout naturellement star ». Le public aussi : une *standing-ovation* et 2 600 spectateurs en délire, moins un : le seul pour qui elle avait fait tout cela. C'était une entorse majeure aux principes de la famille royale, et puis faire le *show*, s'afficher ainsi, sans lui, de surcroît ! Cela lui était insupportable. Elle avait fait enregistrer un film en souvenir. Charles ne voudra jamais plus en entendre parler. C'est si dur d'être rejeté par l'homme qu'elle aime. « Quand je suis née, je n'étais pas désirée. Quand j'ai épousé Charles, je n'étais pas désirée. Quand je suis entrée dans la famille royale, je n'étais pas désirée. Je veux être désirée », se lamente-t-elle. Son image deviendra son arme. La mode, son exutoire ; une manière de se venger du désamour de Charles qui lui avait préféré une « vieille moche ».

Si pendant ses premières années de mariage, la princesse veut désespérément s'intégrer au clan, elle finit par arborer son propre style, celui qu'elle invente. Il devient en même temps le reflet de ce qu'elle vit et révèle un peu de son être intime. Ses tenues se modernisent, adoptent un mouvement résolu face à une monarchie figée. Elle s'émancipe en commettant des entorses de plus en plus importantes au protocole : des talons aiguilles interdits, des collants transparents avec un petit nœud provocateur, un maquillage ostentatoire. Plus elle s'éloigne, plus son style s'affirme. Plus elle paraît moderne, plus ils ont l'air étriqués. Cet envol n'est pas du goût de tous. La presse dissèque ses vêtements autant que ses attitudes. L'opinion se scandalise du montant estimé de sa garde-robe. Brenda Polan, chroniqueuse mode du *Daily Mail*, commente : « Dans les premières années de son mariage, Diana cherchait à faire plaisir à son mari. Lorsqu'il devint clair que ces efforts ne faisaient que susciter la jalousie de Charles, il était trop tard pour revenir en arrière. Dès lors, elle se consacra à son travail, cherchant à faire plaisir aux autres et à attirer l'attention des médias sur les causes qu'elle défendait. Son élégance la servait dans les deux cas. À l'exception des premières années comme fiancée puis épouse du prince Charles, Diana n'était pas particulièrement passionnée par la mode. C'est le pouvoir qu'elle lui procurait qui l'intéresse. Elle avait compris instinctivement que ses vêtements jouaient un rôle dans l'image qu'elle donnait et l'aidait à transmettre ses idées et ses sentiments. Lorsque son mariage prit fin, elle déclara ouvertement utiliser ses tenues comme langage symbolique pour atteindre ses objectifs. »

Alors les observateurs avertis lisent à travers ses toilettes. C'est donc ça, la vie de princesse... Adulée à l'extérieur, esseulée à l'intérieur. Comment trouver sa place entre sa position de star planétaire et son rôle de simple membre de la famille royale ? Une impression permanente d'un dédoublement de personnalité.

5

Derrière les apparats

Si très vite le mariage de rêve vire au cauchemar, les Galles s'efforcent de s'adapter à leur nouvelle vie commune. « J'estime qu'il faut faire des efforts. Aussi, je m'apprête à suivre un match de polo pour la deuxième fois en deux jours. Je préférerais largement dormir, mais ça semble tellement faire plaisir à Charles. Je suis sûre qu'il fait tout cela pour crâner ! », écrit la princesse à une amie. Charles reste souvent à Londres plutôt que d'aller à la campagne. Les premiers temps de leur mariage, sans être une réussite, se déroulent sans anicroche. Sorties en ville, visites officielles, dîners entre amis, opéras : la vie toute classique d'un couple branchée de Londres. Diana se montre douce, presque docile. Persuadée qu'elle gagnera l'amour de son mari, elle tente de lui plaire par tous les moyens.

Elle cherche notamment à lui plaire physiquement. Elle interroge ses stylistes : « Est-ce que mon mari va me trouver sexy là-dedans ? » Ce n'est jamais assez. Plus le public l'adule, moins il la trouve attirante. Ses remarques deviennent acerbes. Ses tenues, ses coiffures, son maquillage, rien ne lui convient jamais. « Tu es joufflue » ; « On dirait une mafieuse dans cette robe », etc. autant d'armes fatales contre la jeune princesse. C'est ainsi que l'engrenage infernal qui les détruira se met en marche. Chercher à lui plaire. Le décevoir. Être déçue à son tour. Diana le reconnaîtra plus tard, se fondant sur l'image du playboy des tabloïds, elle n'avait pas compris la réalité des obligations du prince de Galles. Elle aspirait à une vie de famille normale et se sentait abandonnée par ses engagements royaux.

Quand Diana est dingue de son prince charmant, lui semble s'accommoder de ce mariage de raison. Avec le temps, elle ne le supporte plus. Pourquoi ne se complait-elle pas dans ce rôle de femme du prince ? C'est confortable ! Il ne la comprend pas. Il ne la rejette pas vraiment. Il a toujours été clair : il voulait servir la couronne. C'est Diana qui au fil des années ne supporte plus ce manque d'intérêt et les mensonges qui entourent leur union. « Elle avait des rêves d'amour éternel », raconte son esthéticienne Janet Filderman. Très vite, elle sent qu'il ne l'aime pas. Elle est en permanence déçue. Quoiqu'elle fasse, rien ne change. Sa frustration grandit et la ronge.

Il est vrai qu'ils n'ont pas grand-chose en commun. Goûts musicaux, références culturelles, attraits. C'est la rencontre entre Debussy et Duran Duran. Le mélange du flegme royal et de l'hypersensibilité. La croisée de la spontanéité et de la retenue. Ils ont reçu des éducations très différentes. Lui, qui a appris le self-control à son plus jeune âge, ne peut comprendre les émotions de sa femme qu'il considère comme des caprices. Jamais, il ne pourra s'adapter à une personnalité hypersensible comme celle de Diana. Extrêmement exigeant avec son entourage, il se targue depuis son plus jeune âge du privilège des princes. Imbu de sa personne, il aime pourtant les plaisirs simples.

Ce rêveur solitaire est très différent de sa jeune épouse. Pourtant, les quelques fois où ils ont l'opportunité de se retrouver, un couple commence à naître. En février 1982 lors de leur seconde lune de miel aux Bahamas chez Lord et Lady Brabourne, on les voit heureux en famille loin de Camilla et de la pression royale. Comme lors de la tournée australienne. Charles ne veut pas essayer. Ils ne sont pas compatibles, il n'a pas envie qu'ils le soient. Quand en 1986, *Vanity Fair* publie un article terrible sur le couple, tous les journaux s'en moquent, mais le scandale est là. Le couple princier ne fonctionne pas. « De la jeune fille discrète à la casse-couilles ! » titre le magazine. La princesse Michael de Kent critique ouvertement Diana la dépeignant comme un tyran et une « bombe à retardement » pour la monarchie. Le scandale est trop gros, le palais veut renverser la vapeur. Une interview du couple est organisée pour démentir. Ce démenti point par point sonnera comme un aveu. Si Charles avoue qu'ils se disputent comme tous les couples, Diana n'aime pas le reconnaître. Ils évoquent leur rôle d'héritiers du trône. « Ce n'est pas un boulot, c'est une manière de vivre », dit-il. Diana confirme son rôle : « soutenir mon mari, l'encourager, être une mère et une épouse », ce qui ne doit pas l'empêcher de développer son propre rôle au travers de ses œuvres. Le journaliste va plus loin. On dit de vous que vous êtes une dominatrice : « Je ne crois pas l'être », répond-elle timidement. « Cela me blesse que l'on pense cela, mais il y a des choses beaucoup plus importantes ! » L'interrogatoire continue : « Essayez-vous de changer le prince Charles ? » C'est lui qui répond avec humour, « Oui, mes chaussures ! » « Avez-vous des intérêts et amis communs ? » « Oui, bien sûr. », s'exclame la princesse. « On dit que je déteste le polo… ce n'est pas vrai, je vais aux matchs. » Charles relativise les attaques dont ils sont l'objet : c'est la nature humaine, elle est sur un piédestal et on a envie de la faire tomber. Le journaliste poursuit ses questions sur la mode. « Mes vêtements ne sont pas ma priorité ! » Elle trouve que l'on y prête trop d'attention, Charles lui apprécie que sa femme ait du style. Personne n'est dupe de leur numéro d'amoureux unis. Derrière les rideaux, l'ambiance est bien plus sombre.

C'est comme si l'histoire se répétait. Bien qu'elle le nie, Diana ressemble beaucoup à sa mère : très sportive, avide d'action, n'aimant pas la campagne. En face, Charles : impuissant comme Johnnie, face à la dépression de sa femme, convaincu que l'air de la campagne l'aidera, incapable de comprendre l'ampleur de ses sentiments. Malheureusement, l'histoire se poursuivra jusqu'à la couverture médiatique retentissante d'un divorce public.

Dans l'entourage proche des Galles, on sent que le couple va mal. Lady Hussey s'ouvre auprès de Paul Burrell des mésaventures princières sous des dehors bien calmes. L'ombre au tableau est toujours la même. Elle s'appelle Camilla. Si les versions officielles des biographes de Charles ou ses amis évoquent une pause dans leur relation, tout porte à en douter.

Diana sait qu'il n'a jamais vraiment coupé les ponts avec sa maîtresse. Moins de deux ans après leur mariage, une violente dispute avait éclaté, Diana ayant rapporté à son mari des preuves de son adultère ! Leur vie de couple commence à s'exécuter en parallèle. Il mène la sienne à la campagne, elle vit comme une mère célibataire en ville. Elle s'échappe de temps à autre chez ses amies Carolyn ou Anne, puis revient, toujours aussi triste. Les observateurs commencent à la surnommer « la prisonnière de Galles ». C'est vrai qu'elle a dû mal à respirer. Pourtant, elle s'accroche à l'espoir d'un mariage heureux. Autour de ses grossesses, Charles est plus présent. Elle veut maintenir le lien. Dès la naissance, la distance revient. Alors, la situation empire. Chaque jour un peu plus. Chaque fois un peu plus profondément. Tout est sujet à dispute. Charles reçoit une aquarelle de Lady Tyron, l'une de ses confidentes qui fut sa maîtresse, Diana entre en crise. Charles est sensible au numéro de charme de Raine, un miroir se brise à Althorp. Charles part chasser en la laissant seule avec son désespoir, elle tombe dans les escaliers. Des mini-drames en chaîne plombent leur relation.

Si jusqu'alors, les vacances sont les seuls moments où ils donnent le change, même là ils n'y parviennent plus. Chez le roi Juan Carlos à Majorque, Charles ne tient plus. Il rentre en Angleterre. Des obligations ? Oui, retrouver sa bande d'Highgrove. Pour Diana, le voyage est une torture : « J'ai passé tout mon temps la tête dans les toilettes. J'étais complètement écœurée. Ils pensaient tous que Charles était la plus merveilleuse créature du monde et s'interrogeaient sur cette fille qui l'accompagnait. Moi, je savais que je possédais quelque chose à l'intérieur qui refusait de s'exprimer, mais je n'avais pas les clés qui m'auraient permis de leur montrer. » Diana à raison. Les rumeurs enflent. Au sein des palais princiers, la princesse qui s'ennuie cherche à se mêler aux domestiques. Il n'en est pas question, qu'elle reste à sa place… loin d'eux !

À l'été 1985, l'ambiance est si difficile au service des Galles que les départs s'enchaînent. Plus de quarante personnes quittent leurs fonctions, dont leurs secrétaires particuliers. La princesse serait capricieuse, tatillonne et difficile à vivre ! Une partie aurait été licenciée, car Diana ne leur faisait pas confiance. Les déçus crient au scandale et accusent la princesse de tous les maux. Il faut dire que pour les hommes en gris, les hommes ont des souhaits les femmes – à part la reine – font des caprices ! Quant à lui, Charles avait déjà, bien avant son mariage, la réputation d'être difficile à satisfaire. Les potins circulent bon train dans les couloirs de Kensington et Highgrove. Le couple princier est insupportable. Le palais est obligé d'intervenir. S'il est vrai que la spontanéité de la princesse complique la tâche de son entourage, son exigence n'a pas la mesure qu'on veut bien lui prêter. Selon l'un de ses employés, « Diana ne comprend pas que la moindre modification de son emploi du temps entraîne d'énormes bouleversements pour ceux qui doivent s'accommoder de ses nouveaux projets. »

La princesse se méfie (et à raison) d'une partie du personnel qui selon elle sert le système, et non les personnes. En particulier, elle n'aime pas les serviteurs historiques de Charles. Elle sait repérer les parasites et flagorneurs dont elle veut protéger son mari. Il se trouve qu'un des mentors du prince, Armand Hammer (dont elle avait refusé qu'il soit le parrain de William), se révéla être un escroc ! Sa fortune venait de pot-de-vin et d'espionnage pour les Russes. Les amis de Charles, agacés, se mettent à parler. Ils commentent son train de vie dispendieux et estiment qu'elle éloigne le prince de son entourage. Comme souvent dans les histoires de couple, les torts sont partagés. Charles a l'habitude d'obtenir que l'on cède à ses caprices et il n'est pas question pour lui d'y renoncer. Il ne supporte pas d'être contredit. Entre ces deux sensibilités, il s'avère complexe de trouver un quelconque équilibre.

La princesse est souvent seule, surtout pendant ses grossesses. Son styliste la voit très régulièrement pleurer. Il avouera plus tard n'avoir pas compris à temps à quel point elle était « profondément seule ». Pour oublier sa solitude, elle sort le soir ou dépense sans compter dans les boutiques. Le scandale enfle. Diana est pâle, amaigrie. Serait-elle malade ? Elle essaie de faire face, mais elle n'y parvient pas. Charles ne sait plus comment apaiser sa femme. Elle se sent rejetée par son mari. Un cercle vicieux infernal s'est mis en place. Elle panique de le voir s'éloigner et lui, ne sachant pas gérer, s'éloigne encore plus. Plus tard, elle comprendra que son état dépressif aura poussé son mari vers sa maîtresse. « Assister à ses séances chez *Relate* m'a fait comprendre les erreurs que j'avais commises. Je n'étais pas une épouse modèle, il faut bien le reconnaître. Maintenant, je l'ai compris. »

Hors des palais aussi, l'ambiance n'est pas au beau fixe. Une terrible dispute a lieu en mars 1988 après l'accident de ski de Kloesters qui coûtera la vie à leur ami Hugh Lindsay. Cet épisode traumatisant, qui aurait dû les rapprocher, engendre l'effet inverse. Diana veut ramener la dépouille d'Hugh à sa veuve, Sarah, alors enceinte. Elle prend les choses en main pour que tout se déroule selon ce qu'elle pense convenable ! Elle en veut à Charles qu'elle tient pour responsable de l'accident. Lui, rongé par sa culpabilité, tient rigueur à sa femme de ne pas le soutenir. « C'est à ce moment-là que j'ai pris les initiatives. J'ai dirigé les opérations. Il fallait être capable de réagir face à une situation dramatique. Mon mari me faisait croire que j'étais inapte dans tous les domaines et chaque fois que je remontais en surface pour respirer, ils m'enfonçait de nouveau. Quand ma boulimie a pris fin il y a deux ans, je me suis sentie beaucoup plus forte mentalement et physiquement et capable de me persévérer malgré tout. »

De plus en plus jaloux, Charles prend désormais plaisir à humilier publiquement sa femme. Utilisant sa supériorité intellectuelle, il la fait passer ouvertement pour une écervelée ! Par exemple, lors d'une visite dans le Golfe, Diana a préparé un itinéraire de visites caritatives ; avant qu'elle n'ait pu en faire part à leurs hôtes, Charles l'interroge avec sarcasme : « Tu vas faire du shopping, n'est-ce pas ma chérie ? » Lors d'une visite au Brésil, alors que Diana raconte à l'ambassadeur Paolo Flecha de Lima et sa femme Lucia qu'elle a fait consciencieusement ses devoirs, Charles la coupe, affirmant tout de go qu'« elle ne connaît rien au Brésil ». Les attaques mesquines de son mari n'empêcheront nullement Lady Di de nouer une belle amitié avec Lucia qui adore la princesse et restera l'une de ses amies les plus proches jusqu'à la fin.

L'harmonie du couple s'avère être un trompe-l'œil, mais peu connaissent la réalité. Charles est désormais convaincu que Diana est néfaste pour lui, et elle se désespère de l'échec si rapide de leur mariage.

Ne trouvant pas d'affection au sein de son foyer, elle se consacre de plus en plus à ses activités extérieures. Elle aurait pu profiter de sa vie de princesse sans réfléchir à l'échec de son mariage, mais elle était trop entière et sensible pour cela. Elle va ainsi chercher son bonheur en dehors. « C'est exactement ce qu'elle a fait allant jusqu'à battre la famille royale sur son propre terrain. Elle travailla à l'épanouissement de sa personnalité et de son image pour neutraliser son immense besoin d'amour. Toute l'énergie qu'elle voulait consacrer à sa vie d'épouse du prince Charles, elle en fit don à la vie publique et aux autres. Elle en fit sa ligne de vie », confie l'un de ses proches.

Si ses détracteurs la dépeignent parano, jalouse, capricieuse et obsessionnelle, il suffit d'analyser ses engagements et de mettre en lumière sa relation pour comprendre. Paranoïaque ? Qui ne le serait pas quand tout votre entourage vous ment de manière aussi flagrante ? Jalouse ? Quoi de plus normal pour une épouse bafouée ? Obsessionnelle ? Une probable conséquence des deux précédents qualificatifs. Bien sûr, elle aurait pu réagir différemment. Bien sûr, personne ne l'avait forcé à se marier à l'héritier de la couronne. Bien sûr, désormais, elle devait assumer ses choix. C'était juste difficile, si difficile parfois.

À cette période, elle intervient pour l'association *Relate* qui accompagne des couples en crise. Une belle manière d'analyser ses propres turpitudes. Personne ne sait alors que son couple est condamné. Le grand public, et même leurs proches, pense qu'il peut être sauvé. Si elle ne partageait pas ouvertement ses problèmes lors des séances collectives, elle laissait quelques fois échapper une remarque qui montrait l'étendue de son chagrin.

Incapable de trouver du réconfort auprès de son époux, elle a ses propres secrets. Au milieu des années quatre-vingt, Diana n'est jamais seule, mais elle est esseulée. Prisonnière d'une cage dorée, la personne la plus accessible est son officier de protection personnelle. Ces hommes de l'ombre toujours là sans être là vivent indirectement une vie de château. Auprès de la princesse, le sergent Barry Mannakee a été affecté. Discret et doué de grande qualité d'écoute, le garde du corps réconforte sa protégée. À cette période, Diana est au plus mal. Les preuves de la double vie de son mari s'accumulent : lettres, annotations dans son agenda, absences inopinées. Ces milliers d'indices s'entassent dans la tête de la princesse. Barry est beau, drôle et original, mais, par-dessus tout, il est là. Quand elle est stressée avant une intervention publique, il la serre dans ses bras. Quand elle découvre un nouveau mensonge de Charles, il la console. Plusieurs de ses camarades l'ont alerté. Il ne faut pas franchir la ligne. Jamais il ne faut franchir la ligne.

Bien sûr comme beaucoup d'autres après lui, il est sous le charme. « Je rôdais constamment pour tenter de l'apercevoir. Je n'étais heureuse que quand il était dans les parages. J'étais comme une petite fille devant lui, je recherchais désespérément les compliments », confiera-t-elle plus tard. Elle a besoin d'être rassurée sur sa beauté. Alors, elle lève les yeux vers Barry et l'interroge. Pourquoi son mari ne la trouve-t-il pas jolie ? Elle est jolie, n'est-ce pas ? Beaucoup le lui disent. Est-ce bien vrai ?

Leur complicité commence à agacer le personnel qui juge bon de colporter l'idée qu'ils entretiennent une liaison. Son successeur, Ken Wharfe, raconte qu'il « était obsédé par elle [...], c'est une victime typique de la fièvre du tapis rouge ». Pourtant, il n'est pas certain qu'il soit réellement passé à l'acte. Si Diana n'a jamais rien confirmé, elle reconnaît quand même qu'il fut « l'un des plus grands béguins de [sa] vie ».

Plusieurs personnes sont persuadées qu'il sera son premier amant. Charles, lui, en est assuré. Amant ou pas, de toute façon, il ne supporte pas cette manière qu'a sa femme de se confier au personnel. Il décide de faire muter Barry. Seulement neuf mois après avoir rejoint le corps de réflexion diplomatique, Barry périt dans un accident de moto en mai 1987. Les Galles assistent au Festival de Cannes. Non sans malice, Charles se tourne vers son épouse dans la voiture, et dit « au fait Mannakee est mort hier, un accident de moto ». Diana s'effondre. Il sourit et dit « vos photographes vous attendent ». Sa jalousie lui fait vraiment faire de drôles de choses. « J'ai passé ma journée à supporter cette visite à Cannes sous les feux des projecteurs devant des milliers de journalistes alors que j'étais effondrée. Je n'étais pas censé être aussi affectée que je l'étais… » Jamais elle ne pardonnera à Charles son indélicatesse. Comment l'aurait-il pris, lui, si elle lui avait annoncé froidement la mort de Camilla ? La mort de Camilla… Diana poursuit sa soirée en donnant le change. Avec le temps, et les souffrances accumulées, elle est devenue douée pour dissimuler ce qu'elle ressent. « Même quand je suis dans un sale état, je peux donner le change. » Dans sa tête la scène de la mort de Barry tourne en boucle. Peut-être avait-il été assassiné ? Non, il ne fallait plus y penser. C'est de la parano, là.

Après le départ de Barry, elle ne sait plus à qui se confier. Bien sûr elle est très entourée, mais elle a appris à se méfier de tout le monde. On la traite avec tant de déférence. Non, elle n'est pas intouchable. Les disputes sont de plus en plus fréquentes. Les bons moments quasiment inexistants. Le contraste entre sa vie publique et sa vie privée est saisissant. Cette image si désirable tranche si violemment avec la réalité tragique de sa vie. Cela devient si laborieux de faire face. Son secrétaire particulier raconte qu'elle pouvait parfois être instable émotionnellement, mais que surtout elle subissait beaucoup de pression, de provocations, de tensions. Elle doit faire face à tant de choses : le harcèlement des médias, l'échec de son mariage, la défiance de sa belle-famille, etc.

Heureusement qu'elle est solide et qu'elle dispose de cette grande intelligence émotionnelle. Elle voudrait crier au monde entier son mal-être, dénoncer l'abjection de son mari, hurler sa frustration d'être enfermée dans ce cauchemar de princesse. Alors, de temps en temps, elle s'arrange pour que les disputes aient lieu en présence de témoins. Prouver que le prince Charles n'est pas ce modèle de douceur que tout le monde pense la soulage. De toute façon, à quoi bon toute cette mascarade ? Cela finira par se savoir.

Après la publication d'une photo de Charles chez Camilla dans le *Sun*, Diana écœurée, décide qu'elle ne l'accompagnera pas au gala du Royal Albert Hall. Rongée par le remords et ne voulant pas créer de scandale, elle change d'avis. Les 1 600 spectateurs ont vu disparaître et réapparaître son fauteuil sur scène. La princesse avait changé d'avis, mais pourquoi ? Puis, la presse a commencé à spéculer. Combien de jours les Galles avaient-ils passés séparément ? La princesse était de plus en plus maigre et pâle. Troubles alimentaires, dépression postnatale, cancer ? La princesse ne pouvait pas juste être malheureuse. Une princesse, ça ne peut pas être malheureux… Personne ne fait de déclaration officielle.

Charles, un temps au moins, s'attache à satisfaire sa femme, mais il ne la comprend pas. Ils sont différents, trop différents. Il ressent de l'affectation pour Diana, mais Camilla est l'amour de sa vie. Il ne s'en est jamais vraiment caché. Très vite, il s'interroge sur leur histoire. Ce mariage « hollywoodien » n'a-t-il pas déformé les choses ? Lui, il veut une mère pour ses enfants et une future reine pour l'accompagner sur le chemin royal. La passion, il l'a vécue ailleurs. Il la vit encore. Il sent que leur union se désintègre dans des « circonstances atroces ».

Il écrit à un ami que leur mariage possède « tous les ingrédients d'une tragédie grecque ». « Je n'ai jamais pensé que cela put finir ainsi… Comment ai-je pu me tromper autant ? » se lamente-t-il. Diana, elle-même est désemparée. Comment en étaient-ils arrivés là ? Elle n'aime pas cette image renvoyée par les médias. Il y avait eu du bonheur, au moins un peu. Il y avait eu de l'amour, au moins un peu. Le temps fait des ravages. Charles étouffe de la popularité de Diana. Celle-ci suffoque de l'adultère de Charles. Les reproches s'adressent désormais par presse interposée au désespoir de la famille royale.

La reine en a assez de ces déballages. Trop, c'est trop. Quelles sont donc ces manières ? A-t-elle jamais fait part d'une quelconque difficulté, elle ? Elle convoque son fils et sa belle-fille et leur demande instamment de mettre de l'ordre – au moins publiquement – dans leurs affaires !

Diana n'y peut plus rien. Elle se sent délaissée. Pourquoi lui préfère-t-il Camilla ? Elle ne peut pas lutter, elle commence à le comprendre. Un matin, elle arrive à Highgrove et aperçoit Camilla en partir. Entrant en trombe dans le palais, elle se dirige vers leur chambre. Ils ont dormi dans le lit conjugal. « J'étais folle […], je pleurais, mais il ne disait rien […]. Je ne m'étais jamais sentie si mal. Il l'aimait, elle, et pas moi et ça avait été comme ça depuis le début. » Quel amer constat !

Camilla était entrée dans la vie de Charles bien des années avant Diana. Ils s'étaient rencontrés à la campagne. Charles s'occupait d'un cheval. Camilla s'était approchée et avait lancé : « Bel animal, Sir. Je m'appelle Camille Shand, très heureuse de vous rencontrer. » Ils s'étaient plu. Presque instantanément. Le départ de Charles pour la Navy avait interrompu leur brève aventure. Charles voulait l'épouser. Il était déterminé. Ils resteront toujours en contact, mais Camilla convaincue que la famille royale n'entérinera jamais leur union, se fiance avec Andrew Parker-Bowles, un séduisant officier de cavalerie issue de la haute société de dix ans son aîné. Ce dernier avait fait sa demande après que la princesse Anne qu'il fréquentait accepte d'épouser Mark Philips. Charles ne renoncera jamais à Camilla. Il regrettera sans cesse de ne s'être pas battu pour l'épouser. Elle est son *perfect match.*

Naturelle, Camilla n'accorde aucune attention à son look. Un peu débraillée, sa spontanéité lui plaît. Elle n'est pas intimidée par lui et elle le fait rire. Passionnés de nature, de chasse, de peinture, ils ont tant de centres d'intérêt en commun que la vie est simple. Diana ne comprendra jamais pourquoi son mari y est tant attaché. « La seule chose que je n'arrive pas à comprendre, c'est ce qui lui trouve ! Ce n'est vraiment pas une beauté et elle est tellement grossière et abrupte. Qu'est-ce qu'elle peut bien avoir que je n'ai pas ? » Camilla, c'est son repère, son guide. Instantanément, elle l'a compris. Être là quand il le faut, l'écouter, le soutenir, l'amuser. Elle sait toujours ce qu'il faut faire ou dire pour le réconforter.

Camilla Shand est devenue Camilla Parker-Bowles, mais elle non plus n'a pas oublié son prince. Ils se fréquentent régulièrement, Charles est même le parrain de son aîné Tom. Son mari Andrew, coureur notoire, l'encourage à poursuivre son idylle royale. C'est en 1979 au moment du décès de Dickie que leur relation prendra un tour plus passionnel. Charles doit se marier. Il veut Camilla et personne d'autre ! Il confie à son frère qu'elle est « [sa] meilleure amie au monde ». Camilla est sa confidente, sa conseillère. Elle est là. Justement, pour le protéger, elle refuse de divorcer. Hors de question de reproduire l'histoire du grand-oncle Edward. Hors de question, également, d'interrompre leur relation. Diana l'apprendra à ses dépens : « Aux yeux de Charles, Camilla est superwoman. »

Il lui voue une estime sans fin allant même jusqu'à la comparer à sa mère. Quel plus grand compliment aurait-il pu faire ? Lorsque Charles décide d'acquérir sa propriété d'Highgrove, il consulte Camilla. C'est à quinze minutes de chez elle, ça sera leur chez eux. Charles y résidera très souvent. Là-bas, ils mènent une vie de couple presque normal. Là-bas, Camilla est chez elle et se conduit en maîtresse de maison. Elle s'occupe du jardin. Ils ont même souscrit aux services d'un professeur de peinture. Tous leurs amis le savent et encouragent Charles dans cette voie. Leur complicité est si visible : mêmes goûts, mêmes lectures, mêmes plaisanteries. Pour Diana, c'est insupportable. Les photos dans l'agenda, les boutons de manchette gravés à leurs initiales, les rendez-vous secrets.

Toute cette mascarade est insoutenable. Pour une fois, la famille royale est d'accord avec elle. Elle n'approuve pas la liaison, bien au contraire ! La reine fait part de son incompréhension face à l'entêtement de son fils de garder sa maîtresse. Toutefois, à quoi bon en parler ? Il faut passer sous silence ces incartades, elle en a bien fait de même avec Philip ! Le régiment n'apprécie pas vraiment cette relation extra-conjugale avec l'épouse d'un membre de la Garde royale, l'alerte un conseiller. Ne voulant pas aggraver la situation, Elizabeth se contentera de retirer Camilla de la liste des invités du palais. La princesse Anne, qui pourtant n'est pas très proche de Diana, sermonne son frère sur l'humiliation publique qu'il fait endurer à sa femme. Philip ne comprend pas non plus son fils : « Je ne peux imaginer qu'un homme sain d'esprit puisse te quitter pour Camilla », lui écrit-il. Pourtant, il l'incite à vivre avec. Pourquoi ne le tolère-t-elle pas après tout ? Elle peut bien avoir ses propres amants. Diana est bafouée, meurtrie du désamour de son mari. Elle l'adore, elle. Pourquoi la réciproque ne serait-elle pas vraie ?

Diana subit cette relation qui pourtant est assumée par tout son entourage. Un jour, elle décide de confronter Camilla. En dépit de l'agacement de Charles, Diana se rend à l'anniversaire de la sœur de Camilla, chez Annabel Goldsmith. Elle va lui dire ce qu'elle a sur le cœur, enfin ! Après le dîner, Charles s'est éclipsé pour retrouver Camilla. Diana le sait. Elle les découvre dans la cave en profonde discussion, plus complice que jamais. Ken Wharfe assiste à la scène gênée. « Ne me dites pas que je me trompe sur ce que vous fabriquez », hurle Diana. Puis, elle reprend son calme et invective Camilla. Elle lui a tout pris, son mari, sa jeunesse, son innocence. Elle n'est pas chez elle à Highgrove, que cela soit dit !

Camilla ne comprend pas cet emportement. C'est elle qui a la place officielle, c'est elle la future reine d'Angleterre. C'est ridicule, ce déballage. Charles a raison. Elle est dingue ! Diana raconte cette altercation comme l'un de ces plus grands moments de courages. Peut-être l'avait-elle rêvé ainsi ? Que changerait cette confrontation ? Pas grand-chose probablement, mais Diana respire à nouveau. Cela faisait longtemps qu'elle n'avait pas respiré.

Dès 1981, la presse sait que Camilla est la maîtresse de Charles. Pire encore, Camilla renseigne parfois les rédacteurs en chef sur le couple princier. Pourtant, l'information est gardée sous embargo. Pourquoi créer un scandale ? Après tout, les maîtresses royales ont toujours fait partie de l'histoire. Est-il de leur devoir de protéger la monarchie ? Leur affection – mercantile – pour Diana incite à la prudence. C'est seulement en 1992 que le scandale ne pourra plus être nié. Le Camillagate[1] donnera au peuple britannique, comme aux médias du monde entier, à voir l'ampleur du lien qui unit l'héritier à sa maîtresse.

Après parution de l'enregistrement, la presse harcèle Camilla. Le prince Charles, désireux de porter des messages politiques verra sa réputation anéantie et décevra à nouveau sa famille. Camilla sait flatter et jouer avec son ego : « Tu as une telle emprise sur elle » ; « comme toujours tu te sous-

1. Conversation enregistrée en 1989 entre Camilla et Charles.

estimes », lui dit-elle. Elle le félicite sur son discours, ses prises de position. Elle l'admire et le fait savoir. Ils échangent des « je t'aime » et des compliments. Charles lui dit « ta plus grande réussite, c'est de m'aimer ». « C'est plus simple que de tomber d'une chaise ! », lui répond-elle. Il insiste : « Toutes ces indignités, ces tortures et ces calomnies que tu subis. » Camilla s'en accommode : « Chéri, ne sois pas bête, je supporterai n'importe quoi pour toi, c'est ça l'amour, la force de l'amour. » Ils s'aiment, c'est si évident. Ils ont envie d'être ensemble, tout le temps. Ils ont besoin l'un de l'autre. « Désespérément », ajoute Camilla. Ils parlent de leur organisation, de leurs appels, de leur programme. La banalité de la conversation reflète une telle intimité, un tel naturel dans leur relation.

Dans leurs échanges logistiques (où iront-ils pour leur prochaine rencontre), on découvre les noms de tous les complices de leur adultère... Cela aura d'ailleurs d'importantes répercussions sur leurs amis tous issus de l'aristocratie. C'est aussi une terrible trahison pour Diana de découvrir l'ampleur des mensonges qui l'entoure. Nombreux sont ceux qui disaient que Camilla avait séduit Charles dans leur jeunesse par son humour cru et ses blagues cochonnes, et qu'elle l'aurait gardé par le sexe. Plus expérimentée et surtout plus ouverte que Diana sur le sujet, Camilla sait y faire. C'est peut-être le plus terrible dans cet enregistrement : ces allusions sexuelles à peine voilées.

Camilla : Tu es très douée pour avancer à tâtons.

Charles : Arrête ! Je veux avancer à tâtons sur toi, partout sur toi, monter, descendre, dedans et dehors.

Camilla : Oh, Charles.

Charles : Particulièrement dedans et dehors.

Camilla : Oh c'est exactement de ça que j'ai besoin en ce moment.

La conversation trouve son apothéose dans la pire analogie qu'aurait pu imaginer le prince. Il voudrait vivre « à l'intérieur de sa petite culotte, ou ce serait le comble en Tampax ! ». Une telle humiliation pour la famille royale est presque insupportable. Cet enregistrement, dont l'origine est controversée, a fait couler beaucoup d'encre. Diana aurait-elle pu en être à l'origine ? Pourquoi aurait-elle voulu entendre cela ? C'était si douloureux.

L'ombre de Camilla hante son mariage. Camilla est là, toujours là. Diana craque. Pourquoi Charles ne l'aime-t-il pas ? Pourquoi Camilla ? Pourquoi elle ? Pourquoi ? La simple présence de Camilla dans la vie de Charles ne suffit pas à expliquer le mal-être de Diana. Toutefois, une grande part réside dans sa frustration d'être aimée de tous, sauf de celui qui compte pour elle.

La vie de Lady Di a deux facettes, on pourrait presque dire que la princesse a deux personnalités. Fragile en privé, elle impose son charisme en public. La princesse est surtout une hypersensible. Il n'y a pas de hasard dans son empathie si développée. Elle ressent tout, tout plus vite, plus fort, plus profondément. Chez elle, pas de demi-mesure. Elle rit à en pleurer, ou pleure à en mourir. C'est difficile de trouver un équilibre lorsque l'on est observée 24 heures sur 24, 7 jours sur 7. La moindre fluctuation de sa silhouette est commentée sur des pages et des pages. On cherche des explications : stress de son devoir, dépression hormonale, problèmes de couple.

Bien qu'il soit simple de blâmer son mari, la princesse sait que ses troubles alimentaires prennent racine dans sa jeune enfance. Petite fille gourmande, elle a très vite un rapport ambigu avec son poids. Les domestiques des Spencer mentionnent qu'elle avait un penchant pour les chocolats et friandises. À l'adolescence, ses formes un peu rondes la complexent. Sa sœur, Sarah, souffre d'anorexie nerveuse ; Diana verse plus dans la boulimie. En vieillissant, elle développe une réelle addiction au sucre : gâteaux, chocolat, crèmes, galettes, etc. Tout est bon pour apaiser sa détresse.

Diana souffre de boulimie[1]. Cette maladie insidieuse et peu connue à l'époque trouve ses origines dans de multiples facteurs. Le lien avec la mère (le parent qui nourrit) est régulièrement mis en question, mais les causes sont souvent plus larges : traumatismes passés, surpoids, pression sociale. Dans le cas de la princesse, plusieurs éléments peuvent expliquer ce déclenchement. Tout d'abord, la relation complexe avec sa mère qui n'a été que peu présente a conduit à une estime d'elle très faible. Ensuite, Diana est une hypersensible et a parfois du mal à réguler ses émotions. Ajoutons à cela que, tout juste majeure, elle subit l'attention permanente des médias qui commente son physique, et voilà plus de raisons qu'il n'en faut pour déclencher des troubles alimentaires.

La jeune femme, perfectionniste et émotive, veut un corps parfait et en même temps souffre d'être rejetée. Les remarques de son mari ainsi que son agonie sentimentale finiront de parfaire le tableau. La boulimie engendre une dépendance similaire à celle d'un alcoolique à ceci près que la nourriture est bien plus facilement accessible au vu et au su de tous. La dépendance est ici un moyen temporaire, mais instantané d'apaiser une souffrance. Diana l'expliquera elle-même très bien en 1992 : « J'ai eu des crises de boulimie pendant plusieurs

1. Ce trouble du comportement alimentaire se manifeste sous la forme de pulsions, appelées aussi crises, auxquelles la personne ne peut résister. En général, les crises apparaissent à la suite d'un stress. Malgré tous ses efforts pour résister, le malade finit par céder, en ayant la sensation de perdre tout contrôle. La crise se traduit par des comportements typiques : sensation de faim compulsive, non contrôlable et besoin angoissant de manger ; en dehors des repas et en cachette. Pendant la crise, la personne mange rapidement, sans pouvoir s'arrêter, des quantités importantes d'aliments (tous ceux à portée de main, ni cuits, ni préparés, le plus souvent hypercaloriques gras et sucrés). Le but n'est pas de se faire plaisir en mangeant ce que l'on aime, mais vraiment de se "remplir". Après la crise, la personne ressent une impression de malaise, de remords et de dégoût de soi. Dans près de la moitié des cas, la personne provoque des vomissements pour lutter contre la prise de poids et se sentir soulagée. En dehors des crises, la personne fait très attention à ne pas grossir : elle restreint son alimentation, peut avoir recours à des laxatifs, des diurétiques ou pratiquer une activité physique intense. Elle est rarement en surpoids, même si son poids fluctue (Source : l'Assurance-maladie).

années. C'est comme une maladie secrète. Vous vous l'infligez parce que votre estime de vous-même est au plus bas et vous ne pensez pas être digne ou précieux. Vous remplissez votre estomac quatre ou cinq fois par jour – certains le font plus – et cela vous procure une sensation de réconfort. C'est comme être enlacé par une paire de bras, mais c'est temporaire. Ensuite, vous êtes dégoûté par le ballonnement de votre estomac, et alors vous vomissez. C'est un schéma répétitif très destructeur. »

Indépendamment de ses origines familiales, sa maladie se niche aussi dans ses rapports et ses lieux de refuge. À l'école, elle trouve souvent son havre de paix auprès des cuisiniers avec qui elle bavarde. Elle fera de même plus tard dans les palais où elle vivra. C'est toujours une bonne blague de lancer un défi à Diana sur la nourriture : combien de tranches de pain peut-elle avaler en une minute ? Peut-elle aller chiper des bonbons ? Dans son rôle, elle s'emploiera méthodiquement à cacher sa maladie. Trier sa nourriture ou la découper étrangement dans les dîners officiels. Descendre dans les cuisines quand le personnel est couché. Manger dans sa chambre ou devant la télévision seule. C'est une lutte de chaque instant. Maigrir à tout prix pour garder sa taille mannequin tout en satisfaisant à ses angoisses. C'est une maladie insidieuse, perfide, violente. C'est un cercle infernal. Manger pour aller mieux. Être encore plus mal d'avoir mangé. Manger encore pour s'apaiser. Ne jamais trouver la paix. C'est cet « ami dont on a honte », explique-t-elle. La maladie génère une telle culpabilité qu'elle ressent parfois une « pulsion de se dissoudre comme un Aspégic pour disparaître ». Parce que son estime d'elle est au plus bas, elle ne sait plus où trouver son approbation.

Charles ne comprend pas cette maladie. Comment peut-on avoir une maladie mentale, d'ailleurs ? Cela lui est totalement étranger. L'ignorer ou l'engueuler, voilà les seules réactions dont il est capable face à sa souffrance. Pourquoi devrait-il en assumer la responsabilité ? Pourtant, le spécialiste des troubles alimentaires, Docteur Lipsedge, est persuadé de l'impact de sa relation néfaste avec le prince sur sa maladie. Charles ne peut s'empêcher de taquiner sa jeune épouse sur ses joues ou sa silhouette. Diana le sait. « Une semaine après nos fiançailles, mon mari avait posé sa main sur ma taille, il m'avait fait la réflexion : "Alors, on est un peu enrobée, non ?" Sa remarque avait déclenché quelque chose en moi. Et puis il y avait l'histoire de Camilla. J'étais désespérée. Je me souviens de la première fois où je me suis fait vomir, j'étais aux anges parce que j'avais l'impression de me débarrasser de tout mon stress. »

Une simple remarque a suffi pour rouvrir la brèche. Une maladie de gamine, une maladie pour faire son intéressante, une maladie incompréhensible. Diana se cache pour éviter les sarcasmes de Charles. « C'était un symptôme de ce qui se passait dans mon mariage. J'appelais à l'aide, mais en donnant de mauvais signaux, et les gens utilisaient ma boulimie : ils ont décidé que c'était le problème ; Diana est instable. [...] Quand vous souffrez de boulimie, vous avez honte de vous-même et vous vous détestez, et les gens pensent que vous gaspillez de la nourriture – alors vous n'en discutez pas... », se confiera Diana. Son entourage est inapte à comprendre ce qu'elle traverse. La maladie est peu connue et semble un caprice de diva, une maladie de princesse ! Diana mettra de nombreuses années à comprendre elle-même cette maladie perverse qui la hante. Grâce au Dr Lipsedge, elle laissera derrière elle ses troubles au milieu des années quatre-vingt-dix, et dira : « C'est comme si j'étais né une seconde fois. »

Son instabilité émotionnelle ne relève pas que de la boulimie. La pression très forte qu'elle subit et les changements hormonaux de la grossesse pèsent sur son état. Sur ces aspects moins clivants, le prince Charles essaie de soutenir son épouse. Elle sait que c'est difficile pour lui. « Les jours filent vite. Je dois m'habituer à être ici, là, partout à la fois. Charles est merveilleux et se montre tellement compréhensif quand toute cette pression m'effraie ou m'attriste. Je n'avais jamais compris à quel point il pouvait être un appui. J'essaie de le soutenir moi aussi et d'être une bonne mère. C'est difficile de dire lequel de nous deux doit l'emporter sur l'autre. Charles bien entendu, mais que puis-je faire quand la presse se met à nous comparer et renvoie Charles au second plan ? » Elle reconnaît même qu'elle a pu « surmonter cette dépression uniquement grâce à Charles à sa patience et à sa bonté. On n'imagine pas dans quel état de fatigue et d'abattement je me trouvais il ne méritait pas ça ».

Au moment de sa dépression post-partum, il tente de l'aider. En revanche, l'occasion est trop belle pour l'entourage du prince pour ne pas démontrer que sa femme est folle ! Ses amis insistent : elle est malade, il devrait la faire interner ! Penny Junor, en particulier, s'épanche sur les maux de la jeune princesse la diagnostiquant *borderline*[1]. Sa dépression peut y faire penser. Sautes d'humeur imprévisibles, disputes régulières, renvois de personnel sans raison apparente, etc. A-t-elle une maladie mentale ? Parfois, elle se le demande. Elle subit une violente dépression. Qui aurait résisté à sa place face à l'infidélité notoire de son mari, au rejet de sa belle-famille, au harcèlement médiatique ?

Plus on l'attaque, plus elle sombre. Plus on la dit folle, plus elle devient hystérique. Plus elle exprime sa frustration, plus

1. Les problèmes d'état limite (ou personnalité borderline) sont difficiles à identifier : à mi-chemin entre psychose et névrose, les personnes touchées semblent complètement normales. Les symptômes peuvent être : instabilité et nombreux excès, forte impulsivité, prise de risque dans au moins deux domaines (sexualité, toxicomanie, conduite automobile.), instabilité affective, hyperémotivité avec fortes colères souvent sans raison réelle, menaces suicidaires et/ou automutilations, troubles de l›identité, sentiment d›ennui, de vide, peur d›être abandonné, réactions disproportionnées au stress. La personne borderline vit dans les excès. Rebelle, elle aime dépasser les limites que son milieu lui impose. D'autres symptômes peuvent être présents comme une mauvaise image de soi et des relations tourmentées entre amour et haine.

elle accrédite la thèse de ses détracteurs. C'est infernal d'être dans cette position. Une vilaine impression d'être dans des sables mouvants. Se débattre ne peut que vous conduire à votre perte. Charles ne sait qu'en penser. Parfois, il croit ses amis. Parfois, il culpabilise du mal qu'il lui inflige. Il fera d'ailleurs supprimer le chapitre sur sa supposée maladie mentale dans sa biographie officielle. Remords ou envie de protéger la mère de ses enfants ? Si certains témoignages, notamment après sa disparition, tentent d'accréditer la thèse de sa maladie mentale, cela reste difficile à imaginer.

Comment aurait-elle pu assumer une telle charge de travail dans des conditions si ardues si cela avait réellement été le cas ? Si elle avait été si fragile, comment aurait-elle pu faire face ? Ses très proches comprennent qu'elle lutte violemment contre cette tristesse qui la tenaille. À quelques-uns, elle fait part de son immense fatigue. Derek Dean du ballet national la décrit : « discrète, silencieuse, fragile, émotionnellement épuisée ». S'il sent son chagrin immense, il ne décèle pas de folie. Ken Wharfe partage le même point de vue : un trouble important sans jamais sombrer. C'était presque étonnant vu la complexité de sa vie ! Elle a aussi compris que cette fragilité plaît et génère une empathie sans limites. Cette tristesse ajoute à son charme qui pourtant n'a pas besoin de ça pour opérer.

De nombreuses polémiques se sont élevées autour de tentatives de suicide ou de comportements suicidaires. Diana est par moments désespérée, des pensées noires l'envahissent. La peine, cela étouffe parfois. Dans ces moments-là, sans vouloir mourir, on n'a juste plus vraiment la force de vivre. Quand la fatigue est telle, le repos est si tentant. Crier que l'on veut mourir est aussi une manière de dire à l'autre que l'on veut désespérément vivre.

« La dépression postnatale m'est tombée dessus, de telle sorte que mes idées se sont embrouillées ! Si Charles ne rentrait pas à la maison à l'heure dite je pensais que quelque chose d'atroce lui était arrivé. Pleurs, panique et tout le reste. Mais il ne voyait pas ma panique parce qu'extérieurement je gardais un calme imperturbable », expliquera Diana. Chaque séjour à Balmoral est une épreuve. Pour Charles, voilà encore un mystère... Sans passion première pour les activités champêtres, elle sait surtout ne pas pouvoir rivaliser avec Camilla sur ce terrain. Diana est définitivement très différente des autres femmes de la famille. Quelle drôle de famille ! Dans laquelle personne n'exprime jamais ses émotions, personne n'est jamais malade ou déprimé, personne ne sourcille jamais face aux obligations parfois pénibles ? Sa position l'isole beaucoup. Il est difficile de faire confiance. À qui pourrait-elle bien confier son mal-être ? Certainement pas à sa belle-famille qui malheureusement reste circonspecte devant ses problèmes. « J'ai peut-être été la première personne de cette famille à souffrir officiellement de dépression ou à pleurer ouvertement. Manifestement, cela les déconcertait. Quand on n'a jamais vu ça auparavant, comment peut-on témoigner son soutien ? [...] Je dérangeais l'ordre des choses et on me le faisait bien comprendre », analysera-t-elle avec le recul. Le prince Philip, n'étant pourtant pas réputé pour sa douceur, écrit à la princesse qu'on ne peut pas lui reprocher les comportements générés par sa maladie. Une maigre reconnaissance.

Nous savons aujourd'hui l'impact psychologique de la pression médiatique et comment le fait d'être photographiée sans arrêt peut entraîner des troubles de la personnalité. À l'époque, personne n'est sensibilisé à cela. Les femmes célèbres subissent une importante tension et les ragots malsains empirent la situation. Les injonctions paradoxales sont difficiles à vivre. Si d'une part, les journalistes s'inquiètent de la voir maigrir, dans le même temps, ils expriment du dégoût pour les personnes ne rentrant pas dans les standards. Le surpoids chez les stars est un péché impardonnable.

Diana doit contrôler son image, et cela commence par sa ligne. « Ce qui est particulier dans la boulimie, c'est que votre poids reste le même tandis qu'avec l'anorexie, vous rétrécissez visiblement ; alors vous pouvez donner le change », expliquera-t-elle. Elle a maigri, mais ensuite son poids reste stable. Cette boulimie, c'est son appel au secours, son ultime tentative pour attirer l'amour de Charles. Si seulement, elle avait su qu'elle n'attirerait que sa pitié. Quelques journalistes se risquent à l'interroger sur le sujet : « On dit que vous mangez peu. » Elle s'explique calmement. Elle fait beaucoup de sport et, avec les buffets, ce n'est pas facile de parler et manger en même temps. Plus son mari la rejette, plus sa boulimie empire. Elle décidera plus tard de prendre la parole sur ses troubles alimentaires. Si ça lui est arrivé, alors, peut-être que les jeunes malades oseront demander de l'aide. Elle le fera notamment, assistée de Susie Orbach, psychologue spécialiste du sujet qui a écrit le best-seller *Maigrir, la fin de l'obsession.* Son ouvrage dénonce le diktat masculin sur le corps de la femme. Diana reprendra à son compte ses propos pour sensibiliser le grand public.

La désillusion était à la hauteur de sa crédulité. La déception aussi profonde que son âme. La réalité aussi forte que ses rêves l'avaient été. Parfois, elle croyait encore à une fin heureuse.

Charles mène désormais une double vie assumée avec Camilla. Camilla est la reine d'Highgrove. Le peu de fois où Diana s'y rend avec les enfants, Charles batifole dans les buissons avec sa maîtresse. Cette relation parallèle obsède la princesse. Elle interroge les domestiques et fouine dans les registres. À compter de 1988, il y eut donc deux Highgrove : celui de la princesse lors de quelques week-ends à l'ambiance détendue et familiale et celui du prince et de Camilla.

Diana avait toujours eu le don d'agacer son mari par cette proximité avec le personnel. Elle était souvent seule, alors quand son petit perdait sa première dent, à qui aurait-elle pu le partager ? C'est à cette époque-là que Paul Burrell devient son confident. Sans jamais commenter ou poser de questions, il l'écoute religieusement. Il se rappelle qu'elle pouvait passer de la jeune femme vulnérable et anxieuse à la princesse rayonnante juste en franchissant le seuil d'une porte. Le peu de moments partagés par le couple princier tourne systématiquement au drame. Cris, portes qui claquent, silence de mort, pas lourds, verres cassés. Ils font bonne figure… mais personne n'est dupe ! Le personnel avait coutume de dire aux visiteurs ou aux nouveaux : s'il commence à se disputer, faites comme si de rien n'était !

En juin 1990, le prince victime d'un accident de cheval lors d'un match de polo se retrouve à l'hôpital. Diana se précipite au chevet de son mari. Il y reste plusieurs jours, car il doit subir une opération. La presse titre sur Diana au chevet d'un jeune homme qui a eu un accident de voiture et se trouve dans le coma. Pourquoi la princesse ne veille-t-elle pas sur son mari ? Il y a déjà quelqu'un qui lui tient la main… Le jour de son anniversaire, elle vient le récupérer le bras en écharpe pour l'emmener en convalescence à Highgrove. Il est immobilisé, ce sera la parfaite occasion pour se retrouver. Elle pourra le bichonner. Le prince, de mauvaise humeur, lui demande de rentrer, car il préfère rester seul. À peine avait-elle franchi les grilles d'Highgrove que Camilla arrivait. Voilà un anniversaire de plus que la princesse passe sans son mari. Là encore, le contraste est glaçant.

Chaque année, le 1er juillet, des torrents de fleurs et de cadeaux déferlent à Kensington. La princesse passe alors le plus clair de sa journée à écrire des lettres et cartons de remerciement à tout le monde, une marque de son éducation autant qu'une manière de détourner son attention. Pourtant,

Charles n'oubliera jamais son anniversaire. Chaque année et même après leur divorce, il lui adressera un bouquet de fleurs. Le cadeau qu'elle chérissait le plus de son mari était un petit bracelet sur lequel, chaque année, Charles faisait ajouter un petit pendentif : un W, puis un H, un X pour leurs dix ans de mariage, un chausson de danse, une raquette de tennis, une casquette de polo, une pomme, une reproduction de St Paul. Autour de son poignet sur ce petit bijou se tenaient réunis pour l'éternité tous les bons moments de leur mariage.

Pendant sa convalescence, et malgré la présence régulière de sa maîtresse, le prince est de piètre humeur. Le couple princier se retrouvera toutefois pour une croisière en Grèce. Aucun d'eux ne parvient à cacher son agacement. Ils ne partagent rien. La princesse se réfugie dans ses appartements et prend les repas avec ses enfants. À plusieurs reprises, elle surprend Charles au téléphone avec Camilla. Charles, se sentant piégé, est de plus en plus dur avec elle. Les disputes s'intensifient. Diana pleure. Diana pique une crise. Diana est effondrée. Charles est excédé. Charles crie. Charles veut s'enfuir. La comédie continue, mais l'on sent la fin se rapprocher. Compte tenu des proportions de cet échec marital, la famille royale voudrait bien se débarrasser de la princesse. Comment ? Elle est si populaire ! Pour la rentrée de William au pensionnat, la mascarade de la famille unie se poursuit. Arrivées séparément, devant les caméras, les Galles donnent le change.

En novembre 1990, ils se rendent au Japon pour l'anniversaire du couronnement de l'empereur. Comme à l'accoutumée, Lady Diana est adulée. Son attitude détendue et proche contraste avec la rigueur de Charles. Les tensions sont si fortes entre eux qu'ils se montrent tous deux irascibles avec leur entourage. Lui est de plus en plus désobligeant. Elle crève de son besoin d'indépendance. Il s'emporte, la blesse. « On dirait une hôtesse de l'air de la British Caledonian », lui lance-t-il à propos de la magnifique robe rouge Catherine Walker qu'elle porte.

Elle s'entête à lui plaire. Pourtant, ses remarques railleuses sur ses tenues sont fréquentes. Tous les compliments reçus par ailleurs et aussi dithyrambiques soient-ils ne suffisent jamais à effacer la méchanceté de son mari. Pourtant, Diana n'a jamais cessé de penser que leur couple pourrait s'arranger. Un temps, elle a voulu un troisième enfant. Charles a dit non. Après, seulement, quelques années de mariage, elle sait que cette vie ne la rend pas heureuse. Il faut vivre. De toute façon, qu'attendrait-elle ? Sortir, s'amuser, rencontrer de nouvelles personnes. Vivre. D'abord, il lui faut reprendre la maîtrise de son corps. Faire du sport. Avoir une bonne hygiène de vie. S'occuper de sa santé.

Curieuse de tout, elle s'essaie à différentes techniques : acupuncture, ostéopathie, réflexologie, aromathérapie, shiatsu. C'est peut-être un peu, car la princesse est influençable. Elle cherche à combler ses besoins par toutes ces thérapies, mais son besoin le plus important, c'est d'être écoutée et comprise. Aucun thérapeute ne peut lui offrir cette paix-là. C'est en elle qu'elle doit la trouver. Le chemin est long, mais elle commence à faire la paix avec son passé.

En attendant de trouver la paix, elle trouve la vie. Si la presse et ses ennemis taxent la princesse d'une vie délurée, cela n'est pas tout à fait la réalité. *Disco Di* n'a jamais vraiment existé. La vie rangée la journée et délurée la nuit est un peu caricaturale. Toutefois, la princesse a besoin d'air. De beaucoup d'air ! Alors, comme si elle s'adonnait à la crise d'adolescence qu'elle n'avait jamais faite, elle fait le mur de Kensington Palace pour aller faire la fête ! Elle est usée d'être surveillée en permanence ! Quand elle renvoie ses gardes du corps. Ils reçoivent ordre de la reine de la filer coûte que coûte. Une adolescente en crise n'aurait pas fait différemment avec sa propre mère… Comme autant de provocations, sa méprise de certaines règles protocolaires renforce cette idée qu'elle n'entre pas dans la case… Ses tenues sont provocantes. Pas vraiment, elles ne sont juste pas conformes au strict protocole royal. Ses postures sont inappropriées. Pas tant que ça, elles sont simplement un peu moins guindées qu'elles le devraient. L'agacement de sa belle-famille se serait probablement éteint si elle n'avait pas commencé à considérer légitime d'entretenir à son tour des aventures extra-conjugales. C'est fatigant, ces deux poids et deux mesures à la fin !

La première et la plus sérieuse des liaisons de Diana a lieu avec le capitaine James Hewitt. Ce bel officier de la cavalerie royale ressemble à s'y méprendre à Johnnie Spencer jeune. Ils se rencontrent pour la première fois lors d'un match de polo alors que Diana est juste fiancée à Charles. Son prince emmène l'équipe de la Navy ; James, celle de l'armée de terre. Charles, qui à cette époque avait sympathisé avec lui, accepte qu'il devienne le professeur d'équitation de sa femme. Elle devait savoir monter à cheval, mais décemment elle ne pouvait pas s'inscrire au centre équestre du coin !

De cours réguliers aux cafés, des cafés aux verres, et des verres à des dîners à Kensington Palace, James et Diana démarrent une liaison. Ils se rencontrent secrètement, lui arrivant dans le coffre d'une voiture conduite par le fidèle Paul Burrell. Charles décide de fermer les yeux. Hewitt a du savoir-vivre, se dit-il. Il n'y a pas d'inquiétude à avoir. Lors de leurs sorties, les Galles sont toujours acclamés comme une équipe merveilleuse. Rien ne va pourtant. James décrit la princesse à leur rencontre « très fragile, affectivement, et rongé par la boulimie […] C'était une femme profondément meurtrie d'avoir été rejetée ». C'est elle qui décide de se confier à James, mentalement et physiquement. Elle a besoin d'excitation, de plaire. James, c'est un peu un de ces héros de roman à l'eau de rose qu'elle aime tant. La tendresse associée au goût de l'interdit. Diana finira par reconnaître qu'il « avait la tête dans le pantalon ». Peut-être a-t-elle besoin de ça à cet instant précis ? Outre Paul, Diana met Ken dans la confidence. « Une baise de protestation », pense-t-il et dira-t-il publiquement vingt ans plus tard. Avec James, Diana se met à aimer la campagne. Avec James, Diana vit la passion sexuelle. Avec James, Diana partage les joies des enfants. Petit à petit, elle reprend confiance en elle. Dans ses bras, elle se sent belle et désirée. Il est là, attentionné, présent. Pour cela, elle l'adore. Elle le couvre de cadeaux. « Je l'ai entièrement habillé de la tête aux pieds, ça m'a coûté cher ! », dira-t-elle à Gilbey en 1989. Cette position ne déplaît pas au capitaine amoureux.

Étrangement, aucune photo du couple ne sortira dans la presse. Les journalistes étaient-ils passés à côté ? C'était peu probable. Pourquoi aurait-il tû un tel scoop ? Peut-être, car la réciproque aurait été requise… Whitaker du *Sunday Mirror* pense même qu'elle n'a volontairement pas consommé sa liaison… Diana savait désormais donner le change.

Un an après leur rencontre, elle est prise en photo en train de flirter avec le banquier Philip Dunne sur une piste de danse. Pourtant, leur liaison est bien réelle et elle durera en tout quasiment six ans. En août 1989, Diana écrit : « Je reste éveillée la nuit désespérément amoureuse de toi à remercier Dieu de t'avoir fait entrer dans ma vie. Je rêve du jour où nous serons enfin ensemble à jamais parce que c'est ainsi que les choses devraient être. » Ils passent de nombreux week-ends ensemble avec les enfants à Highgrove et en cachette donnent libre cours à leur liaison.

Leur regard complice n'échappe à personne lors d'un match de polo à l'été 1988 où Diana lui remet la coupe. James racontera plus tard qu'ils étaient très amoureux et que la princesse aurait voulu quitter Charles pour lui. Grâce à lui, les disputes s'apaisent avec Charles. Ils parviennent même à feindre leur complicité lors de leurs rares apparitions communes. James se demande comment elle peut avoir l'air si heureuse en le détestant autant ?

Quand en 1989, James apprend sa mutation en Allemagne, Diana est hors d'elle. Cela ne se passera pas comme ça ! Il refuse qu'elle intervienne, ce qui la blessera profondément. S'il la présente dévastée par son départ, plusieurs de ses amies la sentent plutôt soulagée que le destin l'aide à se débarrasser de cet amant devenu un peu trop encombrant. Ils resteront vaguement en contact jusqu'à son retour en Angleterre. Quand en 1990, il est appelé pour la guerre du Golfe, elle décide de réinstaller leur aventure. L'aime-t-elle sincèrement ? Elle ne le sait pas elle-même, mais, un soldat envoyé au front, c'est digne des meilleurs romans d'amour ! Ils correspondent régulièrement. James se vante sur le terrain de recevoir des lettres d'amour de la princesse de Galles. À plusieurs reprises, il utilisera le téléphone satellite pour la joindre. Il n'est peut-être finalement pas le parfait gentleman… « J'ai écouté Bush qui nous a appris le cessez-le-feu, à 5 h du matin. Il était tellement tôt que je n'avais personne avec qui célébrer ! Le pays tout entier est chamboulé d'allégresse… Il me tarde de savoir quand tu rentreras. », lui écrit-elle dans l'ignorance de ses agissements. Toutefois, dès son retour, elle se rend compte qu'il devient envahissant. Ironie du sort : le sémillant capitaine est sûrement plus amoureux de l'image de la princesse que de la princesse elle-même.

Quelques articles commencent à évoquer leur liaison au printemps 1991. James a parlé… L'une de ses anciennes maîtresses jalouses, Emma Stewardson, s'en offusque auprès de la presse à scandale « Di m'a volé mon amant. » Diana panique. Une liaison, cela n'est pas bon pour son image, encore moins pour un éventuel divorce ! Elle essaie de le tenir à l'écart et requiert sa discrétion. Sur les conseils de Ken, elle lui demande de lui rendre ses lettres d'amour. Il veut les garder en souvenir, lui répond-il.

Sans Diana, il dépérit. Il échoue à son examen de promotion et se trouve licencié à la faveur d'un mouvement de personnel quelques mois plus tard. Fauché et privé de l'amour de sa princesse, il décide de raconter toute leur histoire à Anna Pasternak du *Daily Express* en 1994. Diana apprend également qu'il fait la tournée des tabloïds vendant ses lettres pour renflouer ses finances. Quelle déception ! Elle reconnaîtra plus tard qu'« il était à peu près aussi passionnant qu'un patron de tricot ». En plus de sa cupidité, James a la bêtise d'expliquer qu'ils couchaient ensemble bien avant 1986, laissant volontairement planer un soupçon sur la paternité d'Harry. L'entourage de Diana n'a aucun doute. « Je ne sais pas comment Charles et moi sommes arrivés à faire Harry, mais nous avons réussi », avait-elle confié tristement à Ken. En 1995, elle parlera avec nostalgie de cette liaison : « Je l'aimais, je l'adorais à un moment où j'étais très seule. [...] Il y a beaucoup de fantaisie dans ce livre, et c'est très pénible pour moi que l'un de mes amis, en qui j'avais confiance, se fasse de l'argent ainsi. » Une déception de plus...

James ne fut pas son seul amant. Diana a besoin de se rassurer sur son pouvoir de séduction et d'éprouver sa sexualité. Dans sa vie de célibataire mondaine, les prétendants ne manquent pas. Son garde du corps les appelle les *Dianamen*. « Tous étaient grands, d'un physique semblable, s'habillaient et parlaient de la même façon. Partager les mêmes goûts, le même cercle d'amis. Et souvent les mêmes maniérismes. Tout ça avait un point commun. Il ne ressemblait en rien à son mari si sérieux de douze ans son aîné et qui, de son propre aveu, faisait plus vieux que son âge. » Philip Dunne, James Gilbey, David Waterhouse, Rory Scott. Selon lui, ils étaient là pour la distraire. Bien sûr, pour eux, Diana était un trophée.

Elle aurait eu un petit coup de cœur pour l'acteur Terence Stamp[1] rencontré à la première d'un film. Leur flirt est resté quasiment secret. En revanche, leur amitié se prolongera de nombreuses années. Avec James Gilbey, elle aurait entretenu un peu plus qu'un simple flirt. Ils s'étaient fréquentés adolescents et s'étaient revus chez des amis communs, à l'été 1989. Des journalistes l'avaient suivi jusque chez son ami garagiste qu'elle avait rejoint pour une partie de bridge… dont elle était la seule invitée… « C'était un garçon très affectueux, mais l'interprétation selon laquelle nous avons eu une relation adultère était fausse », expliquera-t-elle peu avant sa mort.

Face à ses « petits hommes », les grands ne sont pas de taille ! « J'ai tant d'amour à donner », dit-elle à son père lui expliquant qu'elle veut beaucoup d'enfants. Elle a seulement vingt ans quand elle tombe enceinte de son premier enfant. Son début de grossesse est très difficile et la pesanteur qu'elle subit n'aide en rien. Sautes d'humeur et crises de boulimie envahissent cette heureuse attente. D'affreuses nausées la secouent et la forcent à annuler nombre de ses apparitions. Sa belle-famille ne comprend pas qu'elle soit si fatiguée…

On ne peut décemment pas être enceinte comme tout le monde quand on est la future reine d'Angleterre ! Pourquoi était-elle tombée enceinte si vite ? Ils auraient pu prendre le temps. Le temps de vivre à deux et de consolider leur couple. Le temps pour elle d'être à l'aise dans son rôle. C'est elle qui voulait que cela aille vite. Elle voulait un enfant. Elle avait besoin d'avoir un enfant. Pour s'occuper. Pour s'assurer de l'amour de Charles. Pour remplir son devoir. Elle avait hérité du traumatisme de sa mère qui avait eu tant de peine à offrir un héritier à la lignée Spencer. « La nouvelle de ma grossesse m'a enchantée […], mais en fait j'ai eu une grossesse très, très difficile à dire vrai. Malade tout le temps, boulimie

1. Superman en 1978.

plus nausées matinales. [...] » Pour se réconforter, elle enfile de merveilleuses robes de grossesse désignée par la créatrice française Catherine Walker.

Après plusieurs mois très difficiles, Lady Diana donne naissance au prince William le 21 juin 1982 aux alentours de 21 heures à l'hôpital St Mary's de Paddington. « J'ai senti tout le pays accoucher avec moi », confiera-t-elle en 1995. *Baby Wales*, comme le surnomme Diana, est le premier héritier direct de la couronne à naître hors les murs. Ce n'est pas la seule entorse au protocole. Charles est le premier prince de Galles à assister à l'accouchement de son enfant. Il en avait été très heureux. C'est « une expérience stupéfiante », écrit-il à une amie. « Je suis si fier d'avoir été tout le temps au chevet de Diana, parce que j'ai l'impression d'avoir vraiment partagé le processus de la naissance. J'ai eu la récompense de voir une petite créature qui NOUS appartient même si elle semble appartenir à tout le monde », détaille-t-il. La princesse de Galles est soulagée. Elle a accompli son devoir. Après les 41 coups de fusil à Hyde Park et le retentissement des cloches de Westminster, c'est une véritable liesse populaire qui s'empare du pays. En pleine guerre des Malouines, cette naissance ravive l'engouement patriotique. La presse ne parle que de l'événement pendant plusieurs jours. La reine sera la première à se rendre à l'hôpital pour faire la connaissance de son petit-fils. Pour la remercier de ce cadeau, Charles offre à Diana un collier de perles et diamant orné d'un cœur et une Mini sur mesure.

Le petit prince passe ses premières semaines à Kensington Palace avec sa nourrice Barbara Barnes. Diana avait refusé que Mabel Anderson, l'ancienne nurse de Charles, n'élève son fils. Il n'était pas question de reproduire les vieux schémas. Son fils ne serait pas un animal politique. Et Charles lui avait semblé si malheureux dans sa petite enfance. Il avait manqué d'affection. Recommandée par Margaret, Barbara s'inspire des principes Montessori. Elle ne restera pas toujours à leur service, car sa proximité avec William déplaira aux Galles. Le couple princier évolue dans une brève bulle de bonheur. « On se trouve comme hébété, gaga, devant ce petit bout qui fait des bruits étranges », plaisante Diana. Elle a du mal pourtant à reprendre le cours de ses obligations. Fatiguée, elle n'ose plus. En novembre, elle se décide à faire l'une de ses premières apparitions publiques pour le défilé de mode de *Birthright*, la branche de l'académie royale d'obstétrique et de gynécologie pour la recherche sur la santé des femmes. Quelle meilleure manière de revenir en scène après un accouchement ! Elle restera impliquée pendant plusieurs années dans cette action jusqu'à en devenir la présidente honoraire en 1987.

Peu de temps après, Diana tombe une seconde fois enceinte. Son début de grossesse se révèle aussi délicat que le premier, mais elle retrouve très vite un équilibre. Elle se sent bien en portant son fils. « J'ai tout étouffé, je souffrais tellement. En tout cas, Harry est arrivé comme par miracle. Charles et moi avons été très proches l'un de l'autre pendant les six semaines précédant la naissance. Plus proches que nous n'avions jamais été, puis subitement, juste après la naissance, notre mariage a explosé. Tout est parti à vau-l'eau. », racontera-t-elle. Le répit en effet ne sera que de courte durée. Charles lui aurait voulu une fille. Diana n'avait pas eu le courage de lui dire qu'elle savait qu'elle portait un garçon. C'est ainsi qu'il le découvre à la maternité. Le 15 septembre 1984 aux alentours de 16 h 30, elle donne naissance au petit frère de William dans le même hôpital. Maladroit, le prince décrit son fils aux « yeux bleu pâle et aux cheveux de couleur indéterminée ». Sa réaction blesse profondément la jeune mère : « quelque chose s'est fermé en moi ».

La presse se délecte à nouveau du bonheur princier. Diana, la *Super Mom*, semble détendue, est fraîchement coiffée, et accouche naturellement. Charles assiste à nouveau à l'accouchement, ce qui ne manque pas d'être salué. La princesse quittera la maternité seulement 24 heures après la naissance, la mine reposée et divinement habillée. Le petit frère se prénomme Henry en hommage à un illustre ancêtre, mais dans l'intimité on l'appellera Harry. Diana est aux anges « Je dois l'admettre, je me sens particulièrement gâtée par la vie ces temps-ci », dit-elle. Charles aussi prend goût à son rôle de père. Diana racontera que lorsque leurs fils étaient bébés, il s'en occupait beaucoup : « Il adorait s'occuper des bébés. Il avait hâte de rentrer pour leur donner le biberon et le reste. Il s'y prenait très bien et il revenait toujours donner son repas au bébé. » Régulièrement la presse fera état des talents maternels de la princesse de Galles. Si la famille royale n'a pas aimé l'engouement médiatique autour de ses grossesses, ce qu'elle apprécie encore moins ce sont ses fameux talents !

Le style parental de Diana est très différent pour l'époque comme au sein de l'institution. Tant le mode de vie que l'éducation que recevront les jeunes princes diffèrent de ce qu'ont connu leurs père, tante et oncles. La nurserie de Kensington se pare de couleurs pastel. Tout est cosy, enfantin. L'étage entier est réservé aux enfants. La salle de jeux est emplie de jouets et peluches en tous genres et les murs recouverts de leurs dessins et des cartes postales de leurs parents. Pour autant, ils ne sont pas confinés dans leur espace et l'on trouve souvent leurs affaires un peu partout dans les appartements.

S'il est un point commun dans le couple des Galles, ce sont leurs valeurs cardinales d'éducation. « Je veux qu'il soit honnête, tolérant et par-dessus tout plein de savoir-vivre. J'aimerais apprendre à nos enfants à penser aux autres, à se mettre à la place des autres. Même s'ils ne sont pas très intelligents ou très savants, s'ils savent se conduire correctement, je crois qu'ils iront beaucoup plus loin dans la vie », explique Diana. Ils divergent en revanche sur la manière de les mettre en œuvre. Diana passe énormément de temps avec les enfants et incite leur père à en faire de même. Selon Charles, elle en fait trop ! Elle les couve. Si Charles est moins strict que son père, il veut quand même que ses fils aillent en pensionnat. Les garçons rejoindront Ludgrove contre l'avis du prince Philip. Les médias adorent montrer Diana dans son rôle de mère. Charles, moins présent, et surtout moins démonstratif, pâlira encore une fois de la comparaison. Ayant souffert de la solitude et du manque de ses parents lorsqu'il était petit, il s'évertue à s'impliquer. « J'aime mes fils tendrement, mais j'ai besoin d'avoir une certaine tranquillité », se justifie-t-il. Charles, comme sa mère, trouve que les enfants manquent de discipline. Cependant, Charles admire la manière dont Diana arrange systématiquement ses obligations officielles afin qu'elles n'empiètent pas sur la vie de ses garçons. C'est une mère formidable. Diana sait être dans le vrai. Elle le sent.

Cette familiarité qui agace Charles est un cadeau. Diana voulait être mère comme les autres et que ses enfants jouissent d'une enfance *normale*. Là encore, elle rompt avec les codes. Elle s'accroupit, les porte, partage leur quotidien. Elle veut les rendre sensibles et ouverts au monde. Les petits princes sont inscrits dans une maternelle de quartier à Nothing Hill. Le matin, comme toutes les autres mères, elle les dépose rapidement en jogging ou en jean. Elle partage leur quotidien : les accompagner à l'école, choisir leurs vêtements, leur donner le bain, lire une histoire, faire les devoirs, etc. Elle leur achète parfois des jeux vidéo, les emmène dans un parc d'attractions ou dans un fast-food, se love dans le canapé pour regarder une émission de télé un plateau sur les jambes. Si Diana avait conscience de son devoir de les préparer à leurs futurs rôles, particulièrement William, elle tenait à leur offrir une vie la plus ordinaire possible. Elle ne voulait pas des goûters guindés, des majordomes aux petits soins, des assiettes chics. Charles reconnaissait qu'il n'avait pas apprécié cette éducation très formelle de la famille royale. Même s'il ne partageait pas tout, il la laissait faire. Sur ce point, Diana était sûre d'elle. Jamais elle ne doutait d'être dans la bonne direction pour ses fils. Elle était persuadée qu'en se rapprochant du peuple, la monarchie survivrait. Il fallait la libérer du poids du système pour le préserver. Modernité, sensibilité, ouverture au monde, altruisme : tels étaient les atouts dont la couronne aurait besoin pour assurer sa pérennité. C'était rafraîchissant de voir ces enfants normaux dans les résidences royales. Le personnel y avait vite pris goût. Jamais personne au sein de la famille royale n'avait été une mère comme Diana. Elle a une attitude résolument moderne.

Si sa vie est facile, Diana comprend intuitivement les femmes de sa génération devant concilier obligations sociales ou professionnelles et rôle de maman. Ses enfants sont sa priorité et, bien que son travail la passionne, il doit s'organiser autour. Son emploi du temps ressemble à celui de toute mère de famille essayant d'être là pour ses enfants tout en remplissant ses obligations. Diana avait toujours aimé s'épanouir dans l'intimité domestique. Elle adore son rôle de mère : inviter des enfants à jouer, entendre les rires et les cris dans les couloirs, préparer à manger et nettoyer la cuisine après leur turbulent passage. Elle visite souvent des amis pour que les princes voient la vie des gens normaux, précise-t-elle. Elle invite leurs camarades ou les conduit à son tour chez eux.

C'est ainsi que les amis des princes sont encore aujourd'hui leurs amis d'enfance ou d'école comme tout enfant normal. C'était aussi une manière de les faire échapper de temps en temps à la presse. Elle avait tant souffert des médias qu'elle tenait à tout prix à les en préserver. De temps en temps, Charles et elle organisent une séance photo pour satisfaire les paparazzi. Leur attaché de presse de l'époque, Vic Chapman, a tracé la ligne jaune. S'ils ne respectent pas l'intimité des petits princes, ils seront rayés des listes ! Les week-ends, elle les emmène au polo pour qu'ils puissent jouer librement. Quand les journalistes deviennent trop pressants, la jeune maman explique à ses fils l'engouement qu'ils suscitent tout en les rassurant. Les garçons l'ont beaucoup aidé à faire des rencontres et à se sentir, presque, comme les autres. Tout le monde se rappelle cette image magique d'une princesse pieds nus détalant sur le gazon pour gagner le soixante mètres des mamans sous les yeux ébahis de ses fils. Sa jupe fluide laissant apparaître ses jambes nues courant à toute vitesse est l'une des plus émouvantes entorses de la princesse de Galles au protocole !

La princesse veut que leurs loisirs soient spontanés. Ses « petits gars » doivent pouvoir profiter des plaisirs de tous les enfants. Le plus souvent, la princesse s'amuse autant qu'eux : visites au zoo, plongées dans la piscine à balles, élevages d'animaux – un cochon d'Inde et un lapin. Comme leurs parents, les garçons adorent les animaux, vaches, chevaux, carpes et lapins. Ils s'en occupent consciencieusement. Certains loisirs sont un peu plus extravagants, particulièrement après la séparation, comme une reproduction miniature de l'Aston Martin de Charles offerte par le constructeur aux garçons ou l'installation d'une piste de kart à Highgrove. Diana adore ses fils. Maman poule, très câline, certains la jugent possessive. Elle a surtout une affection immense pour eux. Elle en parle sans cesse avec beaucoup d'amour et de tendresse, ils lui manquent quand ils sont avec leur père ou au pensionnat et elle ne rate jamais une occasion de les appeler ou leur écrire pour le leur dire. Elle se plaît à commenter la personnalité de ses deux fils, frères très différents, mais inséparables. « L'aîné est enthousiaste pas du tout timide très indépendant un organisateur né ce qui, plus tard, lui sera très utile. Ainsi, le jour de la rentrée scolaire, il a lui-même choisi ses vêtements et il était préférable de le laisser faire. Peut-être, Henri est-il plus calme, plus observateur. Imitera-t-il son frère ? Je l'ignore, mais c'est une personnalité très différente ». Dans leur tendre enfance, si William est un enfant un peu turbulent, Harry est en effet plus calme. En grandissant, l'aîné deviendra très studieux et respectueux du devoir comme son père, quand Harry plus fun appréciera moins le protocole. Les garçons sont dingues de leur mère. William deviendra très protecteur en grandissant. Il la console quand il y a des disputes et veut être policier pour la protéger des paparazzi. Son premier devoir est de veiller sur sa mère, pense-t-il. Grand cœur comme sa mère, William est doué d'une grande empathie et d'une belle sensibilité. Deux qualités qui, sans nul doute, feront merveille sur le trône.

Si les petits princes veulent protéger leur maman, ils sont bien jeunes pour assumer une telle tâche. Alors sur qui la princesse peut-elle compter ? Très entourée, elle se retrouve finalement peu soutenue. Famille et belle-famille, même combat. Personne n'a vraiment envie de s'occuper d'elle… « Nous aimerions lui en parler, mais elle n'accepte pas facilement les conseils », se plaint presque sa sœur aînée. Mère, grand-mère, belle-mère, toutes les femmes qui l'entourent subissent un héritage familial lourd et sont des professionnelles des émotions refoulées. Comment trouver un modèle ?

Pendant qu'elle sombre dans ses problèmes conjugaux, sa famille continue son déballage. Lors du mariage de son frère en septembre 1989 avec Victoria Lockwood, l'ambiance est des plus tendues. Son père et sa belle-mère ne disent même pas bonjour à sa mère. C'en est trop ! Diana craque. Pourquoi diable même en ce jour heureux ne peuvent-ils pas mettre leur querelle de côté ? Raine défend son mari : « Vous n'imaginez pas la peine que votre mère a faite à votre père. » Diana explose. « De la peine ? Raine, voilà un mot dont vous n'avez aucune notion. Dans mes fonctions, je vois des gens souffrir comme vous ne le verrez jamais, et vous appelez cela de la peine ? Vous avez beaucoup à apprendre. »

Diana a contenu sa haine de petite fille depuis tant d'années. « Vous avez détruit notre vie de famille, vous avez fait du bon boulot, vous nous avez vraiment rendus malheureux, j'espère que vous êtes contente de vous. » Frances fut touchée que, pour une fois, l'on prenne sa défense. Quant à Raine, elle est restée stoïque, ne comprenant pas les réactions de sa belle-fille. Elle savait les difficultés auxquelles avait dû faire face Diana. Elle ne connaissait pas toute l'histoire. Était-ce bien utile de la lui raconter ? John n'adressera plus la parole à sa fille pendant plusieurs mois. Diana perdra ainsi un précieux confident. Quand en 1992, John décède, le frère de Diana, qui a la rancune tenace, expulsera sa belle-mère d'Althorp avec ses affaires dans des sacs-poubelles… Elle décidera de ne pas se battre et de ne jamais commenter publiquement les tensions avec ses beaux-enfants. Ce n'est que bien longtemps après la disparation de Diana que Raine se confiera sur leurs relations. Elles s'étaient apaisées et Diana venait quelques fois trouver du réconfort auprès de Raine qui compatissait aux pressions qu'elle subissait. La princesse l'avait remercié de s'être occupé de son père, « je sais que vous l'avez beaucoup aimé », dira-t-elle. Plusieurs lettres confirment qu'elles échangeaient des mots réconfortants.

En juin 1993, c'est avec sa grand-mère maternelle que Diana décide de s'expliquer. Cette dernière avait pris le parti de Charles depuis bien longtemps, reproduisant la trahison familiale. Selon elle, sa petite fille « avait provoqué une séparation qui les couvrait de honte. Elle avait trahi la monarchie ».

Depuis les propos de sa grand-mère, elles ne s'étaient plus adressé la parole. Diana ne pouvait pas entendre que celle qui l'avait pourtant mise en garde sur les difficultés d'un mariage royal ne l'ait pas défendue ! Diana décide de forcer sa grand-mère à écouter sa version des faits. Si elle comprend sa loyauté envers la couronne, cela n'enlève rien à ce qu'elle a vécu. Lady Fermoy, glaciale, interroge sa petite fille : pourquoi lui raconter cela maintenant ? Parce qu'être honnête allège. Trois semaines plus tard, Lady Fermoy n'était plus, partie à l'âge de 84 ans.

Son petit frère dont elle avait été proche à l'adolescence la délaisse à son tour. Ils ne se fréquentent que rarement, mais sont en bons termes. Au moment de la séparation, elle n'a plus de maison de campagne et cela lui manque pour les garçons. Charles se ravit de lui mettre à disposition la Garden House sur les terres d'Althorp. « Je comprends que tu as besoin d'une maison de campagne et suis heureux de pouvoir t'être utile dans la mesure où cela ne perturbera pas trop la paix du domaine. La Garden House semble correspondre parfaitement à tes besoins. » Effrayé par la presse et les allers-venues, il change brusquement d'avis, pour préserver sa famille, lui explique-t-il. Verte de rage, Diana lui écrit une lettre acerbe après s'être disputée avec lui au téléphone. Cet abandon la blesse. Quel égoïsme ! Charles tente de se réconcilier en lui renvoyant la lettre sans l'ouvrir. Elle ne veut plus lui parler trop peinée de son manque de compassion. Leur relation se terminera définitivement quand il lui demandera officiellement de rendre le diadème des Spencer qu'elle avait porté pour son mariage. Considérant en être le propriétaire légitime, il voulait l'offrir à Victoria. Diana le lui rendra la mort dans l'âme. C'était cruel de sa part. Même la reine ne lui avait pas demandé de restituer le diadème des Windsor qu'elle lui avait offert en cadeau de mariage. Quelle mesquinerie ! Ils ne se réconcilieront jamais vraiment après cela. Elle expliquera en quelques phrases l'inutilité de sa famille dans ses moments difficiles à Morton : « Ma sœur Jane est d'une solidité à toute épreuve. Si vous l'appelez pour lui raconter un drame, elle vous répond "mince, Duch, mais c'est terrible, triste, atroce" et elle se met en colère. Mais elle ne fait rien pour que cela change alors que ma sœur Sarah pense. “Pauvre Duch, c'est moche, ce qui lui arrive”, mais elle n'en parlera jamais. Quant à mon père, il dit “n'oublie pas que nous t'aimons” ; et ne lève pas le petit doigt tandis que ma mère m'envoie des lettres quand ça lui chante. »

Sa famille ne lui était donc d'aucun secours, pas plus que la famille royale. C'est pourquoi, quand Sarah Ferguson entre dans la famille en épousant Andrew, Diana se sent soudain soulagée. Les deux pièces rapportées – qui ne rentrent pas dans le moule – trouvent compassion et soutien l'une en l'autre. La duchesse d'York est confrontée aux mêmes déboires que sa belle-sœur : rejet du personnel, difficulté à s'intégrer. De surcroît, c'est une roturière et une dévergondée ! Fergie offre à Diana un temps de répit médiatique. Elle essaie d'ailleurs de s'inspirer de sa manière de gérer les médias, c'était selon elle « la meilleure publicitaire de l'histoire ».

Les deux décident d'unir leur force pour survivre à tout ce protocole démodé. Bien évidemment, leurs blagues et leurs comportements, souvent puérils, ne sont pas du goût de tout le monde… À ses côtés, Diana entre dans une forme de crise d'adolescence tardive. « J'adorais sa façon d'être un peu cinglée », dira Fergie. Les premiers temps sont une réelle bouffée d'oxygène pour Diana. Très vite, elle comprend que sa belle-sœur est une menace pour son équilibre déjà bien précaire. La jeune duchesse, à l'enfance difficile, n'a pas une grande confiance en elle. Elle développe un complexe d'infériorité dont la presse ne manque pas de s'emparer. En les comparant sans cesse, elle attise une rivalité naissante. Si comme, souvent aux yeux du monde, Diana est l'incontestable vainqueur, en famille, elle perd une nouvelle fois. Sa campagnarde de belle-sœur se fond dans le décor de Balmoral à la perfection pour le plus grand bonheur de la reine et du duc. « Subitement, tout le monde disait “oh, elle est merveilleuse”. Un souffle d'air frais, elle est plus amusante que Diana. Diana écoutait donc, elle apprenait bien sa leçon. J'étais en proie à des doutes immenses, je songeais peut-être que je devrais davantage ressembler à Fergie, mon mari disait, j'aimerais bien que vous soyez aussi joviale que Fergie. [...] J'ai fait tellement de tentatives pour ressembler à Fergie. »

Diana s'imagine suivre ce vent de liberté. La famille royale adore Fergie, c'est l'exemple à imiter. Diana a besoin d'exprimer sa jeunesse, de la vivre. Voici les *Wicked Wives of Windsor*[1] en action ! Diana entre dans une phase frivole aux côtés de sa très controversée belle-sœur. Cela se retourne contre elle. La presse n'aime pas du tout cette alliance qu'elle juge bien en deçà de sa princesse de conte de fées. Elle, c'est la future reine. Les sorties en chaîne, les amis un peu trop proches et les tenues provocantes commencent à faire jaser. Diana s'est rendue vêtue d'un pantalon de cuir à un concert de David Bowie ! La famille royale commence à voir d'un mauvais œil cette proximité et les attitudes qui vont avec. Une fois de plus, Diana se trompe. À elle, on ne pardonne aucun faux pas. Leur amitié se délite. « Je suis devenue affreusement jalouse d'elle, et elle de moi. Je n'arrivais pas à comprendre, elle se plaisait là où elle était alors que je me battais pour survivre », avouera Diana. Non, ce n'est encore pas là qu'elle trouvera du soutien. Et elle n'a plus l'intention d'en fournir non plus. « Je savais qu'elle finirait par tourner casaque et demander comment diable la tuer pour survivre aussi longtemps. Cela fait maintenant deux ans qu'elle me pose la question. Je ne donne jamais d'explication, je me contente de répondre que j'ai réussi. » Lors de sa conversation avec James Gilbey à la fin de l'année 1989, la position de Diana apparaît clairement. Elle a su par son ami Jimmy Savile le producteur que Charles l'avait contacté pour aider Fergie. Diana n'a aucune intention de l'aider. Pour elle, il n'y a plus aucune comparaison possible

1. Les Méchantes Épouses de Windsor.

avec sa belle-sœur : « *S*i tu veux être comme moi, tu dois souffrir d'abord. »

Après des années à cacher son secret sans avoir réussi à la partager à ses proches, la princesse de Galles veut hurler sa douleur au monde entier. Ils doivent savoir. Elle doit parler. Raconter pour survivre.

Toute la complexité de la vie de la princesse s'explique dans l'intrication même de sa personnalité. L'aspect que l'on connaît le moins de Diana est probablement celui de la princesse enjouée. Sans cette destinée exceptionnelle, Diana Spencer aurait peut-être été simplement *comme tout le monde*. Sa spontanéité et son authenticité lui permettaient de nouer des rapports purs. Diana aime la vie. Ses proches la décrivent : fraîche, gaie, enthousiaste, chaleureuse, éclatante ! Que la vie l'épargne ou non, la princesse garde son merveilleux sens de l'humour. Elle rit facilement et aime faire rire. Presque enfantine par moments, elle amuse sa famille et ses amis. Elle aime prendre les gens au dépourvu, les taquiner, faire des blagues. Elle a aussi un don d'imitation hors pair ! Ses victimes sont nombreuses : professeurs, domestiques, grands personnages, ministres, prêtres, même la reine ! Cette dernière n'ayant pas beaucoup apprécié, Diana chercha d'autres modèles. Rire sera sûrement son arme suprême. D'abord, car son sens de l'autodérision lui permet de gérer sa confiance en elle. En se moquant d'elle-même, elle devient accessible et se protège de toute attaque. Sa repartie – son mordant, diront certains – lui offre de belles manières de remettre en place les inconvenants ! Enfin, le rire est son moyen de faire face à la pression ou de dédramatiser. Rire pour survivre. Rire pour conjurer la tristesse.

Malheureusement, le rire ne fonctionnera pas toujours. La princesse est sensible, trop sensible, dit-on. Il est vrai que la petite Diana a toujours été timide, secrète, parfois même fuyante. Très polie et rougissant facilement, elle reste souvent en retrait. Pas coincée pour autant, elle s'ouvrira en mûrissant, mais conservera cette dimension de mystère. La princesse est surtout très intuitive. Son hypersensibilité est un don autant qu'un fardeau. Si cette intelligence émotionnelle hors norme lui permet de lire l'autre et de l'aider, c'est aussi la principale source de son instabilité. Sa clairvoyance va de pair avec une tendance paranoïaque.

Abandonnée ou rejetée par ses plus proches, Diana nourrit un besoin immense de reconnaissance et d'approbation. Solitaire par habitude autant que par nature, la princesse cherche dans le regard de l'autre l'adulation qui lui permettra de se sentir aimée. « Ils m'aiment parce que je suis la princesse de Galles. » Sa mélancolie ne la quittera jamais vraiment au fil des années. Ses grands yeux bleus garderont toujours la marque de la souffrance.

Pourtant, la princesse survivra. Son courage n'a d'égal que sa détermination. Cette énergie, communicative et sa force intérieure en font un être battant. Si elle fait des allusions dans ses gestes et paroles à ses malheurs, si parfois elle met en scène sa tristesse, profondément, elle ne se confie ni ne se plaint jamais. Il faut faire face. En cela, elle a compris que son rang lui impose d'être solide, de ne pas craquer, au moins publiquement.

Diana s'est toujours considérée comme idiote. Elle n'est peut-être pas très cultivée dans les premiers temps et ce n'est pas une intellectuelle, mais elle est très intelligente. Elle a cette intelligence brute doublée d'une forte capacité d'adaptation et de travail. Consciencieuse, elle fait preuve d'un grand professionnalisme. Impliquée, et pas superficielle, elle s'engage sans compter. Grâce à son bon sens et son envie d'action, elle fait la différence. Elle marque les esprits. Dotée d'une très bonne mémoire, elle n'oublie jamais les histoires, les prénoms, les anniversaires. Elle comblera ainsi très vite les lacunes de son inculture initiale.

C'est en tout cela que la princesse est complexe : timide et spontanée, clairvoyante et aveuglée par ses émotions, peu cultivée et très maline. Par-dessus tout et c'est ce qui conditionnera la fin de sa vie, Diana est rebelle. C'est un esprit libre, une impulsive ! Femme de défis, elle peut se montrer intransigeante, voire capricieuse, avec un entourage si, selon elle, il l'abandonne ou la trahit. Affranchie du protocole, elle sait aujourd'hui que se livrer est sa meilleure arme.

L'ambiance à l'aube de l'année 1992 est au pire : discussions tendues, disputes, coups bas, tout est permis entre les Galles. Les cabinets et les personnels eux-mêmes nourrissent cette guerre. Diana étouffe. Le système royal l'entrave. Elle veut son indépendance. Elle s'agace d'être surprotégée. Pourtant ses proches ne la protègent-ils pas d'elle-même ?

6

La scandaleuse

La princesse Diana sent monter en elle une furieuse envie d'indépendance. Cela fait trop longtemps qu'elle subit cette situation. Pire que de ne plus supporter le comportement de Charles à son égard, c'est son manque de considération envers les enfants qu'elle abhorre. Quant à l'hiver 1991, William se blesse à l'école, Diana, morte d'inquiétude l'accompagne à l'hôpital et le veille. Son mari ne daigne pas modifier son emploi du temps. Inadmissible ! Que peut-il avoir de mieux à faire que d'être au chevet de son fils blessé ? Apparemment assister à un opéra avec des ministres et des représentants écologistes européens…

Sentant la situation, se tendre chaque jour un peu plus, la reine suggère de célébrer les dix ans de mariage des Galles. Ce qu'elle veut surtout, c'est mettre sur pied une opération de presse pour redorer le blason de son fils. Diana ironise. Si c'est de la médiatisation qu'ils cherchent, autant fêter l'union de Charles et Camilla, il y aura plus de bougies ! Elle est usée de cette mascarade du mari aimant. Elle, le peuple l'adore. Elle n'a pas besoin de faire bonne presse. Pourquoi rendrait-elle service à son mari ? Non, elle ne fêtera pas ses noces d'étain. Pas plus qu'elle ne souhaite célébrer ses trente ans en grande pompe malgré la proposition de Charles.

Si les choses se sont apaisées, du moins publiquement, la vie n'est pas simple pour autant. Plus personne ne parle de ses présumées frasques nocturnes et elle poursuit sa vie entourée d'amis fidèles : Armand Hammer, Walter Habbeberg Marie Kinsky du Liechtenstein, Anne Beckwith, Carolyn Bartholomew. Dans l'intimité, les disputes sont permanentes. En public, la bataille reprend et devient féroce. Diana la gagne sans combat. Dans l'été, Diana assiste au Requiem de Verdi au Royal Albert Hall, sponsorisé par le *Sunday Times*. Elle était attendue seule, mais Charles décide de venir aussi. Quand à la fin de la représentation, Diana salue le public, c'est sous un tonnerre d'applaudissements qu'elle quitte la salle. Si d'une part « sa détermination de Spencer » lui interdit d'apparaître fatiguée, son assurance la pousse à se jouer des médias. Elle met délibérément en scène sa tristesse et sa frustration. Montrer sa souffrance est une manière de prendre les commandes, de ne plus simplement subir. Pendant des années, les attachés de presse mentent aux médias pour sauver les apparences. La popularité de Diana a tellement fait monter la côte des potins royaux que tout est devenu ingérable. Les employés vendent des informations et les médias, las d'être baladés depuis si longtemps, s'en donnent à cœur joie ! Les Galles, faut-il préciser, leur offrent de la matière…

L'émancipation de Diana est en marche. En septembre 1991, elle se rend pour la première fois seule à l'étranger. Au Pakistan, la princesse tient à prouver qu'elle est capable de remplir son rôle d'ambassadrice sans le prince à ses côtés. Bien que controversé pour sa dimension politique, ce voyage est une spectaculaire réussite. C'est avec grand professionnalisme qu'elle l'avait préparé : choix de ses tenues et de son parcours, mémorisation de ses points de passage, attentions aux autres. Les commentaires de la presse sont élogieux. Si dans la vie privée, elle peut se montrer instable et vulnérable, dans son rôle public, elle est intouchable ! De là-bas, elle écrit à son majordome. Elle lui envoie une citation : « Beaucoup aiment Dieu… Et sillonnent les jungles à sa recherche. Ma préférence va à ceux qui aiment ces créatures : les êtres humains. »

Nul doute qu'elle ne l'avait pas choisie au hasard. Il en sera de même à deux reprises en 1992. En février, le couple princier se rend en Inde. Chacun a son propre programme. Diana visite entre autres l'orphelinat de Mère Teresa qu'elle admire tant. Elle saisit l'occasion d'assener un nouveau coup à son mari en mettant en scène une photo qui fera beaucoup parler. Assise devant le Taj Mahal (palais cadeau d'un sultan à sa princesse symbole d'amour par excellence), la princesse pose sur un banc vieux de 339 ans qui après son passage sera rebaptisé « le banc de la princesse Diana ». Elle porte une veste couleur de l'amour. Derrière elle, le somptueux palais se dresse. Ses quatre tours encadrant un vaste ensemble attendent la princesse. Elle paraît si fragile et petite devant l'ampleur de ce monument. Pourtant, on ne voit qu'elle. Sa force irradie. « C'est une expérience très apaisante », confie-t-elle à la journaliste Judy Wade.

La ruse a fonctionné. Pourquoi la princesse est-elle seule ? Lors du même voyage, Charles participe à un match de polo où Diana doit remettre les prix. Quand elle tend son trophée au prince, il ne l'embrasse pas. Un pur oubli, dira son attaché de presse, Dickie Arbiter. Diana humiliée détournera la tête quand le prince reviendra pour rectifier son erreur. Son baiser atterrit sur l'oreille de la princesse. Une humiliation ! Une fois n'était pas coutume, Diana s'était vengée. En mai, elle se rend au Caire et les retombées sont sensationnelles. La princesse représente un atout diplomatique majeur. Sur cet aspect, aucune critique de l'establishment ne peut l'atteindre. Même en représentation officielle, elle se plaît à bousculer le protocole. En prenant la pose pour une photo devant le Nil, elle s'exclame aux côtés d'un ambassadeur de Grande-Bretagne interloqué : « N'approchez pas trop près, il a fait chaud aujourd'hui ! » Un soir, elle organise une fête d'anniversaire pour son coiffeur, Sam McKnight, qui finit au champagne dans la piscine !

Au printemps 1992, la princesse rend visite à son père à l'hôpital avant d'aller skier avec les garçons en Autriche. Il meurt quelques jours plus tard d'une pneumonie à l'âge de 68 ans. C'est Ken qui lui annonce, Charles n'ayant pas eu envie de se donner cette peine. Elle est anéantie. Orpheline, elle ne veut pas de Charles à ses côtés. Elle n'a pas du tout envie de le laisser jouer les maris attentionnés et d'organiser son opération de relations publiques alors qu'elle souffre. La reine sait que l'opinion ne supporterait pas l'absence de Charles et demande à Diana de l'accepter. Comment refuser quoique ce soit à la reine ? Elle avait trouvé les mots.

Dans les années 1990, la princesse a appris à manier l'art de la rhétorique. Pendant longtemps une grande contradiction plombe ses relations publiques. Elle connaît le pouvoir de son image, mais n'aime pas prendre la parole. Maladivement timide, elle lutte pour s'exprimer. Pas les bons mots ni les bons accents. Heureusement qu'elle possède un grand sens de l'autodérision. Elle s'entourera de plusieurs professionnels pour parfaire ses compétences : Lord Attenborough pour la rédaction de ses discours, Dickie Arbiter et Alastair Burnet pour la diction, puis Peter Settelen pour vaincre sa timidité et poser sa voix. Maîtrisant ses sujets sur le fond, avec le temps, elle parvient à ajouter des touches personnelles, à adapter ses messages, laissant les points techniques ou politiques pour parler avec le cœur. Agacée par les attaques permanentes sur son intelligence, elle ne perd pas une occasion de remettre les choses à leur place. Elle assiste à une soirée donnée par

Literary Review dont le rédacteur en chef s'était moqué de son absence de goût littéraire. La princesse timide est loin. Elle prend la parole avec affirmation.

> *« Certains se sont demandé : pourquoi Diana ? Il est notoire. Participer à ce genre de réunion. Aussi entre mes séances de thérapie et mes rendez-vous secrets, j'ai préparé cette réponse.*
>
> *La princesse tient à vous dire.*
> *Que des ragots, elle n'a cure.*
> *La seule source qui l'inspire,*
> *C'est Bron par son écriture.*
> *Que vos tabloïds l'affichent*
> *La princesse leur dit chiche. »*

Ovation instantanée et presse galvanisée. Diana a fait mouche ! Diana a compris que son image sera son salut. Alors, outre l'art oratoire qu'elle commence à maîtriser, elle décide d'affirmer son look. Le style est un outil politique. Si au début, elle a travaillé avec de jeunes créateurs comme Jasper Conran, Arabella Pollen, Victor Edelstein, Bruce Oldfield, désormais elle se tourne vers les grands noms de la mode internationale : Gaultier, Mugler, Dior, Versace, Moschino, Escada, Valentino, Chanel, Yves Saint Laurent. Ses difficultés avec le protocole vestimentaire sont un lointain souvenir. La mode internationale est en pleine effervescence, célébrant la femme moderne, conquérante et Diana veut en être. Les top models sont des femmes libres et quelques égéries des *nineties* portent ce vent d'émancipation. « Dès le début des années 1990, elle se tourna de plus en plus vers les stylistes comme Versace et la haute couture internationale et sexy. Elle a toujours eu un goût très développé pour la mode. Si au début, elle ne savait pas toujours s'en servir à bon escient, vers la fin de sa vie, elle était parfaitement au point en matière de style. Ce fut une sorte de libération », explique le créateur Jacques Azagury.

Ainsi, son style s'affirme, à l'aube de sa trentaine, elle sait ce qui lui plaît, la met en valeur et elle l'assume. Elle travaille son corps. Elle mincit et se muscle. Elle a besoin de se sentir sexy. Son dressing contient des centaines de toilettes, toutes triées par type et couleurs et des centaines de paires de chaussures assorties. Une arme massive. En 1991, *Time* titre sur son voyage en Australie : « Elle est venue, elle était vêtue, elle a conquis. » Elle pose la même année en couverture de *Vogue*. Coupe courte, regard affirmé. La princesse a son destin en main.

La presse comme son entourage l'incitent à retrouver un style plus sobre, plus chic, mais Diana a parfaitement compris qu'elle intéresse plus en étant provocante ! On critique son côté tape-à-l'œil. Des jaloux. Une princesse qui a l'air d'une star, cela dérange. Le très chic magazine *Taller* s'en offusque : « La vraie Diana acceptera-t-elle un jour de se comporter, de s'habiller comme une princesse ? » Elle est trop sexy. Son maquillage est trop voyant. C'est un appel aux hommes. Du sexisme primaire ! Une femme se maquille donc pour plaire. Une femme se maquille pour provoquer.

Barbara Daly, sa maquilleuse, analyse pourtant finement sa cliente : « Elle élabora petit à petit son propre style. Elle savait que les gens s'attachaient à la façon dont elle allait se présenter, ce qu'il remarquerait en elle et ce qu'il retiendrait de ces centres d'intérêt. Elle était d'une grande exigence, d'une grande rigueur. Il n'était pas question pour elle de s'accorder la moindre faute professionnelle. » Être une icône de la mode est un moyen pour une fin, en aucun cas une fin en soi. Azagury abonde en ce sens : « Son look comptait pour elle. Elle voulait être jolie, car elle savait que les gens y attachaient de l'importance. Qu'elle inaugure une œuvre de charité ou rende visite à une maison de retraite, les gens faisaient la queue pour voir ce qu'elle portait, quel style elle avait choisi, comment elle était coiffée. Cela faisait partie du job de princesse. Cela peut paraître un peu frivole, mais ses intentions étaient sincères. »

Diana est reconnue pour ce que les connaisseurs appellent le *Classic with a twist*. Son style, qui se dépouillera encore un peu plus après son divorce, sera suivi plus tard par d'autres princesses. Vogue aura la parfaite phrase en parlant d'« un style anglais réfléchi à travers une sensibilité non anglaise ». La princesse est sublime en tenues *casual* (jean, blazer, chausses plates) autant qu'en robe de soirée courte griffée et talons aiguilles interdits !

Elle fait de plus en plus sensation sur la scène médiatique, mais son quotidien est toujours aussi triste. Diana passe le plus clair de son temps seule à Kensington Palace. Sa vie est presque banale. Le soir, elle s'enfonce dans son canapé devant une série TV emmitouflée dans sa robe de chambre. Agréable et faisant bonne figure toute la journée, elle pleure. Quand Paul la surprend, elle lui explique qu'elle a besoin de libérer ses émotions. C'est normal, « on a tous besoin de pleurer de temps en temps ». Le week-end, elle organise des dîners ou des barbecues, parfois pour le personnel. Le mot d'ordre est de se détendre, la princesse elle-même range ! En de rares occasions, elle essaie d'exprimer son côté rebelle en sautant tout habillée dans la piscine. Le pire est à venir. « Je me sens mieux parée à tout ce qui pourrait nous arriver », écrit-elle à son ami James Colthurst. Elle sait qu'un ouvrage sur elle est en cours de rédaction par Lady Colin Campbell, *Diana in Private*. Bien que très controversée, Lady Campbell est surtout bien renseignée ! Quelque temps auparavant, Diana lui avait accordé beaucoup d'interviews, car elle avait pensé la solliciter comme biographe officielle. Elle sait que des amis intimes de Charles ont contribué à l'ouvrage. Cela ne présage rien de bon. Les relations entre elle et le prince sont au plus mal. En interne, personne ne l'ignore et tous déplorent de les voir si malheureux. Une véritable guerre des tranchées. D'un côté, un Charles jaloux et capricieux de ne pas avoir la main sur son destin et celui de sa femme. De l'autre, Diana jalouse et blessée déterminée à l'ignorer et à prendre en main sa vie. Les employés rapportent qu'ils étaient incapables de se parler normalement, cela devenait irrespirable. À part lors des moments officiels incontournables ou devant les enfants, les coups bas sont la règle. Campé chacun sur leur position, aucun ne prendra d'initiative. Charles ne brisera pas le protocole en la quittant et Diana ne supporterait pas l'injustice de devoir perdre son rôle et ses titres. La guerre commence seulement.

Cette bagarre permanente est épuisante. Endeuillée, harcelée, acculée, la princesse cherche à remonter à la surface. Diana se confie à James. C'est un ami de très longue date. Il restera longtemps proche de la princesse, dont il semblait amoureux. Il la conseille en matière de communication et l'aide à écrire certains de ses discours. Elle a besoin de se raconter. Elle veut trouver une solution pour partager son histoire. Écrire une autobiographie serait bien trop dangereux. Le peuple sera de son côté, mais il y a trop à perdre. Se livrer est une manière de faire face à cette situation infernale dans laquelle elle se sent piégée.

L'entourage de Charles veut la faire passer pour folle. Elle ne se laissera pas faire. Elle est plus forte que ça ! C'est aussi une façon de tenter l'ouverture d'un dialogue, comme un ultime appel au secours pour faire comprendre ce qu'elle vit aux côtés de son mari depuis une décennie. Ce n'est pas une provocation, une psychothérapie publique au mieux. Après avoir raconté sa version, la princesse sera soulagée, c'est certain. Mesure-t-elle seulement qu'elle va ouvrir la boîte de Pandore ? Elle a décidé de parler, mais à qui ? Au début des années 1990, Andrew Morton, journaliste quasiment inconnu écrit *Le Journal de Diana.* Il s'imagine ce qu'écrirait la princesse à son journal intime. Morton avait rencontré James et Diana lors d'un reportage à l'hôpital

St Thomas. Un peu sournois et marginal, il n'était pas vraiment en faveur de la monarchie. Régulièrement, il écrivait des articles élogieux pour la princesse et accablants pour le prince. C'est ainsi que les deux amis ont pensé faire appel à lui. L'éditeur Michael O'Mara demande des preuves de la liaison de Charles et Camilla. Diana fournit quelques lettres d'amour volées pour attester de sa bonne foi. Il accepte. Morton écrit les questions qu'il donne à James. Pendant plusieurs semaines, Diana enregistre ses confidences. Après leurs entrevues, James va livrer les cassettes au bureau de Morton. Quelques mois plus tard, ces bandes seraient transformées en best-seller. À cela s'étaient ajoutées des confidences de certains de ses amis proches qu'elle avait autorisés à collaborer. « Quand elle voulait quelque chose, il était difficile de l'en dissuader », confie James. Tous pensaient qu'elle avait besoin que la vérité éclate au grand jour.

Si Morton se revendique détenir les mémoires officielles de la princesse, son livre n'est en aucun cas une autobiographie. Elle était blessée et avait besoin de réconfort. C'est d'ailleurs ce qu'elle trouvera dans les réactions du peuple anglais après la parution du livre. Sa souffrance et son envie de vengeance avaient eu raison d'elle. Elle avait réagi à chaud sans réfléchir aux conséquences d'un tel déballage. James avait même refréné certaines de ses ardeurs, car elle était « très en colère ». Il ne fallait pas qu'elle attaque trop de personnes. Cela aurait renforcé son image d'hystérique paranoïaque.

Dès la parution des premiers extraits, les regrets envahissent Diana. Elle a un peu exagéré. Certains de ses propos ont été déformés ou amplifiés. Elle est contrariée, mais le mal est fait. Cette image de martyr ne lui plaît pas du tout. S'il est vrai qu'elle est sensible et vulnérable, c'est avant tout une battante, une femme de caractère. Colère et peine tempêtent dans ses pensées. À la lecture du livre, elle a la désagréable sensation d'avoir été manipulée. Elle a été impulsive ! Quelle idiote ! Ses amis ont cru malin de la présenter comme une victime isolée et tourmentée… Avec le recul, ce n'était certainement pas la bonne stratégie… Elle reconnaîtra en 1995 son implication indirecte et expliquera la position dans laquelle elle se trouvait à l'époque. « J'étais à bout de souffle, désespérée. Je pense que j'en avais tellement marre d'être considéré comme un cas désespéré, parce que je suis une personne très forte et je sais que cela entraîne des complications dans le système dans lequel je vis. » Andrew Neil le rédacteur en chef *Sunday Times* avait acquis ces extraits pour 250 000 livres. C'est ainsi que le 7 juin 1992, une véritable bombe médiatique explose. « Diana poussée à cinq tentatives de suicide par l'insensibilité de Charles ; le délabrement de leur mariage l'a rendue malade : la princesse affirme qu'elle ne sera pas reine. » De nombreux amis intimes de la princesse sont cités, elle a forcément donné son aval. Ce qui est dit est forcément vrai ! Les attachés de presse successifs ont fait tant d'efforts pour nier les histoires terribles au sein du couple princier, et là tout s'étale dans les colonnes de l'hebdo à succès. Une violente dispute éclate au téléphone entre Charles et Diana.

C'est Dickie Arbiter, en charge des relations presse, qui l'appelle. La princesse nie son implication. « J'avais le sentiment qu'elle ne disait pas toute la vérité. Je n'allais cependant pas l'accuser de me mentir. J'ai partagé notre conversation dans les médias et je suis persuadé que personne ne m'a cru. […] C'était douloureux d'en être le témoin ». La princesse est paniquée. « Qu'est-ce que je fais Dickie ? » Rien, il n'y a plus rien à faire. Le mal est fait. N'en parler à personne, voilà l'unique conseil qu'il lui donne. Et de se servir un grand verre de scotch ! « La princesse ne pouvait rien faire si ce n'est de rester silencieuse. […] L'année se profilait comme un cauchemar. »

Au même moment, elle avoue au patron de presse David Puttnam ses angoisses sur ce qui l'attend : « J'ai fait quelque chose de vraiment stupide. J'ai permis qu'on écrive un livre. Je pensais que c'était une bonne idée, une façon de tirer les choses au clair, mais maintenant, je pense, c'est une connerie, qui va provoquer des problèmes terribles. J'aimerais rembobiner le film. Je n'ai jamais rien fait d'aussi idiot de ma vie. » Son couple était au plus mal. Il se désagrégeait presque de manière inversement proportionnelle à sa popularité. Si leur malheur abreuve la presse à scandale, jusqu'à la parution de ce livre, personne ne sait vraiment ce qu'il se passe dans l'intimité des Galles. La presse accueillera de manière mitigée le livre. Elle se sent à la fois trahie par Diana, qui ne leur a pas confié tous ces détails, et, en même temps, ce livre corrobore tout ce qu'elle colporte depuis des années. Si le désir de revanche de Diana était compréhensible, là, on changeait de dimension. Il était loin le temps des petites phrases dans les journaux qui disparaissaient aussi vite que les exemplaires papier sur lesquelles elles étaient imprimées. Là on parlait d'un livre. 250 pages. Dans tous les rayons. À vie, les phrases resteraient[1]. Son désarroi face à la publication ne l'empêchera pourtant pas de réitérer son erreur avec la BBC en 1995. Dans les deux cas, plus qu'une envie de vérité, ces confidences étaient un appel au secours, une manière de se rassurer.

À Highgrove, le prince Charles est hors de lui. Jamais il n'aurait pu imaginer sa femme capable d'une telle trahison. « Jamais je ne lui pardonnerai », peste-t-il. Comment avait-elle pu ? Être infidèle oui, parler à la presse jamais ! Il écrit une note au personnel : « Je ne veux pas revoir ce journal dans la maison. Quant aux journaux à scandale, si quelqu'un désire les lire, qu'il aille se les procurer lui-même. Et cela vaut aussi pour Son Altesse Royale. » Cela faisait déjà quelque temps que la presse l'irritait. « La dernière chose dont j'ai envie, c'est de me lever le matin et de lire ce que ma foutue cinglée de femme a encore fabriqué. »

1. En effet, le livre remporte un franc succès et devient rapidement un best-seller. 7 millions d'exemplaires seront vendus dans plus de 80 pays.

Cette fois-ci, elle avait frappé fort. Peut-être un peu trop fort… La veille de la parution des extraits, Robert Fellowes, le beau-frère de Diana travaillant auprès de la reine, s'entretient avec le *Sunday Times*. Il est de courtoisie d'annoncer ce que le palais pourra lire demain dans leurs colonnes. Fellowes interroge Diana, qui lui assure n'avoir pas collaboré. Une dizaine de jours plus tard, le livre d'Andrew Morton, *Diana, sa vraie histoire* est partout. Au sein de la famille royale, c'est le choc. Comme avait-elle pu ? Après avoir nié pendant plusieurs jours, elle sera forcée de reconnaître son implication. Elle fut plus que jamais ostracisée. C'est une traîtresse. Voilà tout. Seules les princesses Anne et Margaret, qui comprennent les femmes bafouées, lui offrent un peu de compassion. Il est faux de dire que Diana ne s'est jamais entendue avec les autres femmes de la famille royale. Elle n'en était pas particulièrement proche, mais elle a toujours eu beaucoup de respect et d'affectation pour sa tante et sa belle-sœur. La presse a voulu créer des tensions entre Diana et Anne, notamment car cette dernière n'avait pas été choisie pour marraine d'Harry.

Diana aimait beaucoup la princesse : « On a toujours raconté que nous avions une relation compliquée. Je lui vaux une immense admiration. Je ne m'encombre pas et lorsque nous nous voyons, je ne lui cherche pas d'histoire et elle non plus. […] Je suis heureuse de la voir quand je la vois, son esprit me stimule. Elle me fascine, elle est très indépendante, elle a suivi sa propre voie. » Quant à la sœur de la reine, si les premiers temps, Margaret ne l'apprécie pas vraiment, car elle est un peu trop médiatisée à son détriment, très vite, elles se rapprochent. Diana s'inspire de son aînée qu'elle accompagne souvent à des événements officiels. « J'ai toujours adoré Margo comme je l'appelle, je l'aime sans condition et elle a été merveilleuse avec moi depuis le premier jour. » La princesse Margaret essaiera de l'aider jusqu'en 1995 où elle ne lui pardonnera jamais son déballage public.

Tout espoir de réconciliation est définitivement perdu. La princesse Diana est dépassée par les conséquences de ses propres actes. Désormais, la suite ne lui appartient plus. Elle se sent prise dans une lame de fond violente, enroulée dans l'écume, attendant simplement de s'écraser sur le rivage pour espérer reprendre son souffle. Même son secrétaire particulier est atterré. Il avait mis tant de cœur pour assagir l'image de la princesse faisant en sorte que la presse ne parle plus de son côté glamour et de ses tenues, mais uniquement de ses œuvres...

Peu de temps après, elle coupera les liens avec tous ceux qui ont contribué de près ou de loin à ce livre. C'était sa manière de se persuader qu'il n'avait pas existé ou a minima qu'elle n'y avait pas collaboré tant que ça. Elle s'éloignera de Carolyn, Angela, les deux James convaincus qu'ils lui avaient été déloyaux. Elle aura la preuve sur James Colthurst quand elle comprendra que ce dernier avait été payé pour servir de messager... On n'est jamais trahis que par les siens.

La princesse a la réputation d'être possessive et exclusive. Si Diana est très entourée et a beaucoup d'amis, son cercle intime est relativement restreint. En dehors de celui-ci, elle compartimente ses amitiés : déjeuners, vacances, enfants, œuvres. Un rôle bien précis est attribué à chacun. Avec les liens distendus avec sa famille, l'amitié est primordiale dans sa vie. Elle couvre ses proches de petites attentions et de cadeaux, symboles de son amour.

Entrer dans son cercle intime signifie une disponibilité 24 heures sur 24 sans faille. La princesse est méfiante à l'extérieur, mais ce cercle de privilégiés connaît tout de la vie. Si quelque chose la préoccupe, elle leur raconte en boucle. Ces relations sont souvent à sens unique et elle attend un dévouement total de ses proches. Elle n'hésite pas à rayer une personne de sa vie si elle se sent trahie ou abandonnée ! Un petit incident peut devenir un drame. « Il n'est pas un de ses amis avec lequel elle ne se soit brouillée un jour ou l'autre.

Je crois que c'était en partie dû à un comportement capricieux avec ses proches, surtout s'ils se permettaient de la critiquer », raconte la journaliste Vivienne Parry.

La dévotion qu'elle exige rend parfois ses relations complexes. Paradoxalement, Diana demande tout le temps des conseils à tout le monde, mais n'écoute personne. En recherche de l'opinion des autres et de leur approbation, elle ne supporte pas la critique. Ce n'est aucunement par ego, mais, car son manque de confiance en elle la rend incapable de faire face à ses propres lacunes. Déstabilisée si on la désapprouve, elle préfère fuir plutôt que d'affronter des reproches. Elle est incapable de distinguer les critiques déplacées des conseils de gens bien intentionnés. La moindre remarque peut transformer un ami en traître. Rancunière, la princesse trie ses relations : si vous n'êtes pas avec elle sans concession, vous êtes contre elle. Tous ceux qui la désapprouvent disparaissent.

Il en est souvent de même avec son personnel. Méfiante et très maniaque, elle se montre toujours exigeante. Elle peut s'emporter sur un détail et d'un seul coup tout devient terrible. La minute d'après elle fait preuve d'une attention sans borne se souvenant des anniversaires de chacun et étant là dans les moments importants. Ainsi, elle avait offert un cadeau avec un petit mot manuscrit pour la naissance des fils de Paul et Maria et s'était montrée très active lorsqu'il avait fallu organiser le rapatriement de la mère de Paul, décédée d'une crise cardiaque lors d'un voyage au Canada. Son fidèle majordome reconnaîtra que « les hauts étaient grisants, mais les bas étaient épouvantables ». Il fallait savoir être solide émotionnellement explique-t-il et « accepter la personne merveilleuse, complexe imparfaite, mais pleine de tendresse qu'elle était ».

Le livre devient un objet de séparation. La presse à scandale fait ses choux gras, la presse sérieuse dénonce une fiction et des méthodes bien peu scrupuleuses. L'ouvrage devient une illustration de la lutte des classes. Morton et Neil en sont les cibles principales. Ils revendiquent leur liberté d'expression ! À quel prix ? Pour eux, à leur crédit.

Lord McGregor, le président de la *Press complaints commission*[1] dénonce « l'odieuse outrance des journalistes qui trempent leurs doigts dans l'âme d'autrui d'une façon qui n'apporte rien au légitime intérêt du public pour la situation de l'héritier de la couronne ». La princesse est désespérée. Qu'imaginait-elle ? Que la famille royale regretterait ses actes et s'excuserait publiquement de ce qu'elle avait vécu ? Quelle naïveté !

Diana rencontre la reine et le duc. Elle leur fait part du « ménage à trois » dans lequel elle est enfermée, leur explique les souffrances qui l'ont poussé à se livrer ainsi. Elle ne veut pas divorcer, mais elle est à bout. Une séparation est peut-être une bonne solution pour tous. Un peu de temps pour apaiser les choses. Une séparation à l'essai. Qu'en pense-t-il ? La reine est affligée, Philip hors de lui. Charles reste de marbre face aux sermons. Ils doivent se ressaisir, faire les choses pour le bien de la couronne, protéger leurs enfants… Ils veulent sincèrement les aider. Ce n'est pourtant pas dans leur tempérament de se mêler des affaires d'autrui. La reine pense que le temps apaisera la situation. Si la famille royale la bat froid, le grand public, lui, couvre la princesse de Galles d'amour et d'empathie. Que la princesse était courageuse ! Reconnaître publiquement ses souffrances et ses maux force le respect.

L'été chauffe de leur bataille par presse interposée. Cela ne leur a donc pas servi de leçon ? Ils n'ont donc écouté aucun des sages conseils de la reine et son mari. La presse prend un malin plaisir à spéculer sur l'issue de leur mariage. Contrairement aux fois précédentes, Charles semble réellement touché. Presque mélancolique. À l'inverse, bien que la

1. L'équivalent du CSA en France.

situation ne s'améliore pas, Diana se sent un peu mieux. Elle recommence à manger, à dormir, à vivre.

Philip, qui aime beaucoup Diana, décide d'intervenir. Durant l'été, ils entretiennent une correspondance. « Si j'y suis invité, je ferai toujours de mon mieux pour vous aider, vous et Charles, du mieux que je peux, mais je suis tout à fait prêt à admettre que je n'ai aucun talent de conseiller matrimonial !!! », écrit le duc d'Édimbourg. Diana lui répond : « Très cher papa, j'ai été particulièrement touchée par votre dernière lettre qui m'a prouvé, si je ne le savais pas déjà, que vous vous en souciez vraiment. [...] Vous êtes très modeste quant à vos compétences en matière d'orientation conjugale et je ne suis pas d'accord avec vous. » Elle est très touchée de l'attitude du duc. Quelques vérités ne sont pas faciles à entendre. Il essaie de lui faire prendre conscience qu'être la femme de Charles n'était pas « simplement être une héroïne pour le peuple britannique ». Il ne ménage pas la princesse : « Peux-tu honnêtement te regarder au fond du cœur et dire que la relation de Charles avec Camilla n'a rien à voir avec ton comportement à son égard dans votre couple ? » Il essaie de lui montrer, parfois vertement, il le reconnaît « y être allé un peu fort dans [sa] dernière lettre », mais il n'existe pas qu'une version de l'histoire. Selon lui, le fait que Charles ait renoncé un temps à Camilla était « un sacrifice considérable [que la princesse] n'avait pas apprécié à sa juste mesure ». Sa jalousie et son espionnage ont rongé leur mariage. Elle savait qu'il avait raison, mais Charles lui avait menti depuis si longtemps. Comment aurait-elle pu lui faire confiance ? Philip est le premier membre de la famille royale à lui demander sa version de l'histoire et à ne pas juste la traiter de folle. Peut-être la comprend-il également, car son intégration au palais n'a pas été simple à l'époque ?

Elle écoute avec attention ce qu'il avait à lui dire. Le simple fait d'être entendu est un soulagement immense pour Diana.

Moins on l'écoute plus elle devient hystérique de frustration et plus cela renforce la croyance de son entourage. Elle se sent vengée quand le prince écrit qu'il ne partage pas ce que certains rapportent qu'elle serait « déséquilibrée » ou « instable ». Il ne comprend pas comment ils ont pu en arriver à une telle situation. « Il nous déplaît que vous ayez l'un ou l'autre des amants. Pour un homme dans sa position, Charles a fait une sottise en risquant tout avec Camilla. Il ne nous est jamais venu à l'idée qu'il pourrait vouloir vous quitter pour elle. Je ne puis imaginer que quiconque en pleine possession de ses facultés puisse vous quitter pour Camilla. Une telle perspective n'a jamais effleuré notre esprit. » Il essaie de lui faire entendre les intérêts à rester ensemble. La princesse reprend espoir. Toutes ses lettres se terminaient par « bien affectueusement, Pa ».

Ses échanges donnent un bel aperçu de la relation que Diana entretient avec son beau-père. Avec son caractère légendaire, parfois bourru, voire maladroit, le prince Philip est un homme gentil et respectueux. Il a lui-même éprouvé les difficultés d'intégration d'une pièce rapportée dans une famille aussi complexe que celle-ci. Mari dévoué, il avait respecté le protocole à la lettre pour laisser tous les honneurs à sa femme. À la maison, il était aux commandes, et personne n'y trouvait rien à redire. Diana n'avait jamais eu peur de lui. Elle était habituée aux vieux nobles et Philip n'était pas insensible à sa beauté ! Bien qu'il ait extrêmement mal vécu les confidences de sa belle-fille, il ne cessera de chercher des solutions pour le bien de tous.

Durant toute cette période, Charles ne daigne pas essayer d'apaiser les choses avec sa femme. À plusieurs reprises, Diana fait part publiquement du soutien de Sa Majesté et du duc à son égard. Quant à Charles, il est bien trop vexé pour avoir envie de discuter de quoi que ce soit. Une fois n'est pas coutume, l'été 1992 ne se terminera pas en la faveur de la princesse. À la fin du mois d'août, une conversation enregistrée le 31 décembre 1989 entre Diana et son ami James Gilbey est publiée dans un tabloïd de Floride avant d'être reprise dans le *Sun*. Le Squidgeygate[1] va ternir un temps l'image de la princesse.

Si la presse se déchaîne un peu contre, elle, le public lui a déjà pardonné. Elle était si malheureuse… L'extrait ne montre pas l'ingénue princesse sous son meilleur jour. La cassette aurait été enregistrée par d'illustres inconnus l'ayant vendu 6 000 livres au *Sun*. Stuart Higgins, le correspondant royal, futur rédacteur en chef, après avoir écouté la bande, confronta Gilbey qui ne démentit pas. Diana est en panique quand il la prévient.

Dans la perspective d'un divorce, c'est une véritable catastrophe ! Ils s'en serviront contre elle, c'est certain ! Jusqu'à présent, sa qualité de victime aux yeux du grand public était sa meilleure arme contre sa belle-famille. Cet enregistrement risquait de rétablir l'équilibre dans le rapport de force. Le doute plane sur le caractère fortuit de cette bande. Peut-être la princesse représentait-elle une menace ? Peut-être fallait-il une cassette pour contrecarrer une autre cassette ? La conversation reste pourtant banale et ne révèle pas de scoop. Même l'allusion à la masturbation fait pâle figure face à l'érotisme affiché dans le Camillagate.

Gilbey : Et alors, ma chérie, quelles autres misères aujourd'hui ?

Diana : J'étais très mal au déjeuner, j'ai failli me mettre à pleurer… je me sentais très triste et vide, et je me disais : « Merde, tout ce que j'ai fait pour cette putain de famille. »

G : Tu n'es pas obligé. […]

D : […] C'est toujours sous-entendu que j'ai fait un truc grave parce que je ne supporte plus ce mariage.

G : Je sais.

D : J'en sais tellement plus qu'eux, parce que…

---

1. Conversation enregistrée avec James Gilbey qui surnomme Diana « Squidgey » (intraduisible).

Il la conseille. Quand elle ne se sent pas bien face à eux. « Quand tu as envie de pleurer, remplace ça par de la colère. » Diana veut se montrer forte, mais elle cherche encore l'approbation de la famille royale, pas de la reine-mère : « Sa grand-mère me regarde toujours bizarrement. Ce n'est pas de la haine ; c'est une sorte d'intérêt et de pitié mélangés. Je ne suis pas tout à fait sûr. Je ne le comprends pas. Chaque fois que je lève les yeux, elle me regarde, puis détourne le regard et sourit. » Plus loin dans la conversation, il la relance sur ce sujet, elle reprend : « Non, non, c'est de l'affection, de l'affection, c'est définitivement de l'affection. Ce n'est certainement pas méchant, elle est en quelque sorte fascinée par moi, mais ne sait pas quoi en faire ! » Ils échangent quelques banalités, la conversation se poursuit :

G : Je ne supporte pas l'idée de ne pas pouvoir te parler tout le temps, c'est horrible, tu sais…

D : C'est réciproque.

G : Vraiment ? Je ne supporte pas, tu sais, ça m'effraie presque…

Si Gilbey semble très attaché à la princesse, elle change de sujet pour ne pas lui répondre. Toutefois, elle veut s'assurer qu'il tient à elle. « Tu n'as pas besoin de m'encourager à penser à toi, je n'ai fait que ça ces trois derniers mois ! », la rassure-t-il. Il a hâte d'être à Londres pour être près d'elle. Il l'aime. Il veut lui parler tout le temps. La princesse est flattée, mais ne semble pas transie. Puis, la conversation dérive, prouvant si besoin était qu'ils sont amants.

D : Je ne veux pas tomber enceinte.

G : Ma chérie, ça n'arrivera pas, OK ?

D : Ouais…

G : Ne pense pas comme ça, ça n'arrivera pas, ma chérie, tu ne tomberas pas enceinte.

Il la flatte sur les photos parues aujourd'hui. Elle sourit toujours, lui fait-elle remarquer. C'est ce qui fait son charme !

Diana évoque sa relation avec Charles et laisse à entrevoir son quotidien. Ils ont déjeuné ensemble. Elle a passé beaucoup de temps avec les enfants, pas lui... Puis ils sont sortis prendre le thé, « il me rend la vie si difficile, une vraie torture ». Elle sent qu'ils n'ont plus rien à faire ensemble. « Cette distance se créera parce que je pars – et je déteste l'expression "conquérir le monde" ce n'est pas ce que je veux... En fait, je partirai et je ferai ce que je sais faire... Et je le laisserai derrière. C'est ce que je vois arriver. » Cet extrait donne clairement à voir la pensée de Lady Diana à l'aube de l'année 1990.

Malgré ce scandale, Philip encourage Diana à accompagner Charles en Corée en novembre 1992. Le voyage est désastreux. Après une violente dispute dans l'avion pour Séoul, leur séjour s'effectue en parallèle. Ils apparaissent plus éloignés que jamais. Les tabloïds les surnomment « les lugubres ». Un employé rapporte que « la tension était insupportable, c'était effrayant ». Leur séparation à l'essai n'a servi à rien. La séparation définitive est inévitable et chacun la prépare de son côté. À leur retour, ils décident de l'annoncer aux enfants. William et Harry sont tristes, mais Diana leur épargne les détails. Elle ne sait que trop bien les ravages des batailles de grandes personnes. C'est ainsi que le 9 décembre 1992, le Premier ministre John Major annonce au parlement : « Le palais de Buckingham annonce avec regret que le prince et la princesse de Galles ont décidé de se séparer. Leurs Altesses Royales n'ont pas prévu de divorcer et leurs positions constitutionnelles ne sont pas remises en question. Cette décision a été prise à l'amiable, et tous deux continueront de participer pleinement à l'éducation de leurs enfants. Leurs Altesses Royales continueront d'assurer pleinement des programmes séparés de manifestations publiques et de temps à autre assisteront ensemble aux rencontres familiales et aux évènements nationaux. La reine et le duc d'Édimbourg, quoiqu'attristés, comprennent et admettent les problèmes qui ont entraîné cette décision. Sa Majesté et Son Altesse Royale souhaitent particulièrement que cessent désormais les intrusions dans la vie privée du prince et de la princesse. Ils estiment qu'un minimum de vie privée et de compréhension est essentiel pour que Leurs Altesses Royales assurent une éducation heureuse et sereine à leurs enfants, tout en continuant à se donner de tout cœur à leurs fonctions publiques. » Ouf, ce n'est pas un divorce…

Si c'est bien ce que la princesse voulait, la méthode est dure, les conséquences amères. « Qu'il soit décidé que Charles et moi devions nous séparer ne m'a pas vraiment étonné. Mais la méthode employée m'a beaucoup choqué. Ce n'est pas très agréable de s'entendre dire que votre mari et vous allez vous séparer sans que vous ayez voix au chapitre, que vos opinions sur le sujet n'ont pas la moindre importance… […] En quelques minutes, ma vie entière s'est écroulée et je n'y avais pris aucune part. On m'avait mise au rancart comme un vieux manteau. Ça m'a rendu malade. »

La famille royale veut que Diana déménage… Il n'en est pas question ! C'est un affront ! Kensington Palace, c'est chez elle. Charles n'a qu'à rester à Highgrove, puisqu'il s'y plaît tant ! Diana se sépare de leur lit double en acajou, décroche le portrait de Charles dans l'entrée et fait enlever sa maquette d'un navire de guerre. Charles refait la décoration. Les affaires sont rapatriées dans chacune des demeures. La séparation est consommée. Dans quelques jours, Diana passera Noël seule. Elle a gagné son indépendance. Elle a obtenu sa vengeance. Était-ce réellement ce qu'elle voulait ?

Pour la reine, 1992 restera son *annus horribilis*, comme elle la qualifiera elle-même. Des photos de Fergie seins nus avec un Américain richissime entraînant le divorce des York ; le divorce d'Anne après la découverte de sa liaison avec son écuyer et de celle de son mari ; le débat sur la sexualité d'Edward qui n'est pas encore marié ; la violence de la guerre des Galles ; les enregistrements de Charles et Diana ; la biographie de Morton ; l'incendie au château de Windsor qui n'était pas assuré… Il est définitivement temps que cette année se termine !

Ni ange ni démon, la princesse doit se retrouver, ou plus exactement se découvrir. Passé d'une adolescence bien classique à une vie de princesse médiatique, elle n'avait pas eu le temps de se poser la question de qui elle était. Étouffée par son mari, sa famille et le grand public, Diana n'avait jamais pu se révéler. Il est temps que cela change.

La vie n'est plus la même depuis la séparation. Le soulagement a été de courte durée. La princesse a repris sa liberté, mais reste obsédée par la relation de son mari avec Camilla. Elle scrute leurs photos. Elle veut savoir ce qu'ils font. Ils vivent leur idylle au grand jour, c'est révoltant ! Et sous les yeux de la reine qui feint de l'ignorer.

« Tout changea après notre séparation et la vie devient alors très difficile pour moi » : changement de planning, suspension de visite, lettres qui se perdent ; rien n'est fait pour faciliter la transition. Heureusement elle a toujours l'opinion publique de son côté. Lors de son voyage en France, elle fait la couverture de *Vogue*. « Courage, princesse », titre le magazine de mode. Ses déplacements ne sont pas simples non plus. Elle doit être parfaitement reçue tout en ne représentant pas la couronne. Lord Hurd, alors ministre des Affaires étrangères se rappelle qu'« elle exerçait une sorte de pouvoir magique, dû à la fois à sa beauté, à sa célébrité et à ce magnétisme qui lui était propre ».

Diana ne comprend pas pourquoi Buckingham lui est si hostile. Ils ont obtenu ce qu'ils veulent, elle n'est plus officiellement membre de la famille royale ! Ils ont peur. Peur de sa prétendue instabilité. Peur de ses supposées manipulations. Elle pense que cet éloignement temporaire sera un moyen de réparer son mariage. C'est sans compter dans l'attitude de

Camilla. Elle s'accroche ! Les révélations de Diana elle-même avaient conforté sa place auprès de Charles. Maintenant que le scandale avait eu lieu, autant en faire bon usage… Diana, en revanche, aurait dû, garder sa vertu. Consciente que les chances de réconciliation s'amenuisent un peu plus chaque jour, Lady Diana décide de reprendre en main ses relations publiques. Elle avait une « marque » à gérer ! Construire son identité en dehors de la famille royale tout en gardant son statut de princesse, en voilà un sacré challenge. Jephson travaille au « panachage de ses œuvres ».

La princesse a compris depuis longtemps que la philanthropie nourrit sa notoriété qui elle-même lui donne du pouvoir sur le clan. D'ailleurs, si elle rencontre les patrons de presse, ils pourront juger par eux-mêmes si elle est si instable ! Comme un chef d'entreprise, elle gère avec pragmatisme et souci du détail ses activités et son image. Elle reçoit de nombreuses célébrités : artistes, politiques, membres du *showbiz*, parmi lesquels Hillary Clinton, Elton John ou encore Gianni Versace.

Dans sa manière de procéder, Diana est à l'origine de ce modèle de star philanthrope. Elle avait parfaitement saisi que pour être écoutée, puis aimée, il fallait révéler d'elle, de son intimité. Tous les leaders étrangers veulent la recevoir, ce qui agace prodigieusement la famille royale, Charles en particulier. Elle a toujours un temps d'avance. Lord Hurd sait qu'elle est un incontestable atout diplomatique dont il n'a pas du tout envie de se défaire. « Cette alliance particulière de beauté et de charme faisait fondre les hommes, présidents, Premiers ministres et ministres des Affaires étrangères qui étaient incapables de saisir ce qu'il se passait dans la famille royale, mais étaient ravis de baigner pendant une heure ou deux dans son éclat extraordinaire. »

Sa nouvelle vie sera ponctuée de nombreux déplacements. Conscient de ses qualités sur ce terrain, le gouvernement soutient ses voyages. Elle se rendra au Zimbabwe avec le directeur de *Help The Aged*, John Mayo. Il ne cesse de s'émerveiller de son don avec les plus fragiles. À partir de ce voyage, elle décide de mieux maîtriser le contenu de ces voyages, car elle avait détesté se retrouver à servir à manger à des enfants dans un atroce camp de réfugiés. Elle trouvait ce genre de mise en scène vulgaire. Le voyage avait cependant été une franche réussite. Le directeur général de la Croix rouge britannique ne compte pas non plus se passer de ses services : « La princesse jouera un rôle important dans nos projets internationaux pour l'avenir. Elle agira conformément à ce que nous lui demanderons, mais bien entendu, nous ne la mettrons jamais dans des situations dangereuses et dans chacun, nos suggestions devront avoir reçu le feu vert du ministère des Affaires étrangères. Nous prévoyons que la princesse entreprendra de nombreux autres voyages pour nous. Elle s'est engagée vis-à-vis de nous et nous nous engageons vis-à-vis d'elle. »Si cette émancipation est parfois critiquée, la princesse n'en fait pas cas. Elle se consacre à son *job*, comme elle dit, corps et âme. La jeune fille timide honorant son devoir est devenue une femme confiante qui surmonte ses peurs et prend position de manière ferme. Au printemps, elle se rend au Népal accompagnée de la baronne Linda Chalker, alors ministre du Développement à l'étranger. Ce voyage sera une grande réussite. Désormais, ce sont les journaux sérieux qui couvrent ses déplacements. Le *Daily Telegraph* souligne ses triomphes. « L'Afrique a une nouvelle championne. » En mai 1992, le président Moubarak la reçoit au Caire sans Charles. Quelques mois plus tard en novembre, c'est au tour de François Mitterrand, le président français d'être sous le charme. Évidemment, toute cette publicité n'est pas au goût de sa belle-famille. Le secrétaire particulier de Charles dit à celui de la princesse qu'il « faut trouver un moyen de la mettre dans une boîte où elle pourrait s'agiter », sous-entendu sans leur nuire…

Le palais n'a pas l'intention de la laisser agir à sa guise. Plusieurs déplacements seront annulés, dont celui de Diana au chevet des familles de deux enfants tués par un attentat de l'IRA ou encore sa présence aux obsèques d'un chef travailliste mort d'un infarctus. Le palais finit par lui interdire d'utiliser l'avion royal. Désormais, elle ne pourra plus se déplacer aussi facilement, cela devrait suffire. C'était sans compter sur le sens des affaires de la princesse. Elle contacte Richard Branson, le patron de Virgin. En échange d'un « coup de pub », il transportera Diana où bon lui semblera. Il appela son premier Airbus « La Dame en rouge ».

Elle se retrouve encore dans cet éternel paradoxe. Lorsqu'elle rentre chez elle le soir, elle n'a personne à qui raconter ses succès. À 17 h 30, le peu de personnel qu'elle a gardé à son service prend congé et, en semaine, les garçons sont au pensionnat. Sa solitude commence à lui peser. « Je déteste le silence de cette maison », se lamente-t-elle. « Le côté public de ma vie ne ressemblait pas à son côté privé à l'extérieur, il voulait une princesse de conte de fées, elle viendrait les toucher. Tout se transformerait en or et ils oublieraient tous leurs soucis. Ils étaient loin de réaliser que cette personne se crucifiait intérieurement parce qu'elle se croyait indigne de ce rôle. [...] À l'intérieur du système, on ne me traitait pas comme les autres. On me voyait comme une excentrique. C'est ce que j'avais le sentiment d'être. Je pensais donc que je n'étais pas assez bien, mais aujourd'hui, je pense que c'est bien d'être l'excentrique. Dieu merci. »

Esseulée et désemparée, Diana fouille les approches alternatives. Elle doit aller mieux. Elle veut aller mieux. Elle est prête à tout pour apaiser ses angoisses. Toute sorte de thérapies et thérapeutes l'accompagnent : spiritisme, naturopathe, guérisseur, gourou, acupuncture, lavement, encens, astrologie, médium, phytothérapie, etc.

Quand on est perdu, on cherche parfois des réponses dans de drôles d'endroits. Tous ces outils deviennent des guides. Peut-être parce qu'elle a toujours nourri une spiritualité très développée, ces recherches l'apaisent. En vieillissant, la dimension spirituelle de sa vie prend de l'importance. Diana ne craint pas la mort. Croyant en la réincarnation, elle aborde ce passage avec sérénité.

Trois femmes sont très présentes dans cette période de sa vie : Rita Rogers, sa médium, Simone Simmons, sa guérisseuse et Debbie Frank, son astrologue. Simone sera probablement l'une de celle qui l'aidera réellement à avancer en la bousculant. Elle ne se gêne pas pour la contredire ou lui assener des vérités crues. Personne n'ose jamais. La princesse est fragile et influençable à cette période, et avec toutes ces thérapies mélangées et ces intervenants qui se contredisent, rien ne s'arrange. Malheureusement, tous ne sont pas bienveillants et il est bien aisé de tirer profit d'une personne en quête de sens. Tout cela devient malsain. Ken abhorre tous ces gens qui l'entourent, « elle était devenue l'esclave de cette bande de médiums cinglés ». Elle se « drogue aux sciences parallèles ». Tout ceci la met en danger. Ses tendances paranoïaques empirent.

Les hommes en gris la menacent, dit-elle. Il est vrai que le palais la surveille comme le lait sur le feu. Elle devient méfiante, y compris de son propre personnel. Elle décide de faire le vide et se sépare notamment de ses officiers de protection quand les enfants ne sont pas là. Bien qu'elle connaisse l'adoration du peuple à son égard, elle agit comme une bête traquée. Ken ne supporte plus le mépris qu'elle a de sa propre sécurité. Il remettra sa démission en novembre 1993. Il ne sera pas le seul à ne plus supporter l'ambiance. Son chauffeur, Simon Solari, démissionne pour rejoindre le prince. Sa plume, Peter Settelen, quitte également son service. Une fois encore, Diana se sent abandonnée. Bien sûr, sa moindre faiblesse est commentée. Barbara Cartland interprète sa mine triste de la veille à la télévision considérant que sa boulimie devait en être la raison. Mais de quoi se mêle-t-on ? Diana ne se départit pas pour autant pas de son humour. « Vous avez de la chance de me trouver là, je suis supposée passer la journée la tête dans la cuvette des cabinets. »

À cette époque, elle ressent le besoin de trouver une voix, de développer sa spiritualité. Outre les différents thérapeutes ou médiums auxquels elle a recours depuis de nombreuses années, elle poursuit ses explorations : du feng shui pour redécorer Kensington Palace, des médecines alternatives et beaucoup d'astrologie. Elle a toujours été curieuse de toutes les religions. Elle a lu tous les livres saints, s'est intéressée à l'islam au moment de sa relation avec le Dr Khan et a envisagé un temps de se convertir au catholicisme. Mais pour elle, nul besoin de religion pour être pieu et prier. Elle sait qu'elle a un don. Elle sent les choses avant qu'elle n'arrive. « Je me suis trouvée dans plusieurs chambres dans le monde entier où j'avais l'impression d'être déjà venu. C'est très surprenant, mais je n'en parle à personne. Je fais de très nombreux rêves notamment si quelqu'un ne va pas bien. […] Je me revois assise dans une Land Rover avec mon garde du corps nous regardions le cheval du prince Charles qui marchait en basculant sa tête en arrière. J'ai dit, ce cheval va avoir une crise cardiaque et c'est exactement ce qui s'est produit. Il est mort sous nos yeux. » Elle voit dans les âmes. Elle rapporte à un ami sa conversation avec un évêque à qui elle explique être une vieille âme et qu'aider les gens dans le besoin lui est naturel. « J'aide tous les gens qui souffrent, je peux les sentir à un kilomètre ». Cela aurait pu être un merveilleux point commun avec son mari dont on dit parfois qu'il est *spécial*. Chaque année, il fait une retraite en Grèce avec des moines catholiques. Il croit au pouvoir des plantes, médite et part dans le désert au Botswana en quête d'une vérité spirituelle.

Deux moments ont marqué et fait progresser la vie spirituelle de Diana. Le premier est son amitié avec Adrian Ward-Jackson. Ce consultant en art, président du ballet Rambert lui a été présenté par Margaret. Très vite une amitié se noue. Ils se confient. Adrian est séropositif – cela expliquera une partie de sa sensibilité sur la maladie – elle sera présente jusqu'au dernier moment, aux côtés de son ami. Alors qu'elle était censée célébrer la « deuxième lune de miel des Galles » sur un yacht, une vulgaire opération de communication orchestrée par le palais, elle apprend que l'état d'Adrian s'est fortement dégradé. En arrivant pour le traditionnel séjour à Balmoral, elle est informée par leur amie commune, Angela Serota, que c'est la fin. Impossible de ne pas être à ses côtés. Elle parcourt près de 1 000 kilomètres en voiture pour accompagner son ami pour son grand voyage. Elle arrive à temps pour réciter le *pater noster* avec son amie. Après la mort d'Adrian, elle visite la maternité abritée par l'hôpital : une manière de confirmer que la vie continue. C'est ici le creuset de sa spiritualité naissante. Elle rompt le protocole en assistant à ses obsèques.

Cette disparition est une révélation : elle ne cachera plus ses émotions, elle ne se mettra plus de barrière, elle refusera les étiquettes. Lors de la soirée d'hommage à Adrian par le *Aids Crisis Trust*, dont il était président, elle loue un homme charismatique qui avait le goût de la vie. Elle l'avait veillé et accompagné dans ce tragique destin. Il avait choisi de refuser les traitements, de mourir en homme libre. Elle portera jusqu'à sa propre disparition le petit bracelet en or qu'il lui avait offert.

Quelques mois plus tard, intervient la seconde révélation spirituelle. À Calcutta, elle assiste à un spectacle terrible et merveilleux à la fois. À la maison des nonnes abritant un hospice pour mourants, elle écoute chanter les sœurs. La princesse émue aux larmes écrit dans son journal : « Aujourd'hui. J'ai trouvé la voie que je recherchais depuis des années. Les sœurs ont chanté pour moi à mon arrivée. Expérience profondément spirituelle. Et je me suis élevé jusqu'à de telles hauteurs de l'esprit. L'émotion qui baignait cet hospice était très puissante et elle a produit sur moi un tel effet. J'aspirais à faire partie de tout cela à une échelle globale. » Elle a trouvé un sens à sa vie. Ce chemin se poursuivra jusqu'à la fin. Quelques semaines avant sa mort elle écrira : « J'ai découvert une profondeur intérieure qui me paraissait impossible. Ma vision de la vie a changé de cours et elle est devenue plus positive, plus équilibrée. »

Elle lutte pour retrouver un équilibre, une vie normale. Sa seule préoccupation : préparer l'avenir de ses fils. Dans l'intimité, elle reste naturelle. Son personnel est désormais peu nombreux, mais très fidèle. C'est ainsi qu'elle conçoit les choses. Elle reprend quelques habitudes : aller acheter des CD pour ses garçons chez Marks & Spencer, se rendre à la pharmacie ou chez WH Smith. À chaque apparition, elle attire des foules éberluées. Sa vie reprend des couleurs. Des plaisirs simples dans l'intimité : aller au théâtre ou voir un ballet, se rendre à un concert d'Elton John, regarder un Disney avec les enfants, organiser une fête où l'on chante et l'on danse. Elle retrouve progressivement sa joie de vivre. En public, quel que soit son état, elle se métamorphose. Elle s'acquitte ses obligations officielles avec force et détermination. Des déjeuners entre amies s'ajoutent à un emploi du temps qui se remplit à nouveau. De temps en temps, elle se rend à la campagne chez son amie Annabel Goldsmith. Ici, elle s'évade du protocole. C'est un refuge où personne ne peut la trahir. Elle y trouve une ambiance familiale où les taquineries sont toujours bon enfant. Le déjeuner est une grande tablée à la bonne franquette. Chacun trouve son rythme. La vie simple. Si elle a peu de relations avec Charles, ils maintiennent le lien pour les enfants. Des semaines à l'avance, il envoie à Diana des propositions de dates pour les prendre. Le planning s'organise.

Pour l'aider à s'en occuper, il décide de recruter une jeune trentenaire, Alexandra Legge-Bourke, surnommée Tiggy en référence au hérisson Mrs Tiggiwinkle de la BD du même nom. Sortie de la même école suisse que Diana et versée dans les principes modernes d'éducation, Diana n'avait pas désapprouvé son arrivée. Pourtant, très vite, Tiggy va devenir une source de stress pour elle. Elle est jeune, jolie, enjouée, aristocrate et, le comble, c'est que la presse la présente comme une « mère de substitution ». Il est vrai qu'elle est devenue très proche des garçons, comme de leur père, dont on dit qu'elle est la confidente. Il suffira de la photo d'une embrassade avec Charles pour que Diana s'imagine qu'ils ont une liaison. Cela lui est vraiment insupportable. Qu'il soit amoureux de Camilla, et ce depuis plus de vingt ans, elle commence à s'y faire, mais qu'il s'entiche d'une « jeune aristo », c'est inconcevable ! Diana veut toujours liberté et normalité pour ses garçons et pour contrecarrer « l'endoctrinement Windsor », elle lutte, par exemple avec un voyage Disneyworld. Le rapprochement d'Harry et William avec son ex-belle-famille encouragée par Tiggy lui est très pénible.

En ce qui la concerne, la presse ne lui accorde aucune pause. Les journalistes se fichent de sa peine ou de ses difficultés, il faut avoir une photo, un scoop, quoi qu'il en coûte. Ils ne reculent devant rien. Faut-il l'insulter pour prendre une photo d'elle en train de pleurer ? Qu'à cela ne tienne ! Ils pourront titrer sur l'échec de son mariage demain… Cette pression de chaque instant devient vraiment difficile à vivre. « C'était comme si les gens autour de moi avaient tous six paires d'yeux au lieu d'une, pour me surveiller, me juger en permanence. » Tout est commenté : son poids, ses paroles, ses tenues, le moindre de ses gestes… Tout est bon pour tirer des conclusions. Elle a grossi, elle est enceinte ! Elle arbore une moue particulière, c'est une aguicheuse ! Elle est sortie danser, elle a un amant ! C'est permanent, oppressant. Une célébrité ayant logé au ski dans le même hôtel raconte la horde de journalistes et photographes : « La pression devait être vraiment terrible, je ne sais pas comment elle faisait pour le supporter. Même les personnalités du showbiz n'ont jamais autant souffert de leur popularité. [...] je pense qu'elle était la femme la plus photographiée du monde. »

L'attrait de la presse redouble après la séparation. Si au départ elle en joue au service de ses œuvres et pour attaquer son mari, elle essaie de poser des limites. Les journalistes, eux, n'en ont pas. Un étrange sentiment s'était emparé d'eux : ils pouvaient tout faire, car après tout « elle l'avait bien cherché ! » Quand en 1993, après l'enterrement de sa grand-mère, elle va au cinéma avec ses fils pour voir *Jurassic Park*, elle envoie promener les journalistes. Hors d'elle, elle leur hurle dessus. Le lendemain, le *Daily Mirror* la caricature en dinosaure... Le harcèlement devient terrible. La faire pleurer, lui prêter des liaisons, inventer des histoires, mettre en scène des photos pour porter à confusion. Il faut vendre à tout prix, à n'importe quel prix. Ils sont désormais prêts à tout : l'insulter, la violenter. Elle s'agace et ne veut plus se prêter à leurs jeux. Elle tourne la tête, se cache, court, grimace, les insulte à son tour. Elle les rejette. Ils ne le supportent pas.

« J'ai cessé de me soucier de ce que la presse pense de moi. C'est ce qu'on pense de soi qui compte. », se convainc-t-elle. Plus exactement, Lady Diana n'aime pas s'apitoyer sur son sort. Contrairement à l'image renvoyée par certains médias, la princesse est forte : « C'était nager où sombrer. J'ai décidé que je nagerai. Au fil des ans, j'ai dû apprendre à me situer au-dessus de la critique mais, l'ironie fait qu'elle m'a été utile en me donnant une force que j'étais loin de penser posséder. » Ce qu'elle veut surtout, c'est protéger ses enfants, mais personne ne prend ses craintes au sérieux. « Je n'ai jamais encouragé les médias. Il y avait une relation qui fonctionnait avant, mais maintenant, je ne peux plus la tolérer parce que c'est devenu abusif et c'est du harcèlement. Mais je ne veux pas qu'on me voie m'apitoyer sur mon sort. Je comprends qu'ils ont un travail à faire. »

Le tact des débuts n'est plus de mise. Lady Di n'était plus un être humain. Les journaux paient maintenant des sommes astronomiques pour décrocher une photo sensationnelle. Le photographe Harvey vend ses clichés de la princesse en pleurs en 1992 avouant a posteriori avoir ressenti une pointe de culpabilité quand il sut qu'elle pleurait son père décédé. La princesse est plongée dans un voyeurisme, à la limite du viol. Whitaker le reconnaît : « Je n'ai jamais rien fait d'aussi indiscret de ma vie. Mais quel pied pour un journaliste. » En novembre, c'est l'incident de trop. Le *Sunday Mirror* publie des photos de la princesse en justaucorps pendant un entraînement à la salle de sport. Le propriétaire Brice Taylor avait caché un appareil dans le plafond ! Pourquoi ne pas avoir choisi de s'entraîner chez elle plutôt que de s'inscrire dans une salle branchée de Londres ? La vie normale avait visiblement ses limites. Ce n'est peut-être pas moral, mais, pour un million de francs et un club bondé, Taylor ne regrette rien. Cette fois-ci même sa belle-famille la soutient et juge la parution scandaleuse.

S'il y avait une chose que ses beaux-parents détestaient, c'était cette vermine de la presse à scandale. Diana porte plainte et le journal est condamné. Un accord financier sera ensuite trouvé avec Taylor, car une contre-attaque aurait pu mettre Diana en délicatesse. Son beau-frère profite de l'occasion pour lui suggérer d'alléger ses activités, pour la protéger, parce que cela fait beaucoup pour toutes ces œuvres… Quand Branson l'exhibe pour une opération publicitaire comme un vulgaire mannequin sur une voiture, elle abandonne. Dans le plus grand secret, elle réfléchit à la suite. Invitée à un gala, elle écrit un discours qui ne concerne pas le thème de la soirée. La reine en a reçu une copie. La princesse est décidée. Son discours mérite d'être reproduit in extenso.

« Quand j'ai commencé ma vie publique il y a douze ans, j'ai compris que les médias pouvaient être intéressés par ce que je faisais, que leur attention se concentrerait inévitablement sur notre vie privée et publique, mais je ne savais pas à quel point cette attention deviendrait écrasante ni dans quelle mesure elle affecterait à la fois mes fonctions officielles et ma vie personnelle d'une manière si difficile à supporter. À la fin de l'année, quand j'aurai rempli tous les engagements officiels programmés, je vais réduire l'étendue de ma vie publique. J'attache une grande importance à mon travail caritatif et j'ai l'intention de me concentrer sur un plus petit nombre de domaines à l'avenir. Au cours des prochains mois, je chercherai un moyen plus approprié de combiner un rôle public significatif avec, espérons-le, une vie plus privée. Ma priorité continuera d'être nos enfants qui méritent autant d'amour, de soins et d'attention que je peux en donner ainsi qu'une compréhension de la tradition dans laquelle ils sont nés. Je voudrais ajouter que cette décision a été prise avec la pleine compréhension de la reine et du duc d'Édimbourg qui m'ont toujours témoigné de la gentillesse et du soutien. J'espère que vous trouverez dans votre cœur la force de comprendre et de me donner le temps et l'espace qui m'ont manqué ces dernières années. Je ne pourrai pas être ici devant vous aujourd'hui et faire ce type de déclaration sans reconnaître le soutien sincère que m'a apporté le public en général. Votre gentillesse et votre affection m'ont permis de traverser les périodes les plus difficiles. Votre amour et vos soins ont toujours facilité mon voyage et pour cela, je vous remercie du fond du cœur. »

Elle parvient à ne pas citer Charles ! La foule l'acclame. Elle est soulagée. Cela étant, c'était une drôle d'idée de mettre en scène un moment médiatique pour se retirer des médias…

En réalité, c'était une contre-attaque, une manière de sortir grandie moralement, apaisée face à son mari, sereine face à son avenir. Si ses fils sont aux anges de retrouver une maman à 100 %, l'annonce n'a pas plu à la famille royale qui la juge disproportionnée. Elle y répondra par un affront de plus en rayant Lady Diana du *Court circular*, le bulletin quotidien de la couronne et des invités d'Ascot. Les deux parties savent que cela ne pourra pas durer. Dehors ou dedans, Diana va devoir choisir. Sa relation avec les médias était certes devenue chaotique et elle avait besoin de souffler, mais elle avait aussi envie de trouver une nouvelle manière de conjuguer sa vie privée avec ses rôles publics. Elle avait trop d'implications, trop de causes, trop d'œuvres. Bien que cela ne soit pas une décision facile, elle devait rationaliser son intervention. Elle se concentrera sur les causes les moins populaires et les plus sensibles politiquement. Moins de mondanités et plus d'actions concrètes : voilà sa nouvelle ligne.

Avec cette mise en retrait, son agenda ne comporte que quelques déjeuners, principalement personnels, et dans ses endroits favoris, comme le Caprice, le Ritz ou le Claridge. Quelques parties de tennis ou des sorties en ville complètent cette vie « presque » normale. Elle retrouve son dynamisme légendaire et un peu d'insouciance. Paul raconte qu'ils s'étaient rendus en famille au parc d'attractions Alton Towers avec Maria et les quatre enfants. La princesse était en pleine forme. Ils avaient emprunté les transports en commun et mangé des burgers. Les journaux s'étaient empressés de les prendre en photos dans les tasses géantes, mais elle avait choisi de ne pas y prêter attention !

Elle profite de cette période pour faire quelques voyages entre amies. Elle ne réserve pas d'hôtel, choisit ses destinations à la dernière minute. Elle se bat pour préserver des petites bulles de tranquillité. Souvent, la presse la traque et finit par la trouver comme à Paris ou à Malaga en avril 1994. Un paparazzi aurait obtenu un cliché d'elle les seins nus… Cela ne s'arrêterait donc jamais… Il s'agissait d'un affreux chantage. C'est Eduardo Sanchez Junco, le propriétaire de *Hello !* et *Hola !* qui en paiera la somme demandée de dix millions de francs. Charles ne supporte plus de voir sa femme chaque jour dans les journaux. Il pense toutefois qu'elle se saborde et c'est tant mieux. Il décide de faire fuiter ses dépenses annuelles. Il devrait savoir depuis le temps que la presse est de son côté… La contre-enquête est menée. Le prince dépense plus qu'elle et surtout jouit de sacrés avantages en nature !

La retraite de la princesse avait généré encore plus de tensions sur le marché. Ses photos s'arrachent à prix d'or. Elle reprend alors ses déjeuners avec les rédacteurs en chef les plus influents. Elle avait acquis un véritable don pour gérer ses relations presse. Elle savait faire croire à chacun qu'il était privilégié. Lors de ces déjeuners, Diana fixe des règles, propose des marchés et personne ne la trahit jamais. Clive James du *New Yorker* explique : « Il y avait une sorte de contrat tacite : vous me dites ce que vous ne pouvez dire à personne, je vous dis ce que je ne peux dire à personne et nous n'en parlons pas, ni l'un ni l'autre. Je suppose que c'était un jeu de l'esprit, elle a dû y jouer avec bien d'autres, mais elle ne se trompait jamais dans ses choix et personne n'a jamais trahi ses secrets. Chacun de ses platoniques chevaliers servants a cru ou voulu croire qu'il était son seul et unique confident. »

C'est de la politique. Tout le monde sait, mais tout le monde respecte les règles. Ses liens privilégiés lui permettent de rectifier les mensonges ou rumeurs et de valoriser ses œuvres. En échange, elle livre quelques détails privés dont ils sont friands. Elle les manipule en laissant échapper une petite indiscrétion. De temps en temps, son esprit revanchard prend le dessus. Un journal a sorti une horrible photo d'elle, elle en offrira une sublime à son concurrent direct. En rendant difficiles sa protection et le contrôle de son image, elle devient une réelle menace pour la monarchie. Elle est encore la princesse de Galles ! Ses œuvres la propulsent en permanence sur le devant de la scène, là où la famille royale voudrait qu'on l'oublie tout simplement. Elle sait que sa popularité est une arme pour demain. Elle ira s'installer en Australie s'il le faut ! Les ponts ne sont pas totalement rompus avec l'institution. En mai, elle assiste aux commémorations du débarquement et rejoint la famille royale sur le *Britannia.* En décembre, la reine l'invite personnellement à célébrer Noël à Sandringham, une touchante attention.

Pour tromper l'ennui, Diana entretient quelques liaisons amoureuses, certaines avec des hommes mariés, dit-on. C'est une passionnée ! Elle est bien trop jeune pour renoncer à l'amour. Ses idylles de l'époque sont nombreuses. Si certaines ont pu être démenties, elle flirtait avec plusieurs hommes. Certaines de ses liaisons avaient même lieu simultanément. Son fidèle Paul parle sans les citer « d'une légende du sport, d'un grand musicien, d'un romancier, d'un avocat, d'un entrepreneur, d'un milliardaire, d'un politicien très célèbre ». Tous deux en avaient fait un jeu. Chaque prétendant étant un lévrier au départ d'une course ! Si tous finissaient à la Une des journaux en représailles, aucun de ces *gars* ne représentait réellement ce dont elle avait besoin. Aucun ne la faisait réellement se sentir mieux.

À l'automne 1992, elle s'est éprise d'Oliver Hoare. Ce marchand d'art islamique, diplômé d'Eton et de la Sorbonne, est marié et père de trois enfants. C'est un ami de Charles de quinze ans l'aîné de la princesse. Sollicité pour jouer les médiateurs au sein du couple princier, Oliver est aussi un ami de Camilla. Pour Diana, c'est une manière d'en savoir plus sur la femme qui brise son couple depuis tant d'années. Une amourette se développe entre eux. Il est à l'écoute, protecteur, et c'est tout ce dont elle a besoin. Il quittera sa femme, lui dit-il. Elle l'appelle si régulièrement que sa femme commence à s'en agacer. Il décide de mettre un terme à leur relation. La possessive Diana ne supporte pas ce nouveau rejet. Plus tard, elle le démentira publiquement. Malgré tout, Scotland Yard a remonté les appels incessants dont son ancien amant faisait l'objet jusqu'à sa ligne personnelle. La princesse l'avait appelé évidemment. Elle n'avait pas supporté son brusque changement d'avis !

Sa solitude la rongeait, pas au point, cependant, de passer 300 appels. Diana sollicite son ami Kay pour démentir dans le *Daily Mail*. « Je ne sais pas me servir d'un parcmètre encore moins d'un téléphone public », clame-t-elle. Elle est accro au téléphone et avec ses confidents, elle passe des heures en ligne « à se plaindre », mais elle ne harcèle personne. Elle explique qu'on cherche à la discréditer, mais personne d'autre ne dément : ni Scotland Yard, ni Buckingham Palace, ni Hoare lui-même. Quand tout l'été, la presse se déchaîne, Oliver se cache, lui offrant la parfaite riposte : « Il est bien plus entiché de loi que je ne le suis de lui ! » Diana se sent acculée : « On cherche à m'abattre, personne ne m'aime [...] les gens vont penser que je suis complètement folle », se lamente-t-elle. Quel meilleur moyen de la discréditer. Morton s'apprête à sortir un nouveau livre sur elle. « Le livre s'appelle : “Diana sa nouvelle vie”, mais de quelle nouvelle vie peut-il parler ? j'aimerais la connaître, la nouvelle vie de Diana », s'emporte-t-elle dans la presse. Elle se consolera toutefois bien vite en rencontrant Teddy Forstmann à un dîner chez les Rothschild, en marge de Wimbledon. Cet homme d'affaires de 57 ans est un bon parti. Il se prend d'affection pour la princesse à qui il fait livrer des fleurs toutes les semaines pendant trois ans. « Elle était tellement malheureuse », dira-t-il. Après quelques rendez-vous, ils décideront de rester amis. Il confiera plus tard qu'elle était inquiète et craignait d'être sur écoute. Elle nouera également une rapide idylle avec Christopher Whalley, marchand de biens et millionnaire californien, qu'elle aurait utilisé pour détourner l'attention de l'homme qu'elle aime vraiment : Hasnat Khan.

Malheureusement, à enchaîner les flirts sans conséquences, elle ne peut qu'être trahie renforçant éternellement sa blessure. Après le scandale Hoare, elle mesure encore la lâcheté des hommes qui l'entourent avec Will Carling, le capitaine de l'équipe anglaise de rugby, avec qui elle a une relation adultère. Will est marié depuis peu avec Julia Smith, la présentatrice de télévision. Le Capitaine et la Patronne comme ils se surnomment nouent une relation très complice et se fréquentent pendant plusieurs mois. Cette fois-ci la femme n'avait pas décidé de se laisser faire. « Ça lui est déjà arrivé. On aurait pu espérer que ça lui ait servi de leçon, mais on dirait bien que non. Voilà qu'elle recommence, mais elle a mal choisi son couple. Cette fois-ci, nous en sortirons renforcés. C'est une épreuve horrible, mais, quand on l'a traversé, on se sent indestructible. Mon mari et moi, nous formons un couple très uni, très fort. Dieu merci. », clame Julia, elle-même spécialiste de la communication. Une crise médiatique démarre. Julia et Will finiront par se séparer et Diana le quittera pour son manque de courage dans toute cette histoire.

Bientôt un autre scandale éclate après la publication en juin du livre d'Anna Pasternak *La Princesse amoureuse* sur la base des confidences d'Hewitt. C'est autour de James lui-même de publier son histoire. *Mes trois ans d'amour avec Diana* se vendront à plusieurs millions d'exemplaires et feront la fortune de son ancien amant. La reine est furieuse et le palais décide de défendre Diana. « Ce livre est ignoble et sans valeur. Le Palais n'entreprendra pas d'action en justice. L'emploi du temps officiel de la princesse de Galles ne sera pas modifié. » Quelques siècles auparavant, James aurait été décapité comme l'amant d'Anne Boleyn pour une telle trahison ! Diana décide de ne pas porter plainte contre lui. Elle a mesuré une nouvelle fois le soutien populaire et la presse s'est chargée du « *love rat* » ! Si l'opinion la défend, on commence toutefois à juger le divorce inévitable, et avec lui la fin de la monarchie. La majorité de l'opinion est de son côté et considère que c'est la méchanceté du prince Charles qui a poussé Diana vers le peu recommandable Hewitt. Toutefois, quelques voix s'élèvent pour la critiquer : « Diana est une petite garce, une intrigante qui n'eut pas le moindre scrupule à tromper son mari. Pourquoi vient-elle se plaindre que son ancien amant lave son linge sale en public ? Les révélations de Hewitt ont eu au moins un avantage, elles ont mis fin pour de bon à l'imposture consistant à faire de Diana une sorte de Mère Teresa. Si Diana estime qu'Hewitt ne devrait pas tirer ainsi de bénéfice de ses relations avec elle, il est plus que temps qu'elle cesse de vivre aux crochets d'un homme qu'elle méprise ouvertement. »

Une véritable crise politique s'amorce. Dans le même temps, Charles décide de collaborer pour sa biographie officielle avec Jonathan Dimbleby pour célébrer les vingt-cinq ans de son investiture. Il donne accès à son journal intime et autorise ses plus proches amis à parler. Ce livre a contrarié Elizabeth et Philip au plus haut point, car, outre révéler son infidélité, le prince dépeint une enfance malheureuse et des parents distants. Définitivement, ces deux-là sont incapables de se taire !

Après cette révélation, Andrew – qui jusque-là s'accommodait de son mariage – demande le divorce. Au-delà du fait de pouvoir imposer sa maîtresse, Charles espérait surtout que cela offrirait l'occasion à sa femme de déclencher la procédure de divorce. Il n'en fut rien. Un an plus tard, Camilla rejoint Charles pour une fête au Ritz. Elle devient officiellement sa compagne, mais il n'a toujours pas divorcé. La biographie est déjà difficile à encaisser pour l'establishment, mais elle est renforcée par l'interview télévisée *The private man, the public rôle* que Charles donna quelques mois avant la parution du livre. Elle rendait le pavé de 600 pages accessibles au grand public en consommation rapide ! C'est ainsi que le 29 juin, Charles, contre l'avis de sa mère, avait pris la parole. Quelles étaient ses motivations ? Se venger de sa femme ? Laver son honneur ? S'expliquer et donner sa version des faits ?

Avant tout, Charles voulait être compris. S'il y parle de ses activités philanthropiques et diplomatiques, l'essentiel de l'entretien concerne son mariage. Il reconnaît que c'était un mariage arrangé et sa liaison avec Camilla. Il ne dit rien de désobligeant sur la princesse, mais la reconnaissance publique de sa double vie aura des conséquences terribles sur la suite des événements. Il le fait avec tant de maladresse que cela en est presque grotesque. « Eh bien. Le problème, enfin… C'est que ces choses, comme je le disais plus tôt, sont tellement personnelles qu'il est difficile de savoir exactement comment, enfin… comment en parler devant tout le monde… Il est évident que personne n'aime faire ça… Mais je veux dire, tout ce que je peux dire, c'est qu'il y a eu tellement de spéculations, on a tellement nourri de spéculations… Que tout cela a grossi de plus en plus… Tout ce que je veux dire, c'est que euh… que je veux dire… mais… Il n'y a rien de vrai… dans toutes ces spéculations… Madame Parker-Bowles est une très bonne amie et j'ai de nombreux amis. J'ai énormément de chance d'avoir autant d'amis qui sont merveilleux et comptent beaucoup dans ma vie qui autrement serait insupportable. Camilla est une amie depuis très longtemps, et avec d'autres amis, elle continuera d'être une amie pendant très longtemps. Je crois aussi que la plupart des gens comprendront probablement que lorsque votre mariage prend l'eau, même si c'est épouvantable et douloureux, ce sont souvent les amis qui comptent le plus et qui vous aident, vous comprennent et vous encouragent… Autrement, on deviendrait complètement fou ! C'est à ça que servent les amis… »

Cette sincérité maladroite est une catastrophe. De quoi écœurer définitivement sa femme. À aucun moment, il n'aura une parole de regret ou de tendresse envers elle. Le soir de la diffusion de l'interview, Lady Diana se rend à la Serpentine Gallery dont elle est la marraine. Déterminée à ne pas apparaître affaiblie, elle enfile une sublime robe Valentino en mousseline de soie noire décolletée qu'elle surnommera sa robe « *fuck yourself !*[1] ». Elle y ajoute, non sans malice, le collier de perles avec saphir ovale offert par la reine-mère en cadeau de fiançailles. Ses ongles sont manucurés de rouge. Perchée sur ses escarpins de soie noire à talons aiguilles Manolo Blahnik, elle est éblouissante.

Le lendemain, plus de la moitié des Unes lui est consacrée. « J'ai quand même laissé un peu de place à Charles aujourd'hui », plaisante-t-elle avec Paul. Le *Sun* titre carrément « La bombe qu'il a quittée pour Camilla ». Comme toujours, Charles est diminué par l'éclat de sa femme. Le tableau dressé n'est pas à son honneur : il est psychorigide, ses aveux fracassants mettent en danger son accession au trône, c'est un suicide constitutionnel, il a la complaisance écœurante d'un vulgaire politicien. La presse qui jusqu'alors maltraitait Diana vexée de sa *retraite* revient en force à son soutien.

Au début de l'année 1995, la presse ne parle que de la liaison de Charles et Camilla. L'annonce du divorce de Camilla après deux ans de séparation déclenche les spéculations. Diana continue ses relations presse pour garder la main dans le dos du palais. Son numéro de charme est parfaitement maîtrisé. Camilla ? « Je me sens navrée pour elle, elle a presque tout perdu dans la vie, et gagné quoi au juste ? » Charles roi ? « Je crois qu'il préférerait aller vivre en Provence ou en Toscane ».

1. Va te faire f***.

Elle disposait toujours d'un coup d'avance ! C'était exaspérant. Le peuple plébiscite déjà William. Les royalistes pensent qu'il devrait être roi après Elizabeth II. Alors qu'une mini-crise se profile après la parution d'une photo d'elle avec Richard Kay, elle engage Sir Gordon Reece, l'ancien attaché de presse de Margaret Thatcher, pour la seconder. Le palais ne veut plus que l'on parle d'elle. Il empêche sa présence au 125e anniversaire de la Croix rouge en outre-mer ou encore refuse qu'elle soit nommée ambassadrice internationale pour la Croix rouge britannique. Diana parle trop librement. Ce n'est pas gérable. Le problème, c'est que, même en cas de divorce, elle sera toujours la mère du futur roi et il est impossible de se passer d'elle.

Elle sait désormais parfaitement utiliser la puissance des médias à son bénéfice. L'impact commercial de la princesse est si important qu'il leur est difficile de s'en passer. Déjà, en 1985, un magazine américain avait estimé à 650 millions de dollars les bénéfices commerciaux engendrés. L'impact réel est très compliqué à établir, mais quelques exemples peuvent être cités. Le fabricant d'un tricot orné de petits moutons avait généré 1 millions de livres sterling de chiffre après que la princesse l'a porté. Clark's prétend avoir vendu plus de 2,8 millions de paires de chaussures grâce à la mode des talons plats qu'elle aurait lancée. L'industrie du tourisme anglais aurait bénéficié de 10 millions de dollars par an de retombées uniquement dus à la princesse. Les marques avaient compris son impact. Lors d'un voyage à Paris, Mme Chirac avait demandé à M. Arnault ce qu'elle pouvait offrir à Diana. Ils choisirent le nouveau sac Dior. À peine l'avait-elle mis à son bras que le sac devint un succès international. Le « sac princesse » avait maintenant une liste d'attente. « Toutes les femmes du monde s'identifiaient à elle, car elle était devenue une légende tout en restant extrêmement proche des gens », explique un observateur de l'époque.

Ce pouvoir exceptionnel ne suffira probablement pas dans un éventuel divorce. Sentant que la famille royale prépare son assaut, Diana pense devoir assurer son avenir. En secret, elle rencontre Martin Bashir, un journaliste de la BBC. Au fil de leurs discussions, Diana lui fait confiance et il finit par la convaincre d'enregistrer l'émission *Panorama* avec lui. Elle pense qu'en cas de divorce elle sera soumise à une clause de confidentialité. Elle doit parler maintenant ! La biographie de Charles accréditait la thèse de son instabilité qui commençait à se répandre dans la bonne société. Les révélations sur Hoare, Hewitt et Carling avaient terni son image de douce victime. Elle devait contre-attaquer. Dans la plus grande discrétion, l'équipe s'organise. Diana n'a mis quasiment personne dans la confidence. C'est ainsi qu'un dimanche soir après le départ du personnel, l'équipe de tournage arrive à Kensington.

Une semaine avant la diffusion, la BBC informe le palais. C'est l'anniversaire de Charles. Fellowes demande audience à la reine pour la prévenir de la sortie. Tout s'était déroulé en secret. Le président de la BBC, marié à Lady Susan Hussey, première dame d'honneur de la reine n'avait pas eu vent de ce projet. John Birt, le directeur général pourtant ami de Fellowes n'avait pas non plus dit un mot sur ce qui se préparait. Birt racontera qu'il ne voulait pas manquer de respect à la monarchie, mais que cela signait la « fin d'une vénération institutionnelle » de la chaîne.

Si la princesse avait besoin de parler, cette émission ne fut pourtant pas totalement le fruit de sa réflexion. Martin Bashir, un jeune journaliste sportif réputé solitaire et ne voulant rendre de compte à personne, avait décidé de se faire un nom ! Un peu comme Morton avant lui, il savait que la princesse serait son sésame. Apparemment, le scandale de 1992 ne lui avait pas servi de leçon… Bashir passa des mois à courtiser Diana. Il lui fit croire qu'il enquêtait sur des écoutes la mettant en danger. Il fabriqua de faux relevés bancaires pour prouver ses dires. Alan Waller, l'ancien chef de la sécurité, et Jephson auraient été payés par les médias et le MI5 expliquait-il. Ainsi, il jouait sur la paranoïa latente de la princesse, l'incitant à n'en parler à personne. Celle-ci était en partie justifiée. On l'avait surveillé, ce n'étaient simplement pas les personnes qu'elle croyait. Hasnat avait essayé de la dissuader. Bashir exploitait sa fragilité. Elle se sentait menacée.

« Elle n'était pas une personne paranoïaque, mais toutes ces discussions sur les mouchards et les écoutes visaient à l'amener à se méfier de son entourage. [...] [Bashir] était très persuasif avec Diana. C'était parce qu'il était de la BBC, qu'il était respectable... Mais, il lui a rempli la tête d'ordures, comme cette histoire de nounou Tiggy, enceinte de l'enfant de Charles ! » Outre la falsification des relevés, Bashir récita à la princesse une litanie de mensonges : il y a un mouchard sur sa voiture, les téléphones de Kensington Palace sont sur écoute, son garde du corps complote, Aylard a reçu des enregistrements de conversations royales, Charles prépare un divorce, Aylard et Jephson étaient de mèche, Tiggy a avorté d'un enfant du prince Charles, le prince Philip a écrit qu'il voulait qu'on lui retire son titre, etc. Le peu de personnes dans la confidence essaie de la dissuader sans succès. Elle ne mesure pas les conséquences irréversibles que l'interview va générer. Acculée, la princesse cédera. Elle doit parler.

Bashir quittera la BBC, mais Diana ne reconnaîtra jamais qu'elle avait été manipulée. Lors de la première enquête, la lettre de la princesse indiquant qu'elle n'avait pas été forcée avait suffi à éteindre tout soupçon. Pourtant en 2021, à la demande de son frère l'investigation sera rouverte. Elle prouvera que toute l'interview était une escroquerie. Non seulement Bashir a bien fait falsifier des documents, mais toute la ligne managériale a couvert cet incroyable scandale sans jamais assumer une quelconque responsabilité. Il était difficile après le succès de l'émission de faire machine arrière. Bashir avait fait cavalier seul, mais le réalisateur de l'émission Hewlett l'avait laissé faire. Sur un sujet aussi sensible, comment la BBC avait-elle pu être aussi négligente ? Il aura fallu 26 ans pour que la BBC reconnaisse publiquement son erreur. Une somme de 1,5 million de livres sterling sera versée à la famille royale pour les dommages causés par cette émission.

« J'ai présenté mes excuses à l'époque, je le réitère aujourd'hui [...] C'est stupide et je le regrette profondément », a publiquement déclaré Bashir. Brisant le protocole, le prince William a réalisé une vidéo pour exprimer son dégoût de cette affaire. Il met ouvertement en cause la chaîne publique britannique. « Les conclusions de l'enquête de Lord Dyson sont extrêmement inquiétantes. Des employés de la BBC ont menti et utilisé de faux documents pour obtenir une interview de ma mère. Ils ont fait des déclarations scabreuses et fausses au sujet de la famille royale, ont utilisé ses peurs et nourri sa paranoïa. Ils ont démontré leur incompétence lamentable en enquêtant sur les plaintes et les inquiétudes formulées par les spectateurs. Ils ont été évasifs dans leurs déclarations aux médias et ont dissimulé ce qu'ils avaient appris. De mon point de vue, la manière trompeuse dont l'interview a été obtenue a influencé ce que ma mère a dit. Ce qui m'attriste le plus, c'est que si la BBC avait correctement enquêté après les plaintes formulées en 1995, ma mère aurait su qu'on lui avait menti. Elle a non seulement été abandonnée par un reporter rebelle, mais aussi par des dirigeants qui ont préféré détourner le regard sans poser les questions qui fâchent. »

Il estime que cet entretien n'avait fait qu'envenimer la relation entre ses parents et a affecté sa famille comme le grand public. Il a expressément demandé que cette émission ne soit plus jamais diffusée. Le prince Harry a abondé dans le sens de son frère dans un communiqué où il dénonce la « culture d'exploitation et de pratiques immorales » qui règne au sein des médias. « Ma mère était une femme incroyable qui a consacré sa vie au service du public. Elle était résiliente, courageuse, et incontestablement honnête. [...] Cette situation va au-delà d'un seul média, d'une seule chaîne, d'une seule publication. Notre mère a perdu la vie à cause de cela, et rien n'a changé. En protégeant son héritage, nous protégeons tout le monde, et défendons la dignité dans laquelle elle a vécu. Souvenons-nous de qui elle était et de ce pour quoi elle se battait. »

Le 20 novembre à 21 h 40, vingt-trois millions de téléspectateurs écoutent religieusement la princesse se confier. Son attitude : à la fois douce et fragile sur la forme renforce la violence et la fermeté de ses constats. Elle s'est entraînée sans relâche en vue de cette échéance. Ses répliques sont ultra-huilées. « Elle se conduisait comme une productrice durant le tournage », raconte une personne de l'équipe. Elle n'avait rien laissé au hasard. Cette interview « vérité », véritable talk-show à l'américaine évoque de très nombreux sujets. Diana fait part de sa volonté féroce de faire fonctionner son mariage, et ce pendant toutes ces années. Elle reconnaît que la pression des médias a eu de graves conséquences sur son union avec le prince Charles. On leur disait toujours que cela se calmerait, jamais cela ne fut le cas. « Être à la Une des journaux tous les jours et une expérience d'isolement. Plus les médias vous placent haut, plus la chute est violente. Et ça, j'en étais parfaitement consciente. » Elle revient notamment sur la tournée en Australie et les difficultés pour Charles de supporter l'attention portée uniquement sur sa femme. Elle se montre compréhensive à l'égard de sa position. Lorsqu'ils évoquent la biographie de Morton, Diana a conscience d'avoir choqué et déçu sa belle-famille, comme probablement celle de Charles l'an dernier, ajoute-t-elle. Elle confesse qu'à l'époque, elle était désespérée. Une longue partie de l'interview est consacrée à son mal-être, et à quel point c'était un tabou au sein de l'institution. « Personne n'en parle jamais. [...] Vous vous réveilliez le matin en sentant que vous ne voulez pas sortir du lit. Vous vous sentez incompris et juste si mal, si mal au fond de vous. [...] Je ne m'aimais pas. Je n'avais personne pour m'aider. »

Elle avoue s'être fait du mal à cette période de sa vie. « Lorsque vous avez l'impression que personne ne vous écoute, tout peut vous arriver. Vous souffrez tellement moralement que vous cherchez à vous infliger une douleur physique pour attirer l'attention. Mais ce n'est pas le bon moyen d'appeler au secours. Les gens ne peuvent pas croire que vous avez besoin d'attention quand vous êtes en permanence le point de mire des médias. Je cherchais désespérément de l'aide pour me remettre d'aplomb et assurer mon rôle d'épouse, de mère et de princesse de Galles. Alors, je le reconnais, je me suis mutilée. Je ne m'aimais pas et j'avais honte d'être incapable de résister aux pressions. » Elle déplore d'avoir gardé cette « étiquette d'instable » pour toujours. « Je n'avais jamais eu de dépression, [...] je savais au fond de moi que ce dont j'avais besoin, c'était d'espace et de temps pour m'adapter à tous mes différents rôles. Je savais que je pouvais le faire, mais j'avais besoin que les gens soient patients et me laissent le loisir de le faire. » Bien sûr il était plus simple de la faire passer pour folle. « Des amis du côté de mon mari ont commencé à dire que j'étais malade, que je devenais instable, que je devrais être envoyée dans institution. . Elle évoque également les difficultés liées à sa boulimie. Tout au long de l'interview, la princesse se montre mesurée. La séparation ? Ils étaient à bout, il fallait se séparer. C'était presque un soulagement. Elle reconnaît sa responsabilité dans leur échec : « J'assume ma part de responsabilité [mais] il en faut être deux pour se retrouver dans cette situation. [...] nous avons tous les deux fait des erreurs. » Elle reconnaît sa liaison avec James Hewitt. Elle mentionne également l'adultère de son mari et la peine que cela lui a causée. « J'avais l'impression de ne servir à rien, d'échouer en tout et d'avoir un mari qui aime quelqu'un d'autre. [...] Nous étions trois dans ce mariage, c'était un peu encombré. » Charles n'avait pas juste une relation extra-conjugale, il aimait quelqu'un d'autre. Elle trouvait courageux qu'il l'ait reconnu : « J'étais dévastée, mais, ensuite, j'ai admiré son honnêteté, parce qu'il en faut beaucoup pour faire ça. »

L'échange entre le journaliste et la princesse se termine sur ses perspectives. Sans savoir que moins de deux ans plus tard la jeune femme ne sera plus, et bien qu'elle essaie de se montrer positive, son discours laisse présager de sinistres suites. « Je me battrai jusqu'au bout, j'ai un rôle à jouer. » Elle sait toutefois qu'elle fait peur à la famille royale, car elle ne suit pas toujours les règles, mais elle écoute son cœur : « Ils me voient comme une menace quelconque. Je suis ici pour faire le bien. Je ne suis pas une personne destructrice. Je pense que toutes les femmes fortes de l'histoire ont dû suivre un chemin similaire. C'est cette force qui provoque la confusion et la peur. Pourquoi est-elle forte ? D'où tient-elle cette force ? Où va-t-elle l'utiliser ? Pourquoi le public la soutient-il encore ? » C'est l'une des plus fortes affirmations de cette femme de caractère qui refusait d'être cantonnée au rôle de la jolie victime. Elle a depuis son entrée dans la famille royale, une vision très claire des évolutions indispensables à la survie de la monarchie et elle les exprime avec beaucoup d'aplomb sans remise en cause directe. « J'ai entendu des gens dire "Diana veut détruire la monarchie". Ce qui m'a déconcerté, car pourquoi voudrais-je détruire quelque chose qui est l'avenir de mes enfants ? Je me battrai pour mes enfants à n'importe quel niveau afin qu'ils soient heureux, aient l'esprit tranquille et accomplissent leurs tâches. Mais, ce qui me préoccupe le plus, c'est que les gens deviennent indifférents à la monarchie. Je pense que c'est un problème. Cela devrait être réglé, oui. [...] Je comprends que le changement fasse peur aux gens, surtout quand il n'y a pas de solution de remplacement. Mais, il faudrait changer certaines choses pour dissiper cette inquiétude et améliorer les relations entre la royauté et le peuple, faire en sorte qu'il y ait davantage de contact et de compréhension entre les deux. Je ne veux pas dire en faisant du vélo ou ce genre de choses, mais juste en ayant une compréhension plus approfondie. Je ne critique pas la monarchie en place. Je rapporte simplement ce que j'entends au quotidien dans le rôle que je me suis choisi. » Pour elle, ce qu'elle aimerait vraiment ? Être ambassadeur de ce pays : « J'aimerais représenter ce pays à l'étranger. Je suis dans une position privilégiée depuis quinze ans. Je connais bien les gens et je sais communiquer. Je l'ai appris et je veux l'utiliser. » Elle affirme haut et fort qu'elle ne veut pas divorcer tout en reconnaissant qu'elle ne se voit pas devenir reine. « J'aimerais être la Reine du cœur des gens, mais je ne me vois pas être Reine de ce pays. Je pense que de nombreuses personnes ne veulent pas que je devienne Reine. À vrai dire, je parle de l'institution à laquelle je me suis mariée parce qu'ils ont décidé que ce n'était pas envisageable. »

Pour Charles, elle est plus inquiète. Indirectement, elle remet en question la possibilité qu'il accède au trône. Au palais, on pensera bientôt que Diana veut empêcher Charles de devenir roi pour se venger. Elle semble pourtant plus préoccupée que vengeresse. « C'était toujours un sujet de tension entre nous. Je l'ai compris, car c'est un rôle très exigeant que celui d'être prince de Galles. Mais c'est un rôle encore plus exigeant d'être roi. Être prince de Galles offre plus de liberté, et être roi sera plus étouffant. Parce que je connais le personnage, je pense que ce rôle lui apporterait trop de contraintes, et je ne sais pas s'il pourrait s'y adapter. » Elle s'inquiète aussi des conséquences que cela pourrait avoir sur son fils : « William est trop jeune pour monter sur le trône ». Elle conclut souhaitant que « [s]on mari retrouve la sérénité. [...] Je suis assise ici avec l'espoir de l'avenir ; un avenir pour mon mari, un avenir pour moi et un avenir pour la monarchie. »

Si l'accueil de la presse avait été mitigé au moment de l'annonce, le lendemain de la diffusion, il est à son éloge. Des témoignages de sympathie affluent pour cette « survivante » de la maison royale. Les trois quarts des Anglais approuvent ! Elle reçoit fleurs, cadeaux, lettres de soutien et de félicitation, sans discontinuer pendant plusieurs semaines. Elle a pris le peuple à partie et il lui rend bien. Pour le camp de Charles, cela accrédite la thèse de sa folie. Pour la famille royale, c'est le signe définitif qu'elle doit « dégager ». Désespéré, Jephson, pourtant un fidèle serviteur de la princesse, démissionne. Peut-être au fond d'elle avait-elle escompté que cela déclenche une procédure de divorce. « Si tu t'étais donné une mission, tu as réussi », lui avait dit Hasnat. Il ne pourra s'empêcher pourtant de penser qu'elle ne l'aurait pas voulu de la sorte : « Bien sûr, je ne suis pas naïf. Je savais qu'il y avait une partie de Diana qui voulait donner cette interview, mais ma question est la suivante : si Martin Bashir n'avait pas été là pour la persuader, l'aurait-elle jamais fait ? » Trop de confessions, trop d'attaques, c'est irréconciliable. Elle avait prévenu ses enfants et, pour la seule et unique fois de sa vie, William ne l'avait pas soutenu ! Comment pouvait-elle lui faire ça ? Elle voulait mettre un terme aux horreurs qu'on racontait sur elle. Oui, mais pas comme ça… C'était une réédition décuplée du scandale Morton. La princesse était apaisée… Pour l'instant… Les conséquences seraient irrémédiables. Le divorce était désormais la seule issue.

PARTIE III

La tragédie en héritage

7

Nouvelle vie, même engagement

Si le peuple la soutient encore et toujours inconditionnellement, pour la famille royale, c'en est trop. Même son fils lui en veut. Pour l'opinion publique, Diana a fait preuve de courage. Pour sa famille, c'est une trahison. Le palais ne sait comment réagir. Maladroitement, le ministre de la Défense, ami intime de Charles s'exprime sur la BBC : « La princesse montre des signes avancés de paranoïa. […] Le but est de saper la position du prince de Galles. » Cette prise de parole entraînera sa démission. Le palais ne veut pas jeter d'huile sur le feu : ils vont « l'aider à définir avec précision son futur rôle et continuer de lui apporter notre soutien, tant qu'elle est membre de la famille royale ».

Face à ces réactions, la princesse pense avoir réussi : « Je crois que grâce à cette émission j'ai enfin gagné mon indépendance. » Quelques semaines plus tard, elle se rend à New York. Ce voyage très médiatisé est un triomphe. Elle y reçoit le prix international de l'aide humanitaire de l'année et la presse est sous le charme : « Di conquiert la grosse pomme ! »

Les vieux démons ne sont pourtant pas loin. L'attitude de Tiggy agace prodigieusement la princesse. Quelle est donc cette manière de se faire passer pour la belle-mère parfaite ? Bien sûr, elle est jeune, pétillante et les petits princes l'adorent. Mais elle prend trop de place ! Diana se sentant déjà exclue de sa propre famille ne le supporte pas. Il est vrai que la jeune Tiggy ne lésine pas. Elle organisera même en 1998 les 50 ans de Charles en grande pompe à Highgrove au nom de ses fils sans inviter Camilla... Elle est habile.

Diana n'a pas dit son dernier mot. Lors du traditionnel arbre de Noël du personnel des Galles, le 14 décembre, elle décide d'affronter la jeune femme. Elle détient l'arme parfaite ! Elle s'approche de Tiggy et lui murmure avec un air compassé : « Je suis désolée pour le bébé. » Tiggy s'échappe, en pleurs. Charles et la reine sont scandalisés. La reine missionne son fidèle Fellowes pour mener l'enquête. De quoi Diana parlait-elle ? Tiggy aurait avorté d'un enfant du prince Charles avec qui elle entretiendrait une liaison. Les ingrédients d'un scandale royal ! Si l'enquête laisse apparaître des visites gynécologiques et deux séjours à l'hôpital, le secrétaire particulier de la reine écrit : « Vos allégations concernant Tiggy sont totalement infondées. Sa relation avec le prince de Galles n'a jamais été qu'une relation professionnelle. À la date du présumé avortement, elle se trouvait à Highgrove avec William et Harry. Il est dans votre plus grand intérêt de retirer vos accusations. En l'occurrence, vous vous êtes vraiment trompés. » Rien n'a jamais été prouvé, même Paul ne croit pas que ce soit vrai et Bashir avait utilisé cette information pour attiser la haine de la princesse. Sous les conseils de son avocat, Diana finira par étouffer cette affaire à l'amiable. Nul besoin d'un scandale supplémentaire.

Indépendamment de Tiggy, Diana savait qu'elle venait de perdre une très importante bataille. Très vite, elle regrette cette émission. Elle en avait trop dit. C'était une attaque bien trop frontale. Elle s'en rend compte désormais. La confiance était définitivement rompue. Rien ne pourrait plus arrêter la machine infernale du palais lancée à son encontre.

Quelques jours avant Noël, la reine adresse à Diana une longue lettre dans laquelle elle indique à sa belle-fille que, désormais, ils doivent « divorcer rapidement », et ce « dans l'intérêt de la nation ». Si Diana avait parfois menacé Charles ou sa belle-mère, ce n'est pas ce qu'elle désirait. La reine pensait, à raison, que le déballage public n'avait que trop duré. Elle avait décidé d'intervenir. L'archevêque de Canterbury et le Premier ministre étaient au courant, disait-elle. La lettre n'est pas agressive, mais Diana sent la peine de sa belle-mère face à leurs comportements. Elle comprend qu'elle soit contrariée, mais son divorce ne peut pas être traité ainsi, comme une simple affaire administrative. Elle s'entretient avec sa belle-mère pour en discuter. Alors que la princesse s'apprête à répondre, elle reçoit la lettre de Charles. Une même requête presque dans les mêmes mots… « Une situation triste et compliquée » à laquelle il devait être mis fin. Cela ne pouvait pas être un hasard. Charles demande officiellement le divorce à son épouse. C'est une inévitable « tragédie personnelle et nationale ».

Diana contrariée du peu d'égards réplique plus vertement qu'elle ne l'avait initialement envisagé : « Votre requête m'a laissé sans voix. Je ne consens pas à un divorce immédiat ». Quoi qu'ils en disent et, deux mois durant, elle maintiendra sa position. Puisque c'est ainsi, elle doit préparer sa défense et chiffrer ses demandes. À l'instar de ses congénères, la princesse n'a pas la moindre idée du coût de son train de vie. La reine s'enquiert régulièrement de l'avancée de sa décision. Elizabeth et elle ne partageaient pas grand-chose. La reine avait été choquée que la princesse se livre ainsi à deux reprises, mais elle lui portait toutefois une grande affection. Elles avaient un point commun merveilleux : le bien-être des garçons et autour de ça elles resteraient proches et en très bons termes jusqu'à sa disparition. Son monde s'était écroulé. Les fêtes de fin d'année s'annonçaient bien tristes. Durant plusieurs semaines, Diana sombre dans la dépression, les pleurs, les insomnies. La douleur d'avoir perdu. La confirmation soudaine qu'elle ne deviendra jamais reine. Pourtant, elle essaie d'aborder son avenir sereinement au moment où elle écrit : « 1996 sera une heureuse année et j'ai hâte d'y être ».

Elle finit par reconnaître qu'il n'y a pas d'autres solutions qu'un divorce. La reine ne fait que son devoir : elle doit protéger la monarchie. Elizabeth s'inquiète aussi pour ses petits-enfants. Comment vivent-ils d'être au milieu d'un champ de bataille perpétuel ? Si Diana ne voulait pas divorcer, et surtout ne pas être évincée de la famille royale, c'était en grande partie pour ses enfants. Un temps, elle avait envisagé de faire annuler le mariage pour tromperie. Son mari ayant volontairement menti pour des raisons politiques, elle aurait probablement obtenu gain de cause. La conséquence toutefois était inacceptable : ses enfants auraient été illégitimes.

La reine a raison. Le divorce est l'unique solution. Les discussions avec la reine sont pacifiées. La reine n'est pas contre Diana. Elles se sont toujours bien entendues et il n'y a aucune raison que cela change. Elles se retrouvent systématiquement sur un point : le bonheur des enfants. Ils ne doivent pas être des dommages collatéraux.

Charles, quant à lui, reste bien silencieux. Diana n'hésite pas à lui exprimer son amour. Elle voulait se marier et elle divorce contre sa volonté. Le mariage du siècle était devenu l'instance de divorce la plus médiatisée du monde. Si le public soutient Diana, l'establishment est avec Charles. Charles est courroucé de la lenteur du processus. Refusant de la voir et ne parlant qu'à ses avocats, il finit par lui écrire : « Allons de l'avant, cessons de remuer le passé et de nous faire du mal. »

Une fois prête, et après sa dernière discussion avec la reine autour du thé, la princesse décide de s'octroyer la primeur de l'information. Elle sait depuis longtemps qu'il faut parler en premier pour imprimer sa vérité. Elle fait publier le communiqué de presse suivant : « La princesse de Galles a accepté la demande de divorce du prince Charles. La princesse continuera à participer à toutes les décisions concernant les enfants et restera au palais de K, avec des bureaux au palais St James. La princesse de Galles conservera son titre et s'appellera Diana, princesse de Galles. Charles et Diana partageront la garde de William et Harry, selon les dispositions en vigueur depuis leur séparation. » Le palais n'ayant pas apprécié cette communication intempestive s'empresse de répliquer : « La reine a été très intéressée d'apprendre que la princesse de Galles avait accepté de divorcer... Tous les détails de cette affaire, y compris les titres, restent encore à discuter et à régler. Cela prendra du temps. »

C'est ainsi que s'ouvrent d'âpres négociations qui dureront plusieurs mois. Tous les coups sont permis dans cette bataille et Diana n'est pas décidée à lâcher quoique ce soit. Elle a fait appel à deux avocats qui ne sont pas liés à l'establishment. Ils seront indépendants des pressions du palais et c'est essentiel. Lord Mishcon et Anthony Julius l'accompagnent dans cette épreuve. La princesse ne se défait jamais de son humour. Quand le jeune intellectuel Anthony l'informe qu'il n'est pas spécialiste des divorces, elle le rassure : elle aussi, c'est son premier ! Jamais pendant la procédure la princesse ne perdra son sang-froid. Elle ne se considère pas comme une victime et fait face avec courage à toutes les pressions. Devant les conseillers divers, elle garde son cap. Dans la bataille de la presse, Diana gagne du terrain. Elle a l'opinion publique avec elle et ça change tout. Une véritable arme contre son mari. Elle s'amuse à embraser le débat public pour prendre l'ascendant sur ses adversaires. Elle appelle son ami Richard Kay : elle va perdre son titre, laisse-t-elle échapper. La situation devient vite manichéenne : les « méchants » du palais contre la « gentille » Diana. Le temps joue en sa faveur. Charles est pressé de divorcer, pas elle !

Comme souvent dans les divorces en vue, la polémique se cristallise autour de l'argent. Diana considère que la moitié des possessions de son mari doit lui revenir. Comprenant qu'il n'en est pas question, elle requiert ensuite 30 millions de livres et deux résidences ; une en ville et une à la campagne. La princesse veut maintenir son niveau de vie pour ses fils. Les comptes se multiplient. Chacun liste ses possessions et l'intégralité des cadeaux reçus officiellement pendant quinze ans. Contrairement au divorce des York, la situation financière est très complexe. Charles possède beaucoup de choses. Buckingham Palace est à la manœuvre.

Dans cette bataille comptable, Diana dispose de nombreux arguments. Outre sa maîtrise de l'opinion publique, elle menace de s'installer aux États-Unis. Les princes vivant sur le sol américain, voire y réalisant leurs études, il n'en est pas question. Pour montrer sa détermination, elle se rend plusieurs fois à New York durant cette période. Lady Diana adore l'Amérique. Elle trouve que l'establishment y est moins oppressant et jouit d'un relatif anonymat au pays du *star-system*. Bien qu'elle n'ait jamais pensé sérieusement s'y installer, l'effet de levier est efficace. Le palais rehausse sa proposition de cinq millions pour atteindre les quinze millions de livres en échange d'une clause l'empêchant de s'expatrier. Agacé de cette procédure, il essaie d'outrepasser Me Julius pour s'adresser directement à Lord Mishcon. Cette vaine tentative mettra Diana encore plus en colère. Au mois de mai, elle indique clairement à la reine qu'elle retirera son consentement si ses conditions ne sont pas acceptées. Après tout, elle se fiche de divorcer. Pour prononcer un divorce sans consentement réciproque, la séparation doit avoir cinq ans révolus. D'ici deux ans, la situation ne pourra qu'aller encore plus en sa faveur. Diana sait y faire. Lors du spectacle d'Eton auquel ils assistent tous les deux, elle s'assied à côté de Charles et l'embrasse sur la joue avant qu'ils ne se séparent pour rentrer. Elle est là et bien là. Désormais, c'est de notoriété publique.

C'est le 13 juillet que la bataille s'achèvera enfin à ses conditions. Elle a accepté la perte de son titre en échange d'une indépendance financière : dix-sept millions de livres et une rente de 400 000 livres annuelle. Elle garde la jouissance de son appartement de Kensington Palace, des bijoux royaux et de l'avion de la reine. C'est la reine qui réglera la facture. La tranquillité n'a pas de prix ! Diana se voit imposer l'obligation de demander la permission pour emmener ses enfants à l'étranger et ne pourra jamais s'y installer. Elle est également soumise à une clause de confidentialité lui interdisant de divulguer tout renseignement sur les Windsor, la couronne, son mariage et son divorce.

L'audience à Somerset House n'avait pas duré plus de trois minutes et ils ne s'y étaient même pas rendus, laissant le soin à leurs avocats respectifs de signer pour eux. L'affaire n° 31 fut une formalité ce jour-là, car tout s'était joué en secret avant. Le jugement provisoire deviendrait définitif dans cinq semaines. Après cette étape, les relations s'étaient un peu apaisées. Le prince avait rendu une visite impromptue à son ex-épouse. « J'imagine que vous êtes venu récupérer vos meubles ? », lui avait-elle lancé. Ils avaient plaisanté et bu le thé. « Charles et moi sommes amis et nous restons courtois l'un envers l'autre. Je crois qu'il se rend compte de ce qu'il a perdu avec moi. Je n'ai aucune haine envers lui. Toutes mes souffrances ont fait de moi la personne que je suis. »

Son deuil avait commencé. Le matin du 28 août 1996, Diana se lève pleine d'espoirs. Elle prend la chose avec philosophie :

une nouvelle vie pour de nouveaux horizons. Il faut désormais avancer sans se retourner : « Nourrir la rancœur, c'est s'efforcer de changer ce qui est. De cette impossibilité naît le ressentiment. » Elle connaît aussi sa part de responsabilités et réfléchit souvent aux raisons de l'échec de son mariage. Avant de sortir déjeuner au ballet national pour rencontrer la nouvelle troupe, elle a échangé rapidement au téléphone avec son beau-frère : « c'est une fin tragique pour une merveilleuse histoire », lui a-t-il concédé. Le divorce va être officiellement prononcé. Vêtue d'un tailleur bleu ciel, elle est sortie de Kensington le cœur léger, portant son alliance et sa bague de fiançailles. La page n'était pas si simple à tourner.

Si la reine avait été clémente avec la mère du futur roi d'Angleterre, elle avait décidé que Diana ne serait plus une Altesse Royale. Ce titre qui s'octroie et se retire au bon vouloir du monarque avait en son temps été retiré à Wallis Simpson. Diana garde l'intégralité de ses titres et sera toujours la princesse de Galles, mais ce ne sera plus une Altesse Royale. Ce retrait a pour conséquence qu'elle doit déférence à tous les membres de la famille royale. Les observateurs jugent cela mesquin. Cette humiliation est en fait une punition. Désormais, Diana devra s'incliner face aux autres membres de la famille royale.

Seule Marie-Christine de Kent la soutient et ne s'en cache pas : « J'ai été horrifiée d'apprendre par la presse que maintenant que votre titre vous a été enlevé, on s'attend à ce que vous vous incliniez en public devant moi… Je vous assure que cela me causerait le plus grand embarras et je vous conjure de n'en rien faire. J'ai toujours admiré votre courage et votre force. Si seulement Charles vous avait aimé dès le début, tout ceci ne serait jamais arrivé. Vous pourrez toujours compter sur mon soutien. ». Pour la reine, c'est une volonté de faire comprendre que Diana n'est plus membre de la famille royale. C'était aussi une vaine tentative pour la faire disparaître de la scène médiatique au profit de Charles. Son fidèle majordome la réconforte : « Vous n'avez pas besoin d'un titre ou que vous alliez dans le monde on vous connaît sous le nom de Lady Di et nul ne peut vous l'enlever. » Toutefois, la plus grande consolation vient de son aîné qui lui promet de lui rendre son titre lorsqu'il sera roi. Sa nouvelle vie repose sur son indépendance. La reine a peut-être raison : « Dorénavant je n'appartiens plus qu'à moi-même », dit-elle fièrement.

Les derniers mois ont laissé des traces. Il faut mettre un terme à la guerre des Galles. Charles engage un nouveau secrétaire particulier adjoint : Mark Bolland. Cet ancien du marketing et de la *Press complainte commission* a obtenu son poste grâce à Camilla et a pour mission de redorer l'image du prince. Il décide de licencier Richard Aylard, qu'il juge responsable du fiasco Dimbleby, et tous ceux impliqués depuis, trop longtemps dans la guerre. Plus officieusement, sa mission est d'imposer Camilla. La reine n'y tient pas, mais Charles décide d'officialiser sa relation. Finalement, l'opinion ne l'accueille pas si mal. Elle l'érige en modèle de patience et de détermination de celle qui a attendu son prince. Lorsqu'elle sera évincée par Tiggy de la fête des 50 ans du prince, elle dira publiquement : « Toute la douleur de mon passé refait surface, je me sens tellement mal, j'ai tellement peur. » Le peuple commence à l'apprécier.

Quant à Diana, sa nouvelle vie se prépare, mais elle gardera toujours une affection particulière pour son prince. À l'été 1997, quand un journaliste lui demande si elle reprendrait Charles s'il s'excusait, elle confesse que oui. Depuis leur séparation, l'aristocratie a pris ses distances. Avant, elle croulait sous les invitations, aujourd'hui, elle n'est que très peu sollicitée. La princesse se passe volontiers ce qu'elle appelle « les amis par beau temps ». C'est désormais elle qui invite sans formalisme. Chez Diana, on rit et on passe de bons moments, simplement. Elle accueille aussi des soirées entre filles où les rires emplissent les appartements. Elle fait du tri dans son entourage et ses amitiés se veulent légères. Elle se lie avec Cosima Somerset, avec laquelle elle partage de longues conversations, des vacances ou encore des soirées. Elles avaient toutes deux vécu un divorce pénible et se retrouvaient autour de ce point commun. « Nous avions toutes deux quitté de grandes familles très puissantes et nous avions perdu leur protection. On nous considérait comme des hystériques ou des idiotes, des femmes instables à tendance paranoïaque, beaucoup d'enfants de divorcés comme Diana et moi ne se défont sûrement jamais du sentiment de rejet qu'ils éprouvent quand l'un de leurs parents les abandonnent. Nous avions d'autres centres d'intérêt en commun, telle la spiritualité. Et la parapsychologie. Diana n'était pas ce que l'on appelle une croyante, mais elle était comme moi : elle cherchait une explication aux souffrances et aux drames qu'il y a dans le monde. Si l'on va voir des médiums, c'est parce que l'on croit à la prédestination. »

Cosima se souvient de leur attitude de collégiennes turbulentes. Lors d'un voyage au Pakistan, elles avaient tellement ri dans l'avion que Diana était tombée de son lit ! Un autre fou rire avait éclaté lors d'un week-end à Majorque dans une salle de restaurant guindée qui passait en musique de fond la chanson *Je t'aime moins non plus* et ses bruits équivoques. Elle mène une vie de célébrité aisée sans contrainte : dîner en ville chez Taki, rencontre avec Oprah Winfrey (qui plus tard deviendrait confesseur de son fils), Caraïbes à Noël, etc. Les propositions affluent : Kevin Costner veut tourner un Bodyguard II avec elle, Revlon souhaite en faire son ambassadrice internationale. La vie est fun. Triste aussi parfois.

Sa solitude lui pèse et elle aimerait rencontrer quelqu'un, mais comment ? La pression de la presse n'est pas retombée, bien au contraire. Richard Kay le reconnaît : « La presse britannique perdit franchement la tête au sujet de Diana.

Les journaux étaient à l'affût du moindre de ses mouvements. Personne n'a jamais autant été harcelé ; je crois qu'on avait tendance à oublier qu'elle était encore un être humain cherchant à vivre sa vie et cela faussait complètement notre approche à son égard ». Diana est usée de ces intrusions permanentes : « Je ne peux plus les supporter, j'ai l'impression d'être violée. » Son leitmotiv est désormais : s'alléger.

Moins de contraintes, moins de personnel, moins d'activités. Moins. Juste moins. Dans cette tentative de se délester, elle décide aussi de se défaire de son style princesse. Fabuleuse trentenaire, elle s'assume et ça se voit ! Catherine Walker, styliste à ses côtés depuis toujours, s'en réjouit : « J'étais ravie, la vraie personne était devenue suffisamment forte pour surpasser l'image. » Son divorce a encore renforcé sa notoriété. Elle n'est plus juste la princesse du conte de fées, mais aussi une femme indépendante, une divorcée qui s'assume !

C'est ainsi qu'en juin 1997, elle décide de vendre aux enchères une centaine de ses robes. « Je suis extrêmement heureuse de pouvoir ainsi recueillir de l'argent à des fins caritatives. Oui, bien sûr, cela m'a déchiré le cœur de me débarrasser de toutes ces ravissantes robes. Mais je suis ravie que d'autres puissent maintenant partager la joie que j'ai ressentie en les portant. Ma vie s'oriente vers de nouveaux horizons ; les vêtements ne sont pas aussi essentiels à mon travail qu'avant. » Christie's organise la vente à New York. Elle permettra de récolter 7 millions de dollars en une soirée. Une franche réussite ! L'argent sera réparti entre plusieurs fonds en faveur de la lutte contre le sida ou encore le cancer.Pour Diana, c'est une forme de thérapie. Après avoir posé une dernière fois dans toutes ses tenues, en mode informel, elle pouvait aller de l'avant. La romancière Irène Frain la raconte comme une petite fille se déguisant, riant aux éclats sans fard et sans apparat. Outre cette vente aux enchères, elle se sépare de la plupart de sa garde-robe en faisant don aux personnes de son entourage ou à des boutiques. Elle en vend même quelques-unes en échange d'argent liquide ! De l'argent liquide, voilà une chose bien banale dans la vie que la princesse n'avait jamais pu expérimenter. L'apaisement naît aussi de son souhait de se réconcilier avec son passé et avec les deux femmes qui l'avaient hanté : Camilla et Tiggy. « Quand vous êtes heureuse, vous pouvez oublier l'affaire la plus grave. »

Soupçonnée par une amie de quitter Londres, car Charles organisait une fête pour Camilla, elle plaisante : « Et si je leur faisais une surprise, par exemple jaillir du gâteau d'anniversaire comme dans *Certains l'aime chaud* ? » Camilla est le grand amour de Charles, elle l'a compris et accepté. Elle s'amuse à demander à Lady Bowker ce que les deux C entrelacés de sa ceinture Chanel siglée CC représentait. Face à la réponse toute logique de sa collègue, elle rétorque : « Vous n'y êtes pas, c'est le monogramme Camilla-Charles. » Et dire, que quinze ans plutôt ces deux C entremêlés aux poignets de son mari l'avaient rendu malade à en mourir. Le chemin avait été difficile, mais enfin elle voyait la lumière.

Pourtant, cette nouvelle liberté la menace. Son indépendance devient dangereuse. Elle n'est plus protégée, y compris d'elle-même. Parfois, les idées noires reviennent. À Ken, elle dit : « Si je meurs, vous leur direz qui je suis. » Quel drôle de pressentiment que celui de votre propre mort. Penser que vous allez mourir jeune vous pousse à vivre plus vite.

Après son départ officiel de la famille royale, Diana décide de réduire ses engagements. Elle démissionne de 93 associations dont elle est marraine et garde son intervention dans les six œuvres où elle est la plus investie : Centrepoint, le National Aids Trust, Leprosy Mission, le ballet national, l'hôpital pour enfants de Great Ormond, le Royal Marsden Hospital. Cela ne l'empêche pas pour autant de poursuivre ses bienfaisances dans l'ombre, comme lorsqu'elle va à la rencontre de prostituées pour leur donner de l'argent. Au long de son engagement, la princesse ne s'était jamais perdue en mondanités. Ce n'est pas sa source de motivation. Ce qu'elle veut, c'est agir. À cette période, elle envisage de créer sa propre structure pour lever des fonds et ainsi les employer comme bon lui semble. Elle veut surtout en contrôler l'utilisation. Pour faire plus, il faut qu'elle décide seule. Sa notoriété sert ses causes, mais l'image ne suffit plus. Activisme et philanthropie, tel était le savant mélange auquel elle croyait fermement. Malgré ses funestes pressentiments, elle planifie des projets d'avenir.

Son rêve, et elle l'avait exprimé clairement lors de son interview à la BBC, était de devenir ambassadrice humanitaire internationale. Jusqu'alors freinée par le système, elle veut dépasser les apparences. C'est à ce moment que la profondeur de son engagement se révèle. Elle croit que nombre de problèmes naissent de l'ego et de l'agressivité des hommes et de leur manque de sensibilité. Sa touche féminine peut faire la différence, elle en est convaincue.

Le Premier ministre Major et Lord Hurd soutiennent ce projet, mais Buckingham s'y oppose fermement. Une fois de plus, la princesse vit dans la contradiction : louée à l'étranger, elle n'est pas reconnue dans son pays. Quand Tony Blair accède au pouvoir en mai 1997, il comprend vite l'atout que représente la princesse. Puisque le palais ne le comprend pas, il l'utilisera officieusement. « Elle possédait une extraordinaire capacité de pénétrer dans un domaine qui aurait pu soulever des controverses et de clarifier subitement aux yeux des gens la chose à accomplir. Il s'agissait en soi d'une qualité extraordinaire, et je pensais que nous pouvions l'exploiter de toute sorte de manières pour faire le bien des gens. »

À la fin de l'année 1996, elle découvre son nouveau combat. Lord Richard Attenborough la sollicite pour qu'elle soit l'invitée d'honneur à la première de son film *Le temps d'aller,* réalisé en partenariat avec la Croix rouge britannique. Ce film aborde le sujet des mines antipersonnel. La princesse est scandalisée : une agression contre des innocents. Les victimes ne meurent pas toutes, mais restent mutilées. Cela constitue un crime permanent contre les civils. Les victimes se prolifèrent. Quand on porte secours, on risque sa vie. Elle sait qu'elle doit intervenir. Cette nouvelle manière de s'engager lui offre un enthousiasme retrouvé. Elle a trouvé sa voie. Le sujet crée la polémique politiquement, mais Diana s'affranchit de la controverse. Quand l'establishment s'offusque (avant l'arrivée de Blair), elle rétorque avec une naïveté feinte : « J'essaie seulement d'aider. » Elle est incontrôlable. Elle fait honte à la Grande-Bretagne. Elle ne se démonte pas : « Je ne suis pas une figure politique et je n'ai pas l'intention d'en devenir une [...] je viens avec mon cœur pour faire connaître les gens dans la détresse, que ce soit en Angola ou ailleurs. Il se trouve que je suis une humanitaire. Je l'ai toujours été et le serai toujours ».

Le débat devient politique : les conservateurs au pouvoir contre l'opposition démocrate libérale emmenée par Tony Blair. La princesse n'y prête pas attention. Ses intérêts sont humanitaires. Tous les rapports internationaux sont alarmants. Les mines touchent principalement, des pays pauvres et les blessés sont livrés à eux-mêmes. Les enfants sont des victimes privilégiées, heurtés quand il joue. Un drame international au vu et au su de tous. Diana le clame haut et fort : « Tout le monde est coupable. Les mines qui explosent aujourd'hui au Cambodge sont des engins américains récupérés au Vietnam. Les Malouines sur terre et sur mer sont truffées de mines *made in England.* » Major est hors de lui. Mais qu'elle s'occupe donc des malades et des sans-abri en Angleterre ! C'est trop tard. Son écho est planétaire. Elle réclame l'arrêt immédiat de la production. La princesse manie à la perfection la compassion pour les victimes et le fond des sujets. Son discours n'est jamais mièvre et elle connaît tous les chiffres par cœur. 110 millions de mines menacent. 1 million de victimes en 20 ans. 25 000 victimes par an, dont les deux tiers, meurent. En 1993, quand 100 000 mines sont désamorcées, 2 millions sont enfouies. Déminer le monde entier prendrait 1 000 ans à condition de ne plus en poser aucune nouvelle. Poser une mine ne coûte presque rien, démanteler coûte extrêmement cher.

En janvier 1997, elle décide d'utiliser une fois encore sa popularité pour sa cause. « Je suis pourchassée par les médias alors autant en profiter. » Après sa prise de conscience du drame qui se joue, la princesse se rend en Angola. Pour elle, c'est un voyage d'affaires. Elle est là pour travailler, pas pour se montrer. Se montrer doit servir son message. C'est ainsi qu'elle traverse un champ de mines aux côtés des équipes de déminage. C'est dangereux, mais le courage de Diana n'a d'égal que son engagement. Une image aidera bien plus que cent mille mots.

Pantalon beige et chemise blanche aux manches retroussées, Diana arpente le champ en mocassin, affublée d'un gilet pare-balles et d'une visière. Après sa traversée, elle rayonne. Un immense sourire aux lèvres, elle tient dans ses mains une mine désactivée. Ensuite, elle va à la rencontre des victimes. L'autre photo marquante de ce voyage la montre à côté d'une jeune fille, Sandra, en train de mourir. La princesse la prend dans ses bras et la rassure. Cela aidera les autres enfants, lui murmure-t-elle. Elle a un geste de mère envers cette enfant agonisante de seulement sept ans en la recouvrant d'un drap. Après son départ la fillette demandera si c'était un ange. Dur de lui dire non.

De ce voyage, la BBC tirera un film documentaire destiné à récolter des fonds pour la campagne contre les mines de la Croix rouge. Diana est présente, sans coiffure ni maquillage. Naturelle, elle porte un micro, se rend disponible et montre l'horreur de la situation. Si elle riait pour dédramatiser, elle était rentrée très marquée. Même parfaitement au courant, elle ne s'attendait pas à tant d'horreur. Ce voyage avait beaucoup aidé. La tendance s'inversait. Les nations réticentes étaient montrées du doigt. Dans les semaines qui suivent, 1 000 organisations dans 60 pays se mobilisent. En mars 1997, le mouvement est officiellement lancé et les crédits affluent. 300 millions de francs de l'Europe, 10 millions de dollars des États-Unis. Un bon début !

Lady Diana poursuit ses discours. Selon elle, il n'y a pas d'équivoque : c'est un problème créé par les Hommes, et c'est à eux de le régler. Elle réitère son action internationale peu de temps avant sa mort en se rendant en Bosnie en août 1997. Là-bas, elle assiste à l'entraînement de l'équipe de volley du comité des handicapés. Sa compassion redonne l'espoir aux victimes : « Son don de réconfort auprès des souffrant repose sur cette conscience que le silence est bienfaisant. Elle n'était pas volubile bien au contraire. Parfois pendant un accès de chagrin elle tendait la main pour toucher le bras ou le visage de la personne », raconte quelqu'un qui l'accompagnait. Elle avait cette capacité à garder son sang-froid, en toute circonstance, « l'attitude d'une infirmière professionnelle et attentive ». Son frère confirme que ce sujet lui tient tout particulièrement à cœur : « La dernière lettre que j'ai reçue d'elle traitait uniquement des mines antipersonnel. [...] Elle ne parlait nullement de ses amours estivales, mais bien de la campagne anti-mines ». Sa prochaine mission est programmée en octobre 1997 : le Cambodge et le Vietnam. Dans l'avion du retour de Bosnie, elle lève son verre à ce voyage à venir avec son équipe. Il n'aura jamais lieu, mais son action lui survivra. Ainsi, en septembre 1997, 89 nations se réunissent en sommet international à Oslo pour finaliser un traité d'interdiction des mines antipersonnel. Les observateurs éclairés l'appelleront le « traité Diana ». En octobre, le prix Nobel de la paix sera attribué à Jody Williams, la coordonnatrice de la campagne internationale. Elle lui rendra un hommage posthume dans son discours de réception : « La princesse de Galles a donné un visage aux victimes ». En décembre 1997, un nouvel accord encore plus volontariste sera signé lors de la convention d'Ottawa.

Si avant la signature de son divorce, Diana se montre discrète sur ses amours, c'est parce qu'elle pense enfin avoir rencontré la bonne personne. Elle a désespérément besoin d'amour et d'un compagnon de vie. Elle sait pourtant que pour l'autre rien ne sera jamais simple. Il sera passé au crible de la presse et son intimité s'envolera en même temps que leur relation naîtra. De nombreux prétendants lui faisaient des avances et bien que trahie très souvent, elle voulait y croire.

C'est en septembre 1995 qu'elle rencontre le Docteur Hasnat Khan, chirurgien cardiaque, lors de sa visite à un proche ami récemment opéré. La princesse tombe sous le charme de ce Pakistanais de 39 ans. Celui qu'elle surnommera affectueusement Natty ne l'a même pas reconnu ! « Il est le premier homme à être complètement indifférent au glamour de Diana », dit son amie Cosima et cela plaît à la princesse. Homme d'esprit, intelligent et passionné par son métier, Mr Wonderful a tout pour plaire. Lui, il aime son empathie naturelle.

« Elle était très bonne pour juger les gens. Lorsqu'elle rencontrait mes patients et leurs familles, elle savait instinctivement et avait une qualité naturelle d'empathie. En fait, c'était tellement instinctif que j'ai commencé à l'appeler "la sorcière" ! Elle a adoré ça. » Elle en tombe très amoureuse et apprécie leur idylle en secret. Se déguiser pour aller écouter du jazz à Soho a quelque chose d'excitant. Avec lui, Diana apaise ses vieux démons et veut croire à une nouvelle vie. Elle envisageait son avenir avec lui. Un mariage ? Peut-être. Hasnat le pensait en tout cas. Il dira en 2004 lors de l'enquête sur sa disparition qu'elle avait parlé de l'épouser et de déménager au Pakistan, car elle était persuadée que c'était « la seule façon de mener une vie normale ensemble ». Elle confie à Lucia : « Il est toujours très occupé et son travail compte tellement pour lui. Je n'arrête pas de lui répéter qu'il n'est pas obligé de travailler à l'hôpital. Nous pourrions faire une équipe formidable. Nous pourrions faire mon travail ensemble, mais il ne veut rien savoir. » Elle se sentait prête à aborder la suite.

En février 1996, elle se rend en visite privée au Pakistan. À la faveur de ce voyage, son soutien à l'hôpital pour cancéreux créera un incident diplomatique. En effet, cet établissement a été fondé par Imram Khan, un opposant au régime. Sa femme, Jemina, n'était autre que la fille de ses amis, Jimmy et Annabel Goldsmith. Elle se rendra à plusieurs reprises au Pakistan espérant s'attirer les grâces de la famille Khan. À chaque passage, elle essaie de se montrer sous son meilleur jour. « J'ai trouvé la paix, il m'apporte tout ce dont j'avais besoin. » Elle est prête à changer de vie, à se convertir à l'islam s'il le faut. Rien n'y fait, le père d'Hasnat a une vision de castes. Son fils doit épouser une femme riche issue de la haute bourgeoisie ou de la tribu, a minima, pakistanaise et musulmane. Le docteur bedonnant vivant dans un deux-pièces à Chelsea n'a que faire de la mode ou de la vie de château. Bien qu'ils soient très différents, leur histoire s'envole. Hasnat lui présente sa grand-mère, elle lui présente ses fils.

Diana suggère d'officialiser leur relation et qu'il s'installe à Kensington Palace. Lui, il ne se sent pas prêt, pas prêt à assumer la pression des médias, la perte de son intimité. La simple rumeur du sérieux de leur liaison l'avait rendu malade ! Diana n'y était pour rien. Elle découvrira plus tard que sa conseillère, Simone Simmons, avait été payée 1 000 livres par semaine pour livrer des confidences au *Sunday Mirror*. Diana aime sans concession et attend la même chose en retour. Elle ne peut pas être rejetée, encore… Elle devient possessive.

Elle l'appelle ou le bipe plusieurs fois par jour. Elle veut se marier. Elle veut qu'il soit à sa disposition. Elle veut contrôler sa vie. Contrôler pour ne pas être abandonnée. Contrôler pour se rassurer. Quand elle demande à l'un de ses amis de lui trouver un poste en Afrique du Sud pour qu'ils puissent s'y installer, c'en est trop pour Hasnat ! En voulant le rapprocher d'elle, elle l'éloigne. Ils se séparent en juillet. Jamais Hasnat ne s'exprimera sur leur liaison. Certains lui disaient de rétablir la vérité. « Ce n'est pas ma façon de faire », répond-il calmement. Il attendra dix ans pour livrer son sentiment sur la princesse. Il ne comprend pas qu'elle soit encore adulée alors que la « banalité » était la plus attrayante de ses qualités. « Je la trouvais très normale avec d'énormes qualités et des défauts, nous avons tous des défauts. » Il n'était pas question de trahir « son amie ». « Je ne parle d'aucun ami ou membre de ma famille devant qui que ce soit. Je suis comme ça. Diana et moi étions de très bons amis et je me comporte ainsi avec tous mes amis. J'ai été fidèle à tous mes amis. » Il admirait son engagement et son travail. Ce n'était juste pas écrit.

Après leur séparation, Diana traverse une passe difficile. Marginalisée par la famille royale, terrorisée à l'idée de perdre ses enfants, elle lutte pour avancer. William et Harry aiment tant Balmoral et ils adorent leurs grands-parents. Bien sûr qu'elle s'en réjouit, mais la solitude la gagne à nouveau. Camilla s'impose sur la scène publique auprès de Charles. Le soutien est délicat à trouver. Ce n'est certainement pas auprès de sa mère qu'elle le trouvera. Celle-ci une fois encore n'est pas au rendez-vous. Perdre son titre lui permet de trouver son identité, dit Frances dans la presse. Mais quelle idée ! La vérité, c'est que sa mère convertie au catholicisme ne supporte pas que sa fille entretienne une liaison avec un musulman.

Alors, quand Mohammed Al-Fayed lui propose de venir séjourner dans sa villa du sud de la France, elle saute sur l'occasion pour changer d'air. Milliardaire égyptien, il est propriétaire du Ritz et des magasins Harrods. Ce vieil ami de son père avait été reconnu après l'acquisition puis la rénovation du palace parisien par des Français heureux de voir redorer leur patrimoine. En Angleterre, l'accueil avait été moins chaleureux et il avait dû se battre pour entrer en possession des célèbres magasins britanniques. Ce fils d'instituteur originaire d'un quartier pauvre d'Alexandrie s'était fait passer pour un descendant de producteur de coton égyptien. Sa fortune lui venait d'affaires croisées entre le Moyen-Orient et la Grande-Bretagne. Fasciné par la royauté, il avait acquis, pour un loyer annuel d'un million de francs, la concession pour 25 ans de la villa Windsor à Paris dans le bois de Boulogne, sous réserve de procéder à 30 millions de francs de travaux. Son Graal : être accepté par la bonne société londonienne.

Marié à la sœur d'un marchand d'armes, Mohammed est controversé. Les origines de sa fortune seraient en partie liées au sultan de Brunei. Responsable de pots-de-vin ayant entraîné la chute du gouvernement Major, M. Al-Fayed versait également de grosses sommes à des œuvres et était l'un des principaux sponsors du tournoi de polo des Windsor. Pour autant, la nationalité britannique lui sera toujours refusée. Quelle injure ! C'est pourquoi, au-delà de son amitié pour feu le comte Spencer, il avait toujours choyé Diana.

À chaque Noël et anniversaire, ils lui faisaient adresser de somptueux cadeaux. Il était prêt à tout pour qu'elle tombe dans les bras de son fils, Emad, lui ouvrant ainsi les portes de la haute société qui le rejetait depuis des années. Emad, surnommé Dodi, est un stéréotype de fils de milliardaire, playboy frivole menant une vie californienne. Né dans le luxe et l'opulence, il avait toutefois reçu une éducation classique et militaire à Sandhurst. Après une vie de fiestas londoniennes et de séjours dans ses nombreuses propriétés sur le globe, il s'était installé à Los Angeles. Ce jet-setter fortuné, aux conquêtes toutes plus hollywoodiennes les unes que les autres, était pourtant doté de belles manières. Il avait un temps été marié avec un mannequin américain, Suzanne Gregrard, avec qui il était resté en très bons termes. Producteur de cinéma, il avait été reconnu par le milieu pour son film oscarisé *Les Chariots de feu*.

Derrière cette vie de rêve, Dodi était en fait un enfant en souffrance orphelin de mère et dans l'ombre d'un père écrasant. Sport et comportements à risques l'aidaient à faire face. En cela, la princesse et lui se comprenaient. « Je me sens protégée, aimée pour moi-même », écrit-elle. « Nous sommes en train de vivre une histoire d'amour, une vraie histoire », dit Dodi. Ce n'était pourtant pas du goût de tous, en particulier de sa très récente ex-compagne, le mannequin Kelly Fisher qui s'épanchait dans la presse de sa goujaterie. « Nous souhaitons que la princesse Diana qui a beaucoup souffert soit parfaitement informée sur le comportement de M. Al-Fayed avec Mlle Fisher afin qu'elle prenne en toute connaissance de cause les décisions qui engagent son avenir et celui de ses enfants. M. Al-Fayed est parti en vacances avec la princesse Diana alors qu'il entretenait toujours de très intimes relations avec Mlle Fisher. Pire encore, ma cliente a appris par la presse, et par la publication de la fameuse photo du baiser qu'elle était désormais une femme trahie et trompée. [À sa] plus grande honte. »

S'il est vrai que Dodi avait des démêlés avec le fisc américain et des dettes, que Kelly était sur le yacht quelques semaines plus tôt à la place de Diana, il restait un homme charmant avec qui elle passait de bons moments. Détendue et souriante, elle n'avait plus envie de se cacher. Peut-être l'avait-elle trop fait ? Dodi était chaleureux et attentif et la princesse adorait ce qu'il faisait pour elle : l'emmener pour une nuit à Paris en hélico, lui offrir une montre en or sertie de diamants, etc. Bien que son côté matérialiste l'irrite parfois, c'était agréable d'être choyée. Mohamed avait fait livrer chez elle un écran géant pour les enfants et deux ordinateurs portables. Quant à Dodi il avait choisi une bague Repossi (qui créera polémique avec son nom *Dis-moi oui*). Il l'avait commandé chez le joaillier et l'avait récupéré à leur arrivée au Ritz. Diana n'aura jamais le loisir de la porter. Lui avait-il seulement offert ? Diana lui avait fait cadeau des boutons de manchette de son père. C'était probablement une marque de son attachement, mais également une manière d'honorer un ami de longue date de la famille.

Si ses plus proches s'accordent à dire qu'elle était heureuse, peu pensent qu'elle était déjà engagée sérieusement à ses côtés. Leur relation n'avait pas plus de deux mois. L'envisageait-elle sérieusement ? Peut-être. Pour quelqu'un dans sa position, ce n'était pas simple de trouver un compagnon capable d'avoir les codes de la haute société pour vivre avec une princesse tout en ayant les moyens et un côté fun. Qui aurait pu passer après le prince de Galles ? Pour Dodi, Diana aurait été un sésame partout sur la planète, et particulièrement à Hollywood. Une alliance de bons procédés en quelque sorte.

8

Tragique ou banale disparition ?

En juillet 1997, la princesse arrive avec ses enfants à Saint-Tropez. La villa forteresse ultra-protégée des Al-Fayed leur procure un peu de paix. Le yacht familial, le Jonikal, est à leur disposition. Farniente, navigation, jet-ski, courses de hors-bord : William et Harry adorent leurs vacances. Tout se déroule dans une ambiance très agréable à la couleur familiale que Diana chérit tant. Le soir, Dodi et elle sirotent un verre de vin en papotant de tout et de rien. La vie est simple sur la Riviera française. Diana ramène les garçons en Angleterre pour qu'ils retrouvent leur père à Balmoral. Après une escapade avec son amie Rosa Monckton et son mari, elle rejoindra à nouveau Dodi sur son yacht. Cet été-là, elle assistera malheureusement aussi aux obsèques de son ami Gianni Versace assassiné à Miami Beach. Ce sera l'occasion de se réconcilier avec Elton John après leur brouille à propos du livre de Versace. L'ouvrage, préfacé par Diana, laissait apparaître des photos d'elle et ses fils entre des photos de mannequins nus. Elle avait été scandalisée. Refusant d'offenser la reine, elle avait demandé le retrait des parties la concernant entraînant une brouille légendaire avec ses deux amis. Tout ceci lui paraissait bien futile désormais.

Côte d'Azur, Corse, Italie, Sardaigne, le charme méditerranéen opère. Cette fois-ci, les journalistes sont là. Alors qu'elle bavarde avec eux, certains rapportent qu'elle leur aurait promis un scoop dans les semaines à venir. Face à l'emballement médiatique, causé par ce qui devait certainement être une boutade, son attaché de presse publie le communiqué suivant : « Diana, princesse de Galles, souhaite faire savoir qu'elle n'a pas accordé d'interview exclusive aux reporters hier. Son but, en discutant avec les journalistes, était simplement de savoir combien de temps ils comptaient rester dans le sud de la France, car la présence oppressante des médias est extrêmement pénible pour les enfants. Il n'a nullement été question de la possibilité de faire une déclaration à l'avenir. » Elle laisse échapper quelques confidences et se prendre en photo, car, bien qu'elle tienne à sa tranquillité, elle ne peut s'empêcher d'agacer Charles ! Évidemment, dans la ville la plus branchée de la Méditerranée et en compagnie d'un milliardaire controversé, la presse ne les lâche pas. Agacée de la pression, elle s'amuse auprès d'une amie de sa garde-robe de bain. « Je vais le porter pendant tout le reste des vacances. Cela va les embêter parce qu'ils auront la même photo tous les jours ! », lui dit-elle à propos de son maillot léopard. Bronzée, musclée, la princesse Diana ressemble à une naïade avec ses cheveux mouillés. Maillot identique ou non, les photographes sont satisfaits.

Lors de son passage à Paris fin juillet, elle avait accordé une interview à Annick Cojean pour *Le Monde*. Il s'agissait de commenter une photo. En l'occurrence, celle où elle portait un enfant pakistanais dans ses bras. La journaliste française garde un souvenir touchant de la princesse : « Elle rayonnait, l'âme à fleur de peau. Et la peau transparente. Ce n'était pas une question de beauté. Simplement de vérité. Ce qui frappait le plus quand on la rencontrait, derrière son sourire poli, sa poignée de main déliée, son battement de cils charmant. L'impression d'accéder immédiatement au cœur. Le sien était ardent. » Dans cet article paru seulement quelques jours avant sa mort, la princesse s'exprime sur la presse et le chemin qu'elle a dû parcourir pour s'en détacher. « En Angleterre, la presse a souvent jugé scandaleux le soutien que j'apportais aux déshérités. Elle m'a reproché de prendre dans mes bras un malade du sida, elle s'est étranglée lors de ma visite pour Pakistan à Lahore dans l'hôpital créé par Imran Khan… La presse est féroce. Elle ne pardonne rien, elle ne traque que l'erreur. Chaque intention est détournée, chaque geste critiqué. Je crois qu'à l'étranger, l'approche est différente. On m'y accueille avec gentillesse, on me prend comme je suis, sans *a priori*, sans guetter le faux-pas. En Grande-Bretagne, c'est le contraire. Et je crois qu'à ma place n'importe qui de sain s'esprit serait parti depuis longtemps. Mais je ne peux pas, j'ai mes fils. Au fil des ans, j'ai dû apprendre à me situer au-dessus de la critique. Mais l'ironie fait qu'elle m'a été utile en me donnant une force que j'étais loin de posséder. Cela ne veut pas dire qu'elle ne m'a pas blessée. Au contraire, mais cela m'a donné la force de continuer sur le chemin que j'avais choisi. »

À la fin du mois d'août, Lady Diana devait rentrer à Londres pour récupérer ses garçons. Pendant son absence elle avait fait refaire son salon à Kensington Palace, preuve si nécessaire, qu'elle s'engageait volontairement dans sa nouvelle vie. Agacés des paparazzi en Sardaigne, Dodi et elle avaient quitté l'aéroport d'Olbia un jour en avance. C'est ainsi que le 30 août la princesse atterrit à l'aéroport du Bourget et entame ses dernières heures. Henri Paul, le directeur de la sécurité du Ritz les attend sur le tarmac pour les conduire. Ce Breton de 41 ans est un fidèle du clan Al-Fayed. Bien qu'il n'ait pas de formation de pilotage, il conduit de temps à autre pour eux. Il travaille pour l'hôtel depuis plus de dix ans. C'est un homme de confiance. Après une halte à la villa Windsor, quelques courses sur les Champs-Élysées, Henri les dépose au Ritz avant de rentrer chez lui. Alors que Diana reste à l'hôtel, Dodi se rend place Vendôme pour récupérer la fameuse bague qui créera tant polémique.

Aux alentours de 18 h 30, la princesse s'entretient avec Richard Kay : « Elle m'a dit qu'elle avait décidé de changer radicalement de vie. Après avoir honoré ses obligations concernant ses œuvres charitables et la campagne contre les mines antipersonnel, elle avait l'intention de se retirer de la vie publique et officielle vers le mois de novembre. » Prévoit-elle de se marier ? Richard le pense. Elle semble surtout usée des débats permanents lancés par les médias. Évidemment qu'elle n'avait pas abandonné ses fils pour passer ses vacances avec son nouvel amant, simplement les périodes avaient été réparties entre les deux parents ! L'article du *Monde* faisait du bruit. Encore et toujours la même litanie : quel était son mobile pour s'engager sur le sujet des mines ? « Je ne peux plus supporter les critiques incessantes ! » Le bruit court : Mohammed Al-Fayed va créer une fondation pour la lutte contre les mines antipersonnel. Diana assumera un rôle clé. Si sa belle-mère pense aussi qu'elle est très amoureuse de Dodi – « Elle a dit qu'elle n'avait jamais été aussi heureuse depuis des années » –, plusieurs amis en doutent. Elle passe de bons moments. Cette légèreté est bienvenue après tant d'années de souffrances. La vie était presque simple cet été-là. La princesse se reconstruit. Dodi est l'archétype du mec pansement et en cela son rôle était très important dans la vie de Diana. Le mariage n'est pas du tout dans ses pensées : « J'ai envie de me remarier comme de me pendre ! » dit-elle à Rosa, « J'ai besoin d'un mariage comme d'une éruption cutanée sur le visage ! », confirme-t-elle à Annabel.

Cela fait trois semaines et demie qu'elle n'a pas vu ses petits hommes. Elle est contrariée d'être bloquée à Paris une nuit de plus. Avant de sortir, elle les appelle. Harry en train de jouer ne prend pas trop de temps pour lui parler. Il le regrettera amèrement : « Si j'avais su que ce serait la dernière fois que je parlerais à ma mère… Les choses que j'aurais pu lui dire… Quand j'y repense, c'est vraiment très dur. Si j'avais su ce qui se passerait, je n'aurais pas été si détaché… » Ce n'est pas grave. Les enfants sont dans le temps présent. Ici et maintenant. C'est cette liberté qui plus tard nous fait défaut. Demain, ils seront ensemble. Avec William, elle évoque une séance photo à Eton, il s'inquiète que son frère soit mis de côté. Diana le rassure. Elle a hâte de les retrouver. Demain. Demain… Demain.

Diana rejoint Dodi dans le lobby et le couple quittent l'hôtel dans une Mercedes bleue conduite par Philippe Dourneau, l'un des chauffeurs attitrés. Dodi agacé par les photographes lui avait d'ailleurs demandé de conduire plus rapidement et de griller quelques feux dans l'après-midi. Les gardes du corps, Trevor et Alexander, les accompagnent. Après un passage rapide par l'appartement de Dodi, ils rentrent à l'hôtel sans aller dîner Chez Benoit comme prévu. Les paparazzi sont pressants. Ils sont exaspérés. De retour au Ritz vers 21 h 50, ils choisissent de dîner en tête à tête à L'Espadon. Les journalistes et les touristes se sont attroupés devant l'hôtel pour tenter de les apercevoir. Contrariés, ils font monter leur repas dans la suite impériale. Entre-temps, Henri, alerté par le directeur de l'hôtel, Philippe Klein est de retour sur place. À plusieurs reprises, il va à la rencontre des journalistes pour les distraire. Aux alentours de minuit, une Range Rover avec au volant leur chauffeur habituel démarre. C'est un leurre. Quelques minutes plus tard, la Mercedes de Dodi quitte également l'hôtel. Encore un leurre. C'est à ce moment-là qu'une autre Mercedes arrive à la porte de service. Dodi ordonne à Henri de la conduire. Le fidèle employé s'exécute. La Mercedes démarre en trombe avec à son bord la princesse et son amant, Henri au volant et Trevor le garde du corps.

La voiture file à vive allure dans la rue Cambon, puis contourne la place de la Concorde en direction de l'appartement de Dodi suivi par quelques journalistes à moto et d'une Fiat Uno. Plus vite. Il faut les semer. Plus vite. Ils se rapprochent. Plus vite. La voiture roule à près de 200 km/heure[1] en s'engageant sur la voie rapide au bord des quais de Seine. Plus vite. Henri double à l'entrée du tunnel du pont de l'Alma. Il perd le contrôle. Stop. La voiture percute le mur. Stop. La voiture fait un tête-à-queue. Stop. La voiture s'encastre dans le treizième pilier. Stop. Oui, la voiture s'est enfin arrêtée. Un amas de tôles brûlantes fume.

Les journalistes qui les suivaient sont sous le choc. *Putain.* La princesse vient d'avoir un accident de voiture. *Putain.* Ils se précipitent vers la voiture. Romuald Rat et son pilote, Stéphane Darmon, ont dépassé le point de l'accident. Stéphane a besoin de prendre l'air. Romuald revient sur ses pas. Il s'approche, ouvre la portière et s'accroupit auprès de la princesse. Il prend son pouls. Elle est vivante. Les secours arrivent, lui dit-il. Il sera accusé de l'avoir bougée.

Des jeunes présents sur place dont l'un est pompier et l'autre secouriste rassurent les blessés et éloignent les photographes. Vers minuit vingt, le docteur Frédéric Maillez, qui travaille pour SOS médecin, passe par hasard de l'autre côté. Constatant l'accident et l'absence de secours, il saisit son kit et se précipite vers la Mercedes. Romuald lui cède sa place. Dodi et Henri sont morts sur le coup. Trevor, à l'avant, est grièvement

---

1. Un enregistrement de vitesse a été retrouvé ayant flashé la voiture à 198 km/h.

blessé. Diana a été projetée sur le sol, elle est gravement blessée aussi. Plusieurs journalistes prennent des photos. Il n'est pas gêné pour s'approcher de la princesse bien qu'il trouve tous ces flashs indécents. Il administre les premiers secours à la princesse sans se rendre compte de qui elle est.

Alertés par des passants, deux brigadiers en patrouille dans le secteur se sont rendus sous le tunnel. Ils tentent d'éloigner les journalistes et les badauds. Les secours vont arriver, deux appels ont été passés : un par un passant, l'autre par un photographe. L'un des photographes, Christian Martinez empêché de prendre des photos, lance à un policier : « À Sarajevo, les flics ne nous emmerdent pas ! » Des flashs, des sirènes, des voitures dans tous les sens, Martinez a raison, on dirait une scène de guerre. Le klaxon de la Mercedes enfoncé par le chauffeur mort hurle depuis plusieurs minutes.

Une dizaine de minutes plus tard, les pompiers et le Samu sont sur place. Ils prennent le relais pour administrer les premiers soins à la princesse et au garde du corps. Les photographes continuent de mitrailler la voiture accidentée. Maillez dira plus tard que selon lui « il n'y avait pas plus de badauds que lors d'un accident grave ». En apparence, Diana n'a pas l'air dans un état très grave. Elle va survivre, c'est certain, se dit-il. Par moments, elle reprend connaissance. « J'ai mal, » dit-elle. Elle est désorientée. Les soins se poursuivent. Le toit de la voiture est découpé pour désincarcérer le garde du corps. Le médecin réanimateur du Samu administre des soins intensifs. Au moment de la mettre sur le brancard, la princesse fait un arrêt cardiaque. Il la réanime. À 1 h 50, l'ambulance quitte les lieux de l'accident en direction de la Pitié-Salpêtrière. Tandis que la princesse et Trevor sont conduits à l'hôpital, Dodi et Henri sont transférés à la morgue pour une autopsie. À son arrivée à l'hôpital, les équipes médicales emmenées par les professeurs Riou et Pavie constatent l'étendue de ses blessures : une plaie au poumon gauche et le cœur déplacé. Malgré leurs efforts acharnés pour la réanimer, la princesse s'envole. Il est 4 h, Lady Diana Spencer s'est éteinte.

De nombreuses questions se sont fait jour sur les modalités de prise en charge de la princesse. Les systèmes d'urgence européen et anglo-saxon sont opposés. En France, la priorité est donnée à la stabilisation sur les lieux de l'accident avant tout transfert. Ce système repose sur une communication très poussée entre les équipes de terrain et les équipes à l'hôpital. Tout doit ainsi être préparé quand les victimes arrivent sur place. En Grande-Bretagne et aux États-Unis, la priorité est donnée au transfert le plus rapide possible à l'hôpital. La Pitié-Salpêtrière n'était pas l'hôpital le plus proche, mais celui doté d'une équipe spécialisée en cardiologie et traumatismes multiples. Récemment l'un des médecins présents pour tenter de sauver la princesse a livré son témoignage de cette triste nuit : « Je me reposais dans la salle de garde lorsque j'ai reçu un appel de Bruno Riou, l'anesthésiste de garde en chef, me disant d'aller aux urgences. On ne m'a pas dit qu'il s'agissait de Lady Diana, mais seulement qu'il y avait eu un grave accident impliquant une jeune femme… […] C'est toujours impressionnant d'être confronté a une jeune femme dans cet état. Mais plus encore quand il s'agit d'une princesse… » Il explique que la jeune femme était dans un état critique et qu'après un nouvel arrêt cardiaque la situation est devenue désespérée. « On a déjà soigné des gens qui étaient dans un état plus grave que Diana a son arrivée. Mais cela ne s'est pas produit dans ce cas-là. Nous n'avons pas pu la sauver. Et cela nous a beaucoup affectés. »

Un peu après minuit et demi, les officiels commencent à arriver sur les lieux de l'accident : le commissaire Martine Monteil, chef de la brigade criminelle, Patrick Riou, le chef police judiciaire, Maud Coujard, le substitut du procureur.

Comme toujours quand des personnalités sont concernées, le procureur de Paris, Gabriel Bestard, a diligenté une enquête approfondie. Ils sont rejoints à une heure du matin par le préfet de Paris Philippe Massoni.

Les autorités décident que les journalistes sont en partie responsables de cet immense bazar. Certains se sont enfuis et ils ont la ferme intention de les retrouver. Les présents sont immédiatement conduits à la PJ pour être interrogés et placés en garde à vue. Leurs appareils et pellicules sont saisis. Leur carte de presse leur est retirée le temps de la procédure. Ils ont dangereusement troublé l'ordre public. Par ailleurs, les inculper permettra de maintenir une enquête discrète sur d'autres pistes en parallèle.

Interrogés les uns après les autres, ils expliquent ce qu'ils ont vu de la scène et tentent de justifier leurs comportements. Plus tard, Martinez reconnaîtra que la pudeur et la peur l'ont empêché d'agir. La mise sur le marché des photos fut sujette à polémique. L'un des photographes raconte : « Nous avons discuté pendant deux heures pour savoir si nous allions mettre ces photos sur le marché. En les regardant, on n'avait pas l'impression que Diana était gravement blessée. Nous avons donc décidé d'en proposer cinq. Nous n'avons distribué aucune photo de Dodi. Quand j'ai commencé à vendre ces photos, on ne pouvait pas imaginer que la princesse Diana allait mourir. On voit très bien son visage, derrière le siège avant, il est parfaitement intact ».

Venant d'apprendre la mort de sa sœur, le comte Spencer s'exprime depuis Le Cap en Afrique du Sud : « J'ai toujours pensé que la presse finirait par la tuer. Mais même moi, je n'aurais pas pu imaginer qu'ils participeraient aussi directement à sa mort, comme cela semble être le cas. Chaque propriétaire, chaque directeur de publication, chaque personne ayant acheté des photos qui l'envahissaient et l'exploitaient, ayant encouragé des individus avides et sans scrupule à tout risquer pour obtenir l'image de Diana, a son sang sur les mains aujourd'hui. » Deux ans plus tard lors du procès devant la justice française, tous les journalistes sont relaxés. Ils étaient trop loin pour avoir un impact sur la trajectoire du véhicule. Toutefois, le juge Stéphan rappellera que leur comportement « soulevait des questions morales et éthiques. [...] La présence continuelle et insistante de photographes avait poussé Dodi à prendre des décisions qui, bien qu'imprudentes, étaient en réaction au fait d'être pourchassé. » Les tabloïds anglais eurent beau jeu de s'indigner, oubliant un peu trop vite qu'ils avaient été à l'origine de tout cela. Le *Daily Telegraph* dénonce une « cruauté inhumaine » de ces supports qui aujourd'hui pleurent la princesse. « Le fait qu'ils aient aussi publié de nombreux articles idolâtrant littéralement la princesse ajoute encore au raffinement dans la cruauté et dans le cynisme. Il est intolérable que des organes de presse, qui l'ont harcelée et salie de son vivant, essaient maintenant de se faire passer pour les gardiens de son temple. » Le grand public ne fait plus la distinction entre les différents types de presse. Tous dans le même sac !

Pourtant, tous doivent poursuivre leur travail : écrire sur la princesse disparue en assumant leur culpabilité. Son ami Richard est dévasté lorsqu'il rédige son article. James Whitaker également lorsqu'il débute ses dix pages : « La fin d'un conte de fées. Diana est morte. Je n'arrive pas à croire que j'ai écrit ces mots, mais en le faisant je pleure. » Pourtant, certains cherchent à en tirer profit. Piers Morgan qui venait de quitter *News of the World* pour le *Mirror* rapporte dans son journal intime la conversation avec son ancien boss : « Écoute mon pote, Diana a peut-être été tuée par des putains de paparazzi et tu essaies de me vendre des photos de son cadavre encore chaud. Réfléchis un peu, merde... rappelle tout le monde et dis qu'il y a eu une erreur terrible et que ces photos ne sont pas pour publication... Ensuite, si j'étais toi, j'éteindrais les machines et je quitterais le pays jusqu'à ce que tout se calme.

Parce que si les gens découvrent ce que vous fabriquez, ils vont vous faire la peau ». La peur a changé de camp. Il y aura des conséquences, c'est certain. Les différents médias se rejettent la faute. Le meilleur coupable ? Les lecteurs avides de potins ! Il n'y aura pas de loi comme ils le redoutaient, mais un code de conduite pour empêcher le harcèlement.

Sur place, l'enquête démarre. La Crim' est réputée pour ce type d'affaire. L'enquête commence par les constatations : traces de freinage, compteur bloqué à 170, aucun autre véhicule sur place, test d'alcoolémie sur le chauffeur (1,87 g d'alcool dans le sang pour 0,5 g autorisé), véhicule emmené par la police scientifique, etc. De très nombreux témoins sont interrogés. Bien que les témoignages divergent, certaines constantes se dessinent. Une voiture sombre cherchait à faire ralentir la Mercedes qui était suivie par des motos. Un crissement de pneus a été entendu avant le choc. La Mercedes roulait très vite et ne maîtrisait pas sa trajectoire. Le propriétaire de la limousine, Jean-François Musa, confirme la ruse employée pour faire diversion. Philippe conduisait la Mercedes de Dodi et lui sa Range Rover.

Parallèlement, la procédure d'alerte officielle est déclenchée. Les ministres de l'Intérieur et des Affaires étrangères, le Premier ministre et le Président sont prévenus. À 1 h 42, le ministère des Affaires étrangères avertit l'ambassadeur de Grande-Bretagne, Sir Michael Jay, qui doit informer la famille royale et le gouvernement. L'ambassade alerte l'officier de garde de Balmoral immédiatement. Ce dernier communique la triste information au valet du prince Charles qui le réveille aussitôt pour lui en faire part. C'est ensuite Charles qui décide de faire réveiller ses parents. Pendant que l'angoisse et le chagrin gagnent le château écossais, de l'autre côté de la manche, le ministre de l'Intérieur et l'ambassadeur se sont rendus à l'hôpital.

À 5 h 30, l'hôpital publie un communiqué annonçant le décès de la princesse de Galles repris par l'AFP quinze minutes plus tard. Au château, on attend tristement le réveil des petits princes. Nul ne sait dans l'intimité, l'ampleur de la peine ressentie par la famille royale à cet instant. Immense, sans nul doute. Face à la mort, la famille royale redevient une famille normale. William racontera ce matin d'août 1997 de nombreuses années plus tard : « J'étais à Balmoral quand on m'a annoncé le décès de ma mère, a raconté le duc de Cambridge. Encore sous le choc, j'ai trouvé refuge dans le service religieux de Crathie Kirk le matin même. Et dans les jours sombres de deuil qui ont suivi, j'ai trouvé réconfort et consolation dans la nature écossaise. Par conséquent, le lien que je ressens avec l'Écosse sera à jamais profond. » Sa grand-mère à qui l'on reprochera bientôt son insensibilité avait eu le bon instinct.

Le majordome Paul Burrell et le chauffeur Colin Tebbutt ont appris la nouvelle. Ils sécurisent l'appartement de Kensington. Paul attrape un poudrier, un rouge à lèvres et le chapelet offert par Mère Teresa à Diana et les plonge dans son sac. Il savait à quel point Diana admirait la religieuse. Lorsqu'elle était venue à Londres, la princesse avait eu la gentillesse d'emmener la mère de Maria. Deux mois plus tôt, elle avait changé tout son emploi du temps juste pour espérer la croiser. Peut-être parce que Mère Teresa avait mesuré la solitude de la princesse, Diana se sentait à l'aise avec elle. Lors de la visite de juin, elle avait raconté à Jean-Paul Claverie à quel point Mère Teresa avait su l'entendre et comprenait ses motivations : « Je tiens une place dans ce monde. J'ai de la chance de tenir cette place. Et je suis là pour aider les autres. Je ne peux pas rester dans ce palais sans faire quelque chose pour les autres. »

C'est ainsi que Paul et Colin s'envolent pour Paris aux côtés du prince Charles. Arrivés sur place, ils sont reçus à l'ambassade de Grande-Bretagne. Paul demande à la femme de l'ambassadeur de bien vouloir lui offrir l'une de ses tenues. Ils parcourent la garde-robe et sélectionnent une robe de soirée noire et de petites chaussures assorties. Il était impensable que la princesse reste dans ses vêtements déchirés. Ses affaires avaient été renvoyées en Angleterre. Devant sa chambre d'hôpital, deux gendarmes montent la garde. Par la fenêtre, des photographes postés sur les immeubles en face essaient d'immortaliser ce moment. La leçon n'est donc pas retenue. Dans cette chambre impersonnelle, la princesse est allongée sur le lit. Seules les 24 roses envoyées par l'ex-Président Giscard-d'Estaing mettent une touche de lumière dans ses ténèbres du 31 août 1997. Il fait très chaud. Le ventilateur tournoyant au plafond fait frémir les cils de la princesse. Un instant ceux qui entrent dans la pièce pensent qu'elle va ouvrir ses grands yeux bleus. Son visage est si doux, intact. Voilà comment le plus grand paradoxe de la vie de la princesse de Galles s'illustre même dans sa mort : merveilleuse à l'extérieur, détruite à l'intérieur.

L'accueil très protocolaire aide le prince à ne pas sombrer. Paul et Colin le racontent bouleversés, mais d'une grande compassion à leur égard. Dignement, il entre dans l'hôpital et remercie tout le monde, en français. « J'ai été ému par son humanité et par sa réceptivité. Toute son attitude du début à la fin fut de se préoccuper de la princesse de Galles », dit Thierry Meresse le porte-parole de l'hôpital. Toutefois, en sortant de la chambre de la princesse, le futur roi d'Angleterre entraîné depuis toujours au contrôle de ses émotions apparaît dévasté. Le prêtre Yves Clochard-Bossuet qui veillera Diana toute la nuit se souviendra de la peine sincère de Paul et Charles. Ce dernier confiera de nombreuses années plus tard que c'est « le pire spectacle auquel [il a] assisté ». « Je ne pensais qu'à la jeune fille que j'avais rencontrée, pas à la femme qu'elle était devenue pas aux problèmes que nous avions traversés. J'ai pleuré pour elle – et j'ai pleuré pour nos fils », ajoutera-t-il. Incapable de supporter l'horreur de la situation, il s'emporte, car il manque une de ses boucles d'oreilles. Comme pour canaliser sa colère, il choisit ce détail : une boucle d'oreille fantaisie. Le prince mesure sa perte. Paul est aussi très affecté par la disparition de son amie. Il sera dans quelques mois inculpé pour vol d'objets. Il sera finalement acquitté grâce à l'intervention de la reine. Si Paul n'a rien volé à la princesse, le financement de sa retraite à base de confidences royales et de téléréalité pose question. Diana aurait sûrement désapprouvé. Pour l'heure, il pleure à son chevet.

L'équipe installe Diana dans un cercueil de soie blanche, le chapelet en verre noir offert par Mère Teresa dans sa main, un cadre en argent avec la photo de ses fils sur son cœur. C'est ainsi que Diana sera accompagnée à l'aéroport escorté de son ex-mari, ses deux sœurs, son majordome et son chauffeur.

Très vite, et bien avant que la princesse n'ait reçu tous les hommages dont elle fera l'objet, l'accident déclenche toute sorte de théories et polémiques.

Ce n'est pas un accident. Ce ne peut pas être un accident.

Alors, les journalistes, auteurs, observateurs en tous genres, spéculent, enquêtent, attisent. Plus de 35 000 sites web seront créés sur le sujet affichant des théories complotistes plus farfelues les unes que les autres. Le père de Dodi lui-même alimente nombre de ces théories. En effet, comment accepter la mort de ce fils tant aimé et pour lequel il avait de grands desseins ? Mohammed est dévasté. Son salarié les a tués, il est indirectement en cause. C'est certain, désormais il n'aura jamais sa place dans l'establishment anglais… Se venger, trouver des coupables : ce sera son combat. Son porte-parole Michael Cole engage une campagne de communication : l'accident était un coup monté ; des échantillons de sang ont été échangés ; Diana a été embaumée pour dissimuler une grossesse ; des balles ont été tirées dans les pneus ; une mystérieuse Fiat Uno les poursuivait… Grâce à ses moyens, il appuie ses théories. Son ami Richard Desmond du *Mirror* publie une interview « Ce n'était pas un accident ». Une émission suivie par 12 millions de personnes, *Diana the last days*, est diffusée pour accréditer ces thèses. De très nombreuses personnes endeuillées de la perte de la princesse croient à ces élucubrations. M. Al-Fayed va encore plus loin : il accuse les médias, mais aussi ouvertement la famille royale.

L'enquête sera longue. Elle sera surtout minutieuse. Les enquêteurs apprennent rapidement que les photographes étaient trop loin pour avoir un impact. Toutefois, toutes les photos seront saisies et analysées dans le menu détail. Les caméras de surveillance n'ont malheureusement rien enregistré, elles tournent simplement en temps réel. Les feux sur le trajet n'avaient pas de pellicule. Quant au seul survivant, Trevor, il n'apporte pas d'éléments probants. Il sera interrogé après de multiples opérations à la mi-septembre, mais ne pourra livrer que son amnésie post-traumatique.

L'une des mises en cause concerne la voiture dans laquelle la princesse se trouvait. Celle-ci avait été volée fin avril et retrouvée quinze jours plus tard. Elle avait été trafiquée, c'est certain ! Pourtant, le contrôle technique avait été passé avec succès moins de deux mois avant l'accident. Il y a également la question de la mystérieuse Fiat Uno ayant laissé des traces de peinture sur l'aile droite de la Mercedes et dont certains débris avaient été retrouvés dans le tunnel. Elle avait disparu, avec son chauffeur.

Le commissaire Monteil et le juge d'instruction Stéphan décident de faire appel à l'unité la plus pointue de France sur le sujet : l'IRCGN[1]. La voiture, la totalité des débris, les factures et carnets d'entretien ainsi que l'intégralité des constatations préalables lui sont remis. Il faut écarter toute piste de sabotage et reconstituer la réalité des faits. La Mercedes était bien en état conforme après ses réparations. Quant aux débris retrouvés, il s'agit bien de ceux d'une Fiat Uno blanche. La trajectoire

1. Institut de recherche criminelle de la gendarmerie nationale, spécialisé dans les sciences d'analyse au service des enquêteurs et magistrats.

reconstituée indique que la Mercedes a fait une embardée pour éviter le trottoir, a tamponné la Fiat qui roulait bien plus lentement et dans sa voie, avant de percuter violemment le treizième pilier et de rebondir en face. Cela corrobore les témoins ayant noté une Fiat Uno conduisant à la sortie du tunnel étrangement et lentement en regardant dans son rétroviseur. Des recherches de grande envergure furent lancées pour retrouver le véhicule sans succès. La police pensa un temps qu'elle appartenait à un Vietnamien effrayé d'avoir des démêlés avec la justice pour délit de fuite, mais l'expertise de sa voiture, qu'il venait de faire repeindre, et son alibi, le mirent hors de cause. On soupçonna le journaliste James Andanson qui était à Saint-Tropez ce jour-là. Sa voiture fut quand même expertisée. Hors de cause également, la polémique fut relancée au moment de son suicide en 2000. La mystérieuse Fiat Uno n'aurait pourtant pas modifié les résultats de l'enquête. La police est formelle, elle n'a eu aucun impact direct sur l'accident.

L'opinion publique croit aussi à la possibilité d'un attentat. Les services secrets britanniques auraient jugé la relation de la princesse de Galles avec Dodi dangereuse pour la couronne et auraient voulu les éliminer. S'il est fort probable que la mère de l'héritier au trône ait été sous surveillance pour sa protection autant que pour celle de la monarchie, son assassinat semble incongru. Deux anciens agents du MI5 Glyn Jones et Gordon Thomas pensent pourtant cette théorie possible. Il y aurait eu des tireurs sur le pont. Aucun impact n'a jamais été constaté, les pneus ayant été déchiquetés.

L'une des théories les plus loufoques est que la princesse Diana aurait été enceinte. Considérant que son idylle avec Dodi a débuté au mois de juillet, cela paraît quasiment impossible. M. Al-Fayed maintiendra pourtant que c'était le cas, que son corps a été embaumé avant l'autopsie, que ses analyses de sang ont disparu de son dossier. Cette présumée grossesse à laquelle aucun de ses proches ne croit a été démentie par l'enquête. Son amie Rosa avec qui elle était en vacances au mois d'août le confirme : « Elle ne pouvait pas être enceinte. Pendant que nous étions sur le bateau, elle a eu ses règles et c'était juste 10 jours avant sa mort. [...] Il était clair pour moi qu'Hasnat lui manquait et que Dodi était une distraction de la douleur qu'elle ressentait à la suite de la rupture de cette relation. »

Le plus gros sujet de spéculation est ce pauvre Henri Paul. Ce célibataire ambitieux et déçu de l'armée de terre était pourtant bien banal. Passionné d'avion, de son travail et de son bateau basé à Lorient, il avait en réalité une vie bien ordinaire. S'il aimait côtoyer les grands de ce monde et les stars, il avait bâti sa carrière sur des opportunités et, car il était très serviable. Il était un homme de confiance de Mohammed Al-Fayed, dévoué, influent et très apprécié. Après le résultat de ses analyses, ce pauvre Henri devint l'objet de tous les fantasmes. Tantôt décrit comme un intrigant et soupçonné de travailler pour le MI5, Henri est accusé par ses détracteurs d'être payé par des agents de renseignements pour transmettre des informations sur des VIP. Certains membres du personnel l'appelaient « la fouine ». D'autres le présentent comme un vieux garçon déprimé et alcoolique qui rendait des services en échange de pourboires. Ses proches sont unanimes. Henri était un bon vivant qui traversait une phase difficile avec l'alcool. Discret, drôle, gentil, consciencieux, Henri était un passionné. La police se rend vite compte qu'il n'a rien d'un malfrat alcoolique notoire. Pourtant ses analyses post-mortem sont sans équivoque. Il avait entre 1,75 et 1,87 gramme d'alcool par litre de sang ainsi que deux médicaments modifiant le comportement : un antidépresseur et un calmant. Paul dirigeait depuis deux mois le service de sécurité du Ritz après la démission de son chef. Il était soumis à beaucoup de stress. Sa dernière histoire amoureuse s'était tristement terminée et il ne trouvait plus la force de faire face à sa solitude. C'est à ce moment-là qu'il avait contacté une de ses amies d'enfance médecin généraliste en Bretagne pour l'aider à traverser cette mauvaise passe. En effet, les analyses de son sang, de ses viscères, de son urine, de son œil comme de ses cheveux coïncident. Il consommait de l'alcool et des médicaments et pas uniquement ce soir-là. Le médecin le confirmera de même que les registres de sécurité sociale et de pharmacie. Sans verser dans les théories insolites de Mohammed Al-Fayed, Henri n'était donc ni un saint ni un misérable. Peut-être simplement un homme traversant une mauvaise passe qui n'avait pas eu le cœur d'avouer à son patron que, ce soir-là, il avait beaucoup trop bu pour revenir travailler…

L'un des acteurs épargnés par les spéculations mérite pourtant que l'on s'y arrête. Le nouvel amant de la princesse n'est pas un homme tranquille. Passionné de voitures et de vitesse, Dodi a la réputation d'être un casse-cou. Gros fêtard, consommateur de cocaïne, il est agité. Par-dessus tout, il déteste les photographes. Certains de ses amis racontent ses pointes de vitesse ou ses courses-poursuites pour semer des journalistes. Dodi a aussi quelques tendances paranoïaques. Il fait goûter ses plats, change ses plans à la dernière minute, est souvent le seul à connaître les destinations. Il a pour habitude de donner les indications en temps réel à son chauffeur. La princesse qui pouvait parfois avoir cette tendance ne se sentait pourtant pas menacée pour sa sécurité, confirme son amie Annabel. Diana n'avait jamais craint les paparazzi et ne se serait jamais mise en danger pour les fuir. Elle devait même être relativement détendue ce soir-là, car elle ne portait pas sa ceinture de sécurité. Il est vrai qu'il est coutume dans les taxis ou les voitures d'officiel de ne jamais la porter. Bien que plusieurs témoins dans la journée les aient trouvés heureux, ils semblaient un peu irrités d'être suivis. Ce jour-là, Dodi avait plusieurs fois modifié leurs plans. Il s'était d'ailleurs emporté contre le personnel du Ritz et ses agents de sécurité, car, n'ayant prévenu personne, les journalistes les avaient encerclés à leur arrivée. Il ne se sentait pas plus menacé que les autres jours, mais il était profondément contrarié de n'avoir pas une minute de tranquillité.

Le gouvernement français fera donc mener une enquête longue et détaillée impliquant 30 inspecteurs et 300 témoins. Elle conclura à un accident. Avec ses 4 000 pages de dossiers, l'investigation sera irréprochable. Seul le mystère de la Fiat et des plans réels du couple au moment de l'accident demeure. Vu l'itinéraire emprunté, il est peu probable qu'ils se dirigeaient vers l'appartement du 8e arrondissement au moment de l'accident. Le juge Stéphan statuera toutefois sans équivoque sur une thèse autre qu'accidentelle : « Aucun élément même imprécis, de quelque nature qu'il soit n'est venu donner un quelconque crédit à une telle thèse, ce qui doit être constaté à l'issue de l'information ».

Une autre enquête sera ouverte par la police britannique. Elle durera presque dix ans, coûtera près de 6,5 millions de livres et réfutera les allégations principales de complot. Les deux enquêtes arrivent au même résultat. Aucune théorie n'est réellement sérieuse. Pour qu'il ne s'agisse pas d'un accident, il aurait fallu un conspirateur sacrément entraîné ! Un changement de restaurant de dernière minute, un itinéraire biscornu, un chauffeur imprévu, une nouvelle voiture, etc. Le verdict rendu public précisera que les occupants ont été « tués illégalement par une combinaison de la conduite de leur Mercedes par leur chauffeur Henri Paul et de la conduite des véhicules suivants, la bande de photographes paparazzi qui poursuivaient leur dernier voyage. […] L'accident a été causé, au moins en partie, par la vitesse et la manière de conduire de la Mercedes, la vitesse et la manière de conduire des véhicules la suivant, l'altération du jugement du conducteur de la

Mercedes par l'alcool. [...] Les décès ont été causés par le fait que les occupants ne portaient pas de ceinture de sécurité et que la Mercedes a heurté un pilier plutôt qu'autre chose. »

Après le verdict, M. Al-Fayed renoncera à sa bataille, pour le bien des princes, dit-il. Il se dit épuisé. Il maintient ses réserves et pense que le jury n'a pas disposé de toutes les informations. Quant aux princes, ils ont remercié le jury et acceptent leur décision.

Tout cela révèle la difficulté pour tous d'accepter une mort aussi banale. Le grand reporter Jean-Michel Caradec'h, auteur de *Qui a tué Lady Di* ? le dit clairement : « On n'aurait jamais dû croire à un complot ! [...] Les gens ont simplement voulu continuer le feuilleton. [...] C'est Dodi, en changeant tous les plans de son père à la dernière minute – le lieu du dîner, la voiture, le chauffeur –, qui a enrayé la machine. Il n'a pas compris qu'une princesse de Galles, mondialement connue, ne se gérait pas comme une petite starlette. » La thèse la plus probable est que ces changements de plan en cascade ont conduit à un horrible concours de circonstances. Comme souvent dans les accidents, un « rien » a enrayé la machine entraînant cette funeste conclusion. Adam Nicholson analyse avec beaucoup de justesse la réaction du monde à la disparition de la princesse : « La tristesse poignante et pesante ressentie par le monde vient de la conscience que cette bataille longue et difficile a été menée avec tant de bravoure et parfois à l'aveuglette, par une personne en train de se noyer qui lutte pour respirer, pour regagner la surface. La lumière a été brisée par la banalité sinistre d'un accident de voiture. C'est une fin hors de proportion par rapport à tout ce qui s'est déroulé auparavant. C'est la raison pour laquelle elle fait mal. »

9

La princesse éternelle

Peut-être pour la première fois de son existence, le prince héritier lutte pour Diana. Il tient, pour lui et pour ses fils – peut-être un peu pour l'opinion publique également – à ce que son ex-femme bénéficie de tous les égards du protocole royal. Cela apaisera sa culpabilité en même temps que son peuple. La reine Elizabeth et le duc d'Édimbourg ne partagent pas cette vision. Après tout, Diana n'était pas la future reine. Charles, qui n'est pourtant pas d'un tempérament guerrier, décide de se battre pour obtenir ce qu'il souhaite : des funérailles royales.

Le monde entier est sous le choc. Tous les journaux, radios et télévision ne parlent que de la disparition tragique de la princesse de Galles. Pendant ce temps, Diana Spencer regagne sa terre natale lorsque l'avion royal atterrit à l'aéroport militaire de Northolt. La presse est exemplaire. Le silence règne sur le tarmac pendant que le corbillard procède sous escorte policière. Des centaines de personnes se massent sur la route du cortège.

Après une deuxième autopsie à la demande du gouvernement, le cercueil de Diana est exposé dans la chapelle royale du palais St James. Quatre nuits durant, la princesse y reposera. Des défilés incessants de personnes venus lui rendre hommage se forment pendant quatre jours devant Buckingham, Kensington et St James. En tout plus de quinze tonnes de fleurs seront déposées. On pouvait sentir leur parfum à des kilomètres à la ronde. Le plus émouvant est certainement la mixité des gens qui viennent la pleurer : races, origines sociales, niveaux de vie, styles, etc. ; l'universalité de la princesse se retrouve dans ceux qui la pleurent. Outre les milliers de bouquets, on peut voir des photos, des peluches, des dessins, des bougies, des petits mots. Des files d'attente de plusieurs heures se forment pour signer le livre de condoléances. Cet afflux sans précédent est incroyable, encore plus au Royaume-Uni, dont le peuple est réputé pour son flegme et le contrôle de ses émotions. Ce moment de transition entre un gouvernement conservateur et un gouvernement libéral semble parfait pour laisser exprimer ouvertement cette tristesse qui envahit le monde entier.

Dans le même temps, la famille royale reste recluse à Balmoral. À la messe du dimanche, aucune mention n'est faite de la princesse. Les visages impassibles et le silence de la reine contrastent avec l'effusion populaire. La reine ferait, cette fois-ci, passer sa famille avant son devoir. Pour la première fois de son long règne, ses petits-fils devaient avoir la priorité sur son peuple. Elle avait ordonné que toutes les télévisions et radios soient cachées et à chaque membre de la famille de faire son maximum pour que les jeunes princes soient occupés et distraits. La reine pense également que Balmoral, la résidence familiale des Windsor par excellence, est plus approprié qu'un palais officiel. Par ailleurs, l'organisation des funérailles est extrêmement chronophage et exigeante. Le peuple gronde. La presse tonne. « Les Windsor ont-ils un cœur ? » ; « montrez-nous que vous avez de la peine » ; « ceux qui pleurent Diana réclame que la reine partage leur souffrance » ; « votre peuple souffre, parlez-nous Madame » ; « mettez le drapeau en berne ». Fait rare, l'attaché de presse de Charles déclare à la télévision : « La famille royale tout entière et surtout le prince de Galles, le prince William et le prince Harry se sentent soutenus par la ferveur d'une nation qui partage leur douleur et l'effroyable perte qu'ils ont subies. Tous sont profondément émus et reconnaissants ».

Le fraîchement élu Premier ministre Tony Blair a compris l'ampleur du phénomène. Il sait qu'il doit accompagner son peuple dans cette épreuve et conseille à la reine de s'exprimer. Il se doit de la soutenir dans ce moment sans précédent. Il sera l'un des premiers officiels à prendre la parole. Il reconnaît son émotion et la gravité de la situation dans l'esprit du peuple britannique. « Je me sens aujourd'hui comme chaque habitant de ce pays, c'est-à-dire horriblement malheureux. Toutes nos pensées, toutes nos prières, vont à la famille de la princesse Diana et notamment à ses deux fils. Nous sommes de tout cœur avec eux. Combien de fois avons-nous vu la princesse Diana penchée sur les déshérités, sur les malades, sur les mourants, sur les enfants ? Combien de fois l'avons-nous vue, d'un regard, d'un geste, manifester tellement mieux que par les mots, son infinie compassion pour la souffrance humaine ? Nous sommes aujourd'hui une nation profondément affectée, en état de choc, en deuil. Malgré les malheurs qui l'ont personnellement frappée, la princesse Diana a toujours été une personne chaleureuse, généreuse, qui a su donner un peu de joie aux déshérités du monde entier. Les gens l'aimaient, la considéraient comme l'une des leurs. D'un simple regard ou d'un geste qui en disait tellement plus long que les mots, elle révélait à tous la profondeur de sa compassion et de son humanité... Elle était la princesse du peuple et elle le restera, comme elle restera à jamais dans nos cœurs et dans nos mémoires. » Quelques années plus tard, en 2005, quand on l'interrogera pour savoir si Diana avait démontré une nouvelle manière d'être royal, le Premier ministre répondra : « Non, Diana nous a enseigné une nouvelle façon d'être anglais. »

Les observateurs aguerris le savent, jamais l'opposition entre la princesse de Galles et la maison Windsor n'a été aussi forte. Leurs manières divergent violemment au vu de tous. Distance et chaleur, spontanéité et contrôle, modernité et conservatisme. « Diana la difficile représentait un problème auquel le palais pouvait s'attaquer, mais il ne pourra jamais lutter contre Diana la Sainte… Si la monarchie parvient un jour paisiblement à son terme, le fantôme de Diana y sera pour quelque chose », explique un journaliste. La reine n'y tient plus. Le 4 septembre, ses petits-fils, son mari, son fils et elle-même sortent devant les grilles pour observer les témoignages d'affection et les fleurs. La reine comprend désormais qu'elle doit agir. Elle décide de réintégrer Diana à titre posthume dans la famille royale et ainsi de faire déposer sur son cercueil la bannière royale. Elle demande à publier un communiqué de presse : « La famille royale est blessée par des critiques laissant entendre qu'elle est indifférente à la mort tragique de la princesse de Galles. La princesse était une personne très aimée par la nation, mais c'est aussi une mère qui va cruellement manquer à ses fils. Le prince William et le prince Harry ont souhaité affronter cette épreuve avec leur père et leurs grands-parents dans le silence et le recueillement de Balmoral. La reine, leur grand-mère, les soutiens de son mieux et les aides à se préparer pour ce terrible samedi ou sous les yeux de la nation tout entière ils enterreront leur mère. » Le peuple et la presse lui reprochent en permanence son inhumanité et aujourd'hui qu'elle se comporte en grand-mère attentive, cela ne convient pas non plus ! Le 5 septembre, la reine rentre à Londres et vient à la rencontre de son peuple rassemblé devant le palais. Pour la première fois en 38 ans, elle s'adresse en direct à la télévision à son peuple de manière non prévue de longue date.

« Depuis l'effroyable nouvelle de dimanche dernier, nous avons vu, dans toute la Grande-Bretagne et, dans le monde entier, une expression écrasante de la tristesse qu'a suscitée la mort de Diana. Nous avons tout essayé à notre façon de faire face. Il n'est pas facile d'exprimer un sentiment de perte, car le choc initial est souvent suivi d'un mélange d'autres sentiments : l'incrédulité, l'incompréhension, la colère et le souci pour ceux qui restent. Depuis quelques jours, nous avons tous ressenti ces émotions. Ce que j'ai à vous dire maintenant, en tant que votre reine et en tant que grand-mère, vient du plus profond de mon cœur. Je veux tout d'abord rendre un hommage personnel à Diana. Elle était un être humain exceptionnel et doué. Dans les bons et les mauvais jours, elle n'a jamais perdu sa capacité de sourire et de rire, ni d'inspirer les autres par sa chaleur et sa gentillesse. Je l'admirais et la respectais, pour son énergie et son engagement envers les autres, et surtout pour son dévouement envers ses deux garçons. Cette semaine, à Balmoral, nous avons tous essayé d'aider William et Harry à affronter la perte dévastatrice qu'ils ont subie, et nous avons partagé leur souffrance. Ceux qui ont connu Diana ne l'oublieront jamais. Des millions d'autres qui ne l'ont jamais rencontrée ont l'impression qu'ils la connaissaient et se souviendront d'elle. Personnellement, je crois qu'il y a des leçons à tirer de sa vie et de la réaction extraordinaire et bouleversante du monde entier à sa mort. Je partage votre détermination à chérir sa mémoire. J'espère que demain nous pourrons tous, où que nous soyons, nous unir dans l'expression de notre chagrin après la perte de Diana et dans la gratitude pour sa vie trop courte. C'est une chance de montrer au monde entier que la nation britannique est unie dans le chagrin et le respect.

[…] Nos pensées accompagnent aussi la famille de Diana et les familles de ceux qui sont morts avec elle. Comme nous, je sais qu'elles ont puisé un immense réconfort dans la ferveur qui s'est exprimée cette semaine et qui les aidera à surmonter leur peine et à affronter l'avenir sans celle qu'ils aimaient. »

Ce ne sera pas la seule entorse au protocole royal à laquelle la reine consentira en guise de respect. Elle met le drapeau en berne, chose qui n'a pas cours même à la mort du monarque. Au passage du cercueil de Diana le jour de l'enterrement, elle incline la tête dignement. La reine a été extrêmement peinée de la disparition de sa belle-fille. Une lettre dévoilée par une de ses dames d'honneur en 2021 le confirme : « C'était en effet terriblement triste, et elle est une perte énorme pour le pays. Mais la réaction du public à sa mort et le service à l'abbaye semblent avoir uni les gens du monde entier d'une manière plutôt inspirante. William et Harry ont été si courageux et je suis très fier d'eux, je pense que votre lettre a été l'une des premières que j'ai ouvertes – les émotions sont encore si embrouillées, mais nous avons tous vécu une très mauvaise expérience ! »

Un comité a été créé pour organiser la cérémonie dont le palais a dit qu'elle serait « un service unique pour une personne unique ». Supervisé par Dickie Arbiter, ce comité voit s'affronter les Spencer et les Windsor sur les modalités. Arbiter insiste sur le fait qu'il n'a jamais été question de ne pas rendre un hommage royal à la princesse. Blair quant à lui a missionné deux collaborateurs pour aider à cette préparation. Les Spencer veulent imposer leur vision, notamment vis-à-vis des garçons. Cela met le prince Philip dans une colère noire : « Arrêtez de nous dire quoi faire de ces garçons ! ils ont perdu leur mère ! vous parlez d'eux comme de marchandises ! » Sous ses airs bourrus de duc militaire, Philip était un grand-père aimant et très protecteur. Une organisation sans précédent se met en place avec des funérailles nationales dignes d'un roi ou d'un Premier ministre. La cérémonie doit à la fois montrer que la famille royale la traite comme l'un des leurs tout en diminuant les aspects protocolaires pour laisser apparaître de la compassion.

Comme lors de son mariage, seize ans auparavant, la veille de la cérémonie, plusieurs milliers de personnes dorment dehors devant Kensington Palace et l'abbaye. Tout est calme, pas d'hystérie ou de voyeurisme, simplement de l'amour et du chagrin partagé. La mère de Diana se joint discrètement à la foule, « en grande partie pour voir ces files de gens qui avaient le sentiment de la connaître. Beaucoup venaient de loin et restaient de longues heures. [...] J'ai simplement rejoint la foule dans les jardins de Kensington. Diana ignorait sûrement à quel point elle était appréciée. Elle ne soupçonnait pas l'amour et l'admiration qu'on lui portait. Néanmoins, elle se nourrissait de tous ces gens, ils étaient son moteur ».

Pourtant, les relations avec sa fille étaient très compliquées. Depuis quatre mois, elles ne s'adressaient plus la parole. Diana avait retourné toutes ses lettres. Très tournée vers la religion et ses œuvres charitables, Frances finira sa vie très seule et alcoolique. Cette absence de réconciliation hantera Frances jusqu'à sa mort en 2004. Le cercueil de Diana avait été transféré de la chapelle à ses appartements de Kensington où elle fut veillée par les Spencer qui avaient refusé la présence de membres extérieures à la famille. Cela aurait probablement déplu à Diana, qui avait été bien plus proche de certaines personnes n'étant pas de son sang, comme Lucia.

En ce samedi 6 septembre 1997, un dernier hommage allait être rendu à Lady Diana, princesse de Galles. Sous un soleil éclatant, le cercueil quitte Kensington surmonté de la bannière royale, de lys, d'une couronne de roses et d'un petit bouquet de rose crème sur lequel est apposé un mot de la main d'Harry, « *Mummy* ». Le cortège doit être assez long pour intégrer l'afflux de gens sur le passage. Tiré par six chevaux noirs et escortés par neuf soldats en uniforme de cérémonie et casquette à plumet d'or, le corbillard est entouré de douze gardes de la compagnie du prince de Galles. À 9 heures, la procession commence. Diana est suivie du prince Charles et de son père, de son frère et de ses deux fils. Les cinq hommes suivent en silence, tête baissée le cercueil traversant Hyde Park puis St James Park avant de s'arrêter devant l'abbaye de Westminster. De noir vêtus, ils avancent d'un seul pas pour rendre hommage à celle qu'ils aimaient tant. Par moments, des sanglots ou des soupirs émanent de la foule et couvrent pour un bref instant le claquement des sabots et le crissement des roues. C'est la veille au dîner que le prince Philip a convaincu les garçons en leur disant : « Je marcherai si vous marchez. » Leur grand-père avait su trouver les mots justes pour persuader les deux jeunes garçons, qui auraient pu regretter leur décision des années plus tard. Harry semble si petit dans ce drôle de cortège. Il révélera des années plus tard l'épreuve que fut ce moment observé par des millions de personnes. « Je ne pense pas qu'on devrait demander à un enfant de ne le faire en aucune circonstance. Je ne pense pas que cela arriverait aujourd'hui. » Outre les deux millions de personnes réunies dans les rues de Londres, la cérémonie est retransmise dans 187 pays pour plus de deux milliards de téléspectateurs. « Nous avons assisté à l'un de ces moments historiques qui touchent à l'indicible où le monde semble retenir son souffle. C'est impossible à expliquer, il faut le vivre. Comment décrire ces millions de Britanniques silencieux enlacés le long des rues ? C'était très étrange. Jusqu'à l'église, je n'ai entendu que le bruit de nos pas résonner sur le pavé », explique Jerry White.

Dans l'abbaye, 2 000 personnes se regroupent dans la nef. La diversité des présents incarne à merveille la personnalité de la princesse et la variété de ses intérêts et amitiés. Se mêlent dans ce moment d'émotion les grands de ce monde à ses amis de toujours. Après l'entrée du cercueil, un silence de plomb envahit la vieille abbaye. Le service débute : « Nous sommes réunis en cette abbaye de Westminster afin de remercier le Seigneur qui nous donna Diana princesse de Galles.[...] Diana au cours de sa vie a exercé une profonde influence sur la nation et sur le monde... Elle a vécu en la compagnie de rois, reines, princes et présidents, mais nous nous souviendrons surtout de son amour pour l'humanité souffrante et du réconfort qu'elle sut apporter aux déshérités... » Après un texte lu par sa sœur Sarah, les notes de *Candle in the Wind* retentiront sous les mains d'Elton John l'ayant adapté pour la princesse. L'apothéose de la cérémonie fut sans nul doute le discours polémique de son frère, Charles.

« J'allais prononcer un éloge classique évoquant uniquement de jolies choses, puis cela m'a paru aberrant. Je me suis couché, mais je n'ai pas bien dormi. C'est sans doute normal quand on a perdu un être aussi proche, à cause du choc. J'ai dû me réveiller vers 4 h 30. J'ai rédigé ce discours en 1 h 30. Rien ne m'a été plus facile à écrire de ma vie. L'important était de souligner qu'elle était une femme bien réelle, confrontée à des problèmes réels, sans pour autant donner l'image de la perfection. Au contraire, elle avait été très humaine et avait fait de son mieux. [...] Sans doute puis-je paraître en colère, en réalité, je m'efforce simplement de prononcer mon oraison sans m'effondrer. [...] Si je prends aujourd'hui la parole devant vous, c'est en tant que représentant d'une famille bouleversée, d'un pays endeuillé et d'un monde et état de choc. [...] L'hommage que lui rend la foule dépasse de beaucoup tout ce que je pourrais dire. Diana était l'essence même de la compassion, du dévouement, de l'élégance, de la beauté. Dans le monde entier, elle symbolisait l'amour de l'humanité. Elle a défendu les droits des plus déshérités. C'était une fille très britannique qui a transcendé les nationalités. Elle avait une noblesse naturelle, indépendante des classes sociales, et elle a prouvé l'année dernière qu'elle n'avait aucun besoin d'un titre d'Altesse Royale pour que rayonne son aura très particulière. [...] Désespérés de t'avoir perdue, nous trouverons la force d'assumer notre chagrin en écoutant le message que tu nous as laissé, et nous poursuivrons notre route. La tentation de canoniser ton souvenir est immense, mais elle est vaine. Tu étais un être humain d'une telle qualité qu'il ne faut pas faire de toi une sainte. Te sanctifier reviendrait à trahir l'essence même de ton être, ton extraordinaire sens de l'humour et tes inextinguibles éclats de rire. Partout tu as communiqué ta joie de vivre. Partout, ton radieux sourire, ton inoubliable regard et ton énergie sans faille ont illuminé des vies. Tu as sagement usé d'un de tes dons les plus frappants : l'intuition. Elle a sous-tendu toutes tes autres superbes qualités. En analysant les raisons de ton infini rayonnement, nous ne pouvons qu'être frappés par ton don infaillible pour distinguer l'essentiel du futile. [...] Nous abordons ici une autre de ses vérités. Malgré son statut, malgré le luxe dans lequel elle vivait et les acclamations qu'elle suscitait, Diana n'avait aucune confiance en elle. Elle désirait de tout son cœur faire du bien aux autres, car elle ne s'aimait pas. Sa boulimie en est la meilleure preuve. Le monde l'a senti : et ne l'en a aimé que davantage, pour sa vulnérabilité, tout en admirant son honnêteté. [...] Bien que sa vie eût aussi radicalement changé, elle était restée la même personne. Il ne fait pas le moindre doute qu'elle voulait s'engager dans une nouvelle voie. Quitter l'Angleterre comme elle en rêvait souvent, pour échapper à la presse qui la dénigrait systématiquement. Diana n'a jamais compris les raisons du comportement des médias. J'ai, personnellement, une explication à donner : la bonté, l'authentique bonté, est ressentie comme une menace par ceux qui sont à l'opposé du spectre. N'oublions pas l'un des paradoxes de la vie de Diana : cette femme à qui l'on avait donné le nom de la déesse de la chasse fut la personnalité la plus pourchassée des temps modernes. Son plus cher désir, aujourd'hui, serait que nous nous engagions à protéger ses fils d'un destin similaire. Je m'y engage, Diana, à ta place. Nous ne les laisserons pas subir les tourments qui t'ont si souvent fait pleurer des larmes de désespoir. Plus encore, je m'engage, à ce que nous, leur famille de sang, veillions à ce que tes fils reçoivent le genre d'éducation aimante et joyeuse que tu leur aurais dispensée. Je m'engage à ce que ces deux jeunes êtres ne soient pas engloutis par la tradition et le sens du devoir. Je m'engage à ce que leurs âmes chantent, comme tu le désirais. Nous avons le plus grand respect pour leur héritage, et nous les encouragerons à assumer le rôle pour lequel ils sont nés ; mais, comme toi, nous estimons qu'ils doivent connaître les différentes facettes de la vie, afin d'être armés pour l'avenir, sur le plan spirituel comme sur le plan affectif. [... Je salue] la pudique, la complexe, l'extraordinaire et irremplaçable Diana, dont la beauté, tant extérieure qu'intérieure brillera pour toujours dans nos cœurs. »

Ce discours sera très controversé. D'abord, car il est une attaque publique envers la famille royale. Ensuite, car il incrimine vertement la presse. C'est d'autant plus mal vu que le comte Spencer est dans le collimateur des tabloïds qui le surnomme « Champagne Charlie ». Connu pour ses mauvaises frasques et son goût de la caméra, il s'était exilé après ses nombreuses infidélités l'ayant conduit à un scandaleux divorce. Enfin, car Charles n'était pas spécialement proche de sa sœur. Paul souligne l'hypocrisie du discours. Il se rappelle notamment de la lettre écrite en 1996 : « Après des années de négligence mutuelle, notre relation s'est fragilisée... [...] Peut-être as-tu le temps de comprendre combien nous sommes éloignés ? [...] Je serai toujours là pour toi... Comme un frère attentionné, même si ce frère, après 17 ans d'absence, a perdu le contact... Au point que c'est par les journaux que j'apprends que tu vas venir à Althorp... [...] Je m'inquiète pour toi. Je sais que la manipulation et la tromperie sont les symptômes de la maladie dont tu souffres... Je prie pour que tu trouves le traitement qui te permettra de soigner tes problèmes psychiques... [...] J'ai accepté depuis longtemps d'être un élément à la périphérie de ta vie, et cela m'est indifférent désormais... En fait, je dirai même que cela me facilite les choses, ainsi qu'à ma famille, quand je vois les dégâts engendrés par tes relations éphémères... » Et puis, ce « coup de gueule » est avant tout un coup politique à sa propre gloire. D'ailleurs, il fera éditer son discours qu'il commercialise encore 25 ans après lors des visites à Althorp pour la modique somme de 30 livres.

Le public acclame cette attaque de la presse. C'est depuis l'extérieur où des écrans géants avaient été disposés que l'ovation a commencé. Elle a ensuite gagné l'assemblée provoquant les applaudissements de tous les présents. La famille royale reste stoïque. La reine mère se contente de commenter avec condescendance, « très audacieux ». La reine, dont Charles est le filleul, reste impassible. Charles et Philip sont bien plus agacés, mais seront raisonnés pour ne pas ajouter au scandale en ce jour d'hommage. La reine n'oubliera cependant pas cet affront et ne manquera pas en 2004 de remettre Charles à sa place. Ce qui est certain, c'est que ce grand déballage et ces affrontements n'auraient pas été du goût de la princesse. Si elle en voulait à Charles en tant qu'homme, et peut-être un peu à sa belle-famille, elle avait pour eux le plus profond respect. Elle estimait aussi sincèrement la monarchie dont elle savait qu'elle était l'avenir de ses fils.

Le cortège s'éloigne de l'abbaye sous une pluie de fleurs pour rejoindre le train royal qui conduira Diana dans sa dernière demeure à Althorp. Là encore, les volontés de la princesse ne seront pas respectées. Son frère fait remplacer le drapeau de la famille royale par la bannière des Spencer et inhume sa sœur sur une île de la propriété isolée de tous. Il se dit qu'elle aurait été incinérée et que l'urne aurait bien été placée dans la chapelle Spencer au cœur du village. Pour des raisons de tranquillité et pour éviter des pèlerinages de fans, cela aurait été gardé secret. Nul ne saura jamais où la princesse repose, mais elle n'aurait pas aimé cette solitude et ce piège à touriste institutionnalisé par son frère à son bénéfice. C'est le photographe Tim Graham, qui l'avait suivie toute sa vie, qui obtint l'autorisation d'immortaliser les funérailles. Il reversera le produit de la vente des photos aux œuvres de Diana. Quelques jours plus tard, la reine propose de rendre son titre à Diana : « La famille Spencer est persuadée que la princesse n'aurait pas aimé porter après sa mort un titre qui n'était pas le sien de son vivant. Et la famille Spencer ne le souhaite pas non plus. » Ainsi, la princesse de Galles ne redeviendra pas une Altesse Royale. À en croire l'émotion sans précédent suscitée dans le monde entier par sa mort et les nombreux hommages dans tous les lieux qu'elle avait approchée de près ou de loin, nul besoin de titre pour devenir éternelle dans le cœur des gens. Un deuil planétaire venait de débuter. La guérison serait longue.

Tous les grands de ce monde se succèdent pour rendre hommage à la princesse. Quelles que soient leur origine, leur croyance ou leur vision politique, ils sont unanimes. La princesse était un être exceptionnel.

Les chefs d'exécutif admirent la princesse. « Une lumière s'est éteinte. Elle apportait l'espoir dans le monde entier à ceux qui étaient dans le besoin », dira la Dame de fer, Margaret Thatcher. Jacques Chirac acquiesce : « Elle était une jeune femme de notre temps, chaleureuse, pleine de vie et de générosité. » De l'autre côté de l'Atlantique, les Clinton abondent : « Nous l'aimions beaucoup. Nous admirions son travail pour les enfants, pour ceux qui souffrent du sida, pour mettre fin au fléau des mines dans le monde [...] avoir connu la princesse est un grand privilège, nous avons la plus profonde admiration pour son action. » À l'opposé du monde, Boris Eltsine partage l'engouement : « Le peuple russe aimait Diana. Elle a participé directement et activement à la mise en œuvre de nombreux projets qui concernent la vie des gens simples ».

Nombreux sont ceux qui vantent son action humanitaire. Le Professeur Yacoub déclare que « son don de compassion était immense. À sa mort, si les gens ont eu du chagrin, c'est parce qu'ils savaient combien elle avait pu être attentive aux autres. [...] C'est pour ça que tant de gens aimaient la princesse et ont été bouleversés par sa mort. Ils savaient ce qu'elle valait. » Pour Mère Teresa, « [Diana] avait énormément d'amour à donner, et elle en recevait si peu en échange. [...] C'est Jésus qui nous l'avait envoyée sans doute parce qu'elle avait beaucoup souffert. [...] Elle s'intéressait sincèrement au sort des pauvres, c'était quelqu'un de très simple, de très vivant. » Kofi Annan, le secrétaire général des Nations unies salue « une contribution essentielle à l'allègement des souffrances notamment parmi les plus pauvres, faibles et malades du monde entier ».

De nombreuses personnalités louent son universalité. « À la fin de sa vie, elle devint un symbole non pas international, mais universel. L'international est le plus petit dénominateur commun entre tout ce qui peut être consommé par n'importe qui. L'universel se trouve caché au plus profond de notre âme », exprime si justement Jean-Michel Jarre. La psychothérapeute Nicole Gehl ajoute que « son impact sur le monde a beaucoup à voir avec la façon dont les gens s'identifiaient à elle. Ils la voyaient à la fois comme rebelle et victime, et elle a bousculé la monarchie. Il y avait une grande force dans sa fragilité. » Président de sa fondation, Christopher Spence estime de son côté qu'elle « était le symbole du citoyen universel ».

Dans l'album souvenir réalisé par la fondation de la princesse, sa sœur livre un témoignage émouvant. « Il a fallu que Diana nous quitte pour que nous prenions conscience de l'extraordinaire influence personnelle dont elle était dotée. Les millions de poèmes, de fleurs et de cadeaux qui ont été envoyés des quatre coins du monde furent la preuve du symbole qu'elle incarnait aux yeux du public, qui ne la connaissait pourtant qu'à travers l'écran de la télévision. Je suis fière de ce qu'a transmis Diana, nous seulement à ses fils, mais aussi au monde entier. [...] Par un trait d'humour, un geste amical, une accolade, une question intelligente, elle attirait instantanément la sympathie sans que la sincérité de ses intentions ne soit mise en doute. »

Ce sera toutefois l'hommage de Nelson Mandela dans le même ouvrage qui portera la princesse au plus haut rang. « Le décès de cette femme extraordinaire m'a beaucoup peiné. La princesse Diana est toujours vivante dans nos cœurs. Son souvenir et l'exemple qu'elle nous a donné nous habiteront encore longtemps. Nous relèverons ses défis et poursuivrons ses actions. Aussi célèbre et privilégiée fut-elle, elle donnait de son temps aux plus humbles. Grâce à elle, ils se sentaient uniques. Bien que sollicitée de toute part, elle parvenait toujours à se libérer lorsqu'il s'agissait de rendre espoir. [...] Elle usait de sa célébrité et de sa beauté pour alerter l'opinion publique. [...] Nous devons tous suivre l'exemple de la princesse de Galles et tendre la main à ces êtres repoussés aux marges de la société, leur faire une place dans notre cœur. [...] J'ai été bouleversé, car elle aurait pu renverser la situation. Or, nous sommes toujours confrontés à ce problème [le sida]. J'incite le monde entier à suivre son exemple et à reprendre le flambeau. Elle doit rester une source d'inspiration aujourd'hui comme demain. [...] Elle fut la meilleure ambassadrice de l'Angleterre. »

Les témoignages affluent pendant de nombreuses semaines. Le peuple ne veut pas laisser partir la princesse. Charles doit apprendre à vivre avec et sans à la fois. Sans son existence. Avec son absence omniprésente. Après le divorce et la guerre des Galles s'apaisant, Charles espérait pouvoir imposer son amour pour Camilla. Il rêvait même d'un remariage. Avec la mort prématurée de son ex-femme, la situation était plus complexe que jamais.

Au-delà de la peine, sa première réaction avait été la panique : « Le monde va devenir fou. Ils vont tous m'accuser ! » À Mark, il confie : « J'ai toujours cru que Diana me reviendrait pour que je prenne soin d'elle. » S'occuper de Diana paralysée ou handicapée aurait été une belle manière d'apaiser sa conscience. Pendant des années, sa culpabilité le hantera. Vingt ans plus tard, il dira qu'il ne se sent plus coupable de sa mort directement, mais encore « d'avoir amené Diana dans le monde royal et une vie qu'elle ne pouvait pas assumer ». Après leur divorce, leurs relations s'étaient un peu apaisées. En décembre 1996, Diana l'avait soutenu au moment du décès de Laurens van der Post. En apprenant, la mort de Diana, le prince est effondré, sous le choc, inquiet pour les enfants et assailli par sa culpabilité. Pendant cette période, Charles s'est montré très digne. Il s'est impliqué très fortement dans l'organisation de ses funérailles pour ses fils, mais également par affection pour Diana. Pendant de très nombreuses années, il ne prendra jamais la parole ni pour commenter leur couple ni sa mort. Faire son deuil n'a pas été chose facile.

Pour Camilla, la situation est devenue catastrophique en l'espace d'une nuit, tant vis-à-vis des garçons que du grand public. Alors qu'elle commençait à s'imposer dans la vie de Charles, tout s'effondrait. À jamais, elle serait la méchante… À chacune de ses sorties, elle fait l'objet d'insultes et d'attaques en tous genres. La reine et son époux veulent que Charles la quitte, car l'opinion publique la tient pour responsable. Camilla avait toujours été une menace pour la monarchie, aujourd'hui plus que jamais. Le temps faisant son ouvrage, la campagne de communication reprend. Camilla n'a pas enduré tout ça pour être laissée de côté. Elle s'impose à nouveau dans la vie de son prince. Tiggy est éconduite et Camilla rencontre les enfants. C'est à la fin de l'année 1998 que le couple s'affiche à l'occasion d'un mariage familial. William et Harry la trouvent drôle et sympathique. Leur père a le droit d'être heureux. Elle aime leur père. Ils le sentent. La reine, en revanche, ne l'apprécie toujours pas. En juin 1999, elle refusera sa présence au mariage de son fils. Ainsi, Camilla partage la vie du prince, mais n'est jamais présente dans les représentations officielles. Certains hommes du palais commencent à évoquer la possibilité d'une abdication de Charles le moment venu s'il souhaite épouser Camilla. Charles parviendra à l'imposer pour les obsèques de sa grand-mère en 2002.

À partir de là, le peuple commence à l'accepter. Il a le droit de refaire sa vie. Camilla respecte le protocole et ne se met pas en avant. À ses côtés, il a l'air d'un futur roi. Le 8 avril 2005, Charles et Camilla se marient. Si elle est légalement la princesse de Galles, elle ne portera jamais ce titre par respect pour Lady Diana. Elle utilisera le titre de duchesse de Cornouailles. Si un jour, Charles devient roi, elle sera la princesse consort, et non la reine. À presque soixante ans, cette roturière divorcée s'est illustrée par sa persévérance et sa force de caractère. Le prince Charles a poursuivi sa vie. À bientôt 73 ans, il n'est toujours pas roi. Diana avait peut-être raison. Peut-être ne règnera-t-il jamais ? Le 8 avril 2021, son père le prince Philip décède à l'âge de 99 ans. Triste coïncidence, c'est le jour de leur anniversaire de mariage. Charles pleure ce père avec qui il entretenait une relation si complexe. « Comme vous pouvez l'imaginer, mon père nous manque. Il était très aimé, et très apprécié. [...] Mon cher papa était une personne très particulière, qui, je pense, aurait été surpris par les réactions et toutes ces choses touchantes qui ont été dites à son sujet. »

Pour les enfants, le travail de deuil est immense. À l'instar de leur père, ils ne prendront pas la parole publiquement sur leur mère pendant de nombreuses années. Un mélange de pudeur, de chagrin, de respect pour leur père et Camilla et d'éducation les tiendra au silence. En 2020, le prince Harry préface un livre sur le deuil destiné à des enfants ayant perdu un proche de la Covid-19. « À l'époque, je ne voulais pas le croire ou l'accepter, et cela a laissé un grand vide en moi. Je sais ce que tu ressens, et je veux t'assurer qu'avec le temps, ce vide sera rempli de beaucoup d'amour et de soutien. Nous faisons tous face au deuil d'une manière différente, mais, quand un parent va au ciel, on m'a dit que son esprit, son amour et ses souvenirs ne disparaissent pas. Ils sont toujours avec toi et tu peux les garder pour toujours. Je trouve que c'est vrai. » Quelque temps auparavant, il avait confié lors d'une interview : « L'une des choses les plus difficiles qu'il soit donné à un parent de faire, c'est de dire à ses enfants que leur autre parent est mort. Il était celui qui reste et il a fait son maximum pour s'assurer que nous étions protégés et toujours entre de bonnes mains. Lui aussi a dû faire son deuil. »

Harry s'impliquera dans une campagne de sensibilisation sur les maladies mentales. Comme sa mère avant lui, il partagera ses problèmes pour aider les autres. « Je peux dire sereinement que perdre ma mère à 12 ans et bloquer toutes mes émotions pendant ces vingt dernières années a provoqué des conséquences sérieuses sur ma vie personnelle, mais aussi dans mon travail. » Il reconnaît qu'il a traversé une période difficile, où il était dans le déni, celle où la presse l'appelait *Dirty Harry.* « Tout est une question de déclic. Pour moi, mon frère – que Dieu le bénisse – a été un énorme soutien. Il disait que ce n'était pas normal, que j'avais besoin de parler de tout cela à quelqu'un. Mais le temps n'était pas encore venu. Vous devez le sentir au plus profond de vous et vous devez aussi trouver la bonne personne pour en parler. », explique-t-il.

Son frère aîné a été très vite plus apaisé. « La vie vous change et pas un jour ne passe sans qu'on pense à celle ou celui qu'on a perdu. Je sais qu'avec le temps il est possible d'apprendre à vivre avec ce qui est arrivé, et les années passant, de conserver ou de redécouvrir des souvenirs qui vous sont chers », confiera-t-il. Il a été difficile pour les deux de vivre ce deuil qui avait été rendu planétaire en raison du contexte. Le futur roi explique : « Je me sens mieux quant à ce sujet, mieux que je ne l'ai été depuis longtemps, je peux parler d'elle plus ouvertement, plus honnêtement, et je m'en souviens mieux. Cela m'a pris presque vingt ans pour en arriver là. Je trouve cela toujours difficile parce qu'à l'époque, c'était si vif. [...] Ce n'est pas comme la douleur de la plupart des gens, parce que tous les autres sont au courant, tout le monde connaît l'histoire c'est une situation différente de celle de nombreuses personnes qui perdent quelqu'un qu'ils aiment, cela peut être occulté ou ils peuvent choisir de partager ou non leur histoire. »

Leur salut viendra en partie de leurs rencontres amoureuses. Tous deux ont pu librement se marier et trouver un soutien dans leurs épouses respectives. William épouse Kate Middleton le 29 avril 2011 après s'être fiancé avec la bague de sa mère « c'est ma façon de faire en sorte qu'elle soit présente en ce jour », avait-il dit. Harry convolera avec Meghan Markle le 19 mai 2018. Devenus adultes et parents à leur tour, les princes assument leur ressemblance avec leur mère. Ils parlent publiquement de la princesse de Galles et sont enfin capables de lui rendre hommage sans masquer ou contrôler à outrance leur émotion. « Ayant perdu ma mère à un si jeune âge, cela a été particulièrement important pour moi d'avoir quelqu'un comme la reine vers qui me tourner, qui a été présente et a compris les problèmes complexes qui se posent quand vous perdez un être cher. [...] Cela n'a jamais été facile pour nous de parler de notre mère, mais vingt ans après semble être la bonne date pour raconter aux gens les changements qu'elle a permis, pas juste au sein de la famille royale, mais aussi dans le monde », expliquera William en 2017 lors de l'hommage.

Pendant de nombreuses années, les hommages se multiplieront. Très vite des tonnes d'objets souvenirs seront créées à l'effigie de la princesse trop tôt disparue : livres, magazines, albums, souvenirs en tous genres. Parmi les ouvrages, celui de Valéry Giscard-d'Estaing paru en 2009 est une belle preuve d'admiration. *La Princesse et le Président* est un roman d'amour inspiré de Lady Diana. « J'ai essayé de la faire revivre, telle qu'elle apparaissait quand on la rencontrait », confiera l'ancien président français. De nombreux lieux se pareront de son nom : hôpitaux, œuvres. Parce que les gens simples se sentent proches d'elle, tout le monde la pleure. « Les gens voyaient en elle une amie haut placée », dit-on. Le public refuse de l'oublier. Des dizaines de films, séries, documentaires entendent faire revivre la princesse. Tout le monde veut comprendre sa mort, mais aussi, et surtout sa vie. Encore vingt-cinq ans après sa disparition, une comédie musicale est prévue, une partie de la série *The Crown* lui a été consacrée et un film biographique sortira à l'automne 2021. Netflix prépare également une suite au documentaire *In Her Own Words* réalisé à partir de sept heures d'enregistrements de 1992 non exploités. Les plus beaux hommages, encore aujourd'hui, sont ceux de ses proches. C'est ainsi que les Cambridge ont publié la lettre de George le 14 mars 2021, jour de la fête des mères au Royaume-Uni : « Chère mamie Diana, joyeuse fête des Mères. Je t'aime vraiment beaucoup et je pense à toi tout le temps. Je t'envoie plein d'amour » et celle de Charlotte : « Chère mamie

Diana, je pense à toi en ce jour de fête des Mères. Je t'aime beaucoup. Tu manques à papa. Plein d'amour. »

Pourtant, des critiques se feront aussi jour. C'est simple de s'attaquer à une personne ne pouvant plus répondre. Elle était folle. Elle serait devenue incontrôlable. Elle aurait mal vieilli. Les intentions de certains hommages pourront être remises en question. Son frère, le comte Spencer, si vindicatif sur la commercialisation de l'image de sa sœur, en est une belle illustration. Il a créé à Althorp un sanctuaire devenu très vite musée payant. Il y expose notamment sa robe de mariée qu'elle voulait pourtant léguer au Victoria and Albert Museum. Ce que le peuple britannique attend, c'est un hommage national. Un signe fort. Certains ont suggéré de donner son nom à l'aéroport d'Heathrow ou encore de créer un jour férié. Ces idées seront vite balayées. C'est un phénomène de mode, croit-on au palais. La famille royale veut oublier. Oublier vite. C'est pourquoi elle s'oppose au projet de mémorial à Kensington Palace.

En 2004, elle décidera de créer une fontaine dans Hyde Park. Inaugurée le 6 juillet, celle-ci sera fortement critiquée. Elle a coûté plus de 3 millions de livres sans parler des frais de fonctionnement et des questions de sécurité. Cela permettra toutefois à la reine de glisser à son filleul : « J'espère que vous êtes satisfait maintenant ! » La rancune est tenace chez les Windsor. Le Dr Khan, pourtant homme discret, ne manquera pas de s'étonner de ce choix. « Il me semble que créer une fontaine n'est pas la bonne manière de se souvenir d'une personne formidable. Les gens formidables doivent être élevés. Regardez Nelson. Regardez la reine Victoria. » Ce n'est pas à la hauteur de la passion Grande-Bretagne pour la princesse. La fontaine sera accompagnée d'une aire de jeu et d'une promenade circulaire appelée le Diana Memorial Walk qui seront un peu plus appréciées. L'un des tendres hommages de la reine à son ex-belle fille sera l'album souvenir de ses 80 ans en 2006. Elle choisira d'y intégrer trois photos de Diana, dont une après la séparation. Preuve que la reine Elizabeth a toujours eu beaucoup d'affection pour elle. Aucune photo de Camilla ne fera son apparition.

C'est en 2007 que les jeunes princes seront aux commandes d'un grand hommage à leur mère pour les dix ans de sa disparition. Ils ont choisi le jour de son anniversaire, et non celui de sa mort. Ainsi, le 1er juillet 2007, ils organisent un concert qui réunit plus de 63 000 personnes au stade de Wembley pour écouter Elton John, Rod Stewart, Duran Duran et de nombreux autres artistes que Diana adorait. C'est un réel tournant dans la manière dont ils agissent vis-à-vis de leur mère.

Lors du service religieux donné en son honneur en présence de la famille royale et des Spencer, Harry s'exprime. Il veut se rappeler « sa joie de vivre, son rire, son entrain et son exubérance. » Il n'emploie que des qualificatifs portant espoir : « enjoué, généreuse, pragmatique, totalement sincère ». Il insiste sur le bonheur qu'elle a apporté à son entourage : « Elle était notre ange gardien, notre amie et notre protectrice ». Il finit par une touche plus intime : « Je ne m'étais jamais vraiment confronté à ce qui s'était passé. C'était beaucoup d'émotions enfouies. Pendant une énorme partie de ma vie, je n'ai pas vraiment voulu y penser. [...] On se souviendra toujours d'elle pour son incroyable action publique, mais loin du regard des médias. Pour nous, deux enfants aimants, elle était tout simplement la meilleure mère du monde. » Dix ans ont passé et les blessures ont guéri. Désormais, seuls 25 % des Britanniques croient encore à un complot.

En 2017, le même engouement populaire aura cours, cette fois-ci, amplifiée par les réseaux sociaux sur lesquels plusieurs amis célèbres s'expriment. Kensington accueillera le pèlerinage de milliers de fans, et de ses fils. Les ducs de Cambridge et de Sussex publient un communiqué : « Vingt ans ont passé depuis la mort de notre mère. Le temps est venu de reconnaître l'impact positif qu'elle a eu sur le Royaume-Uni et sur le monde avec une statue. Notre mère a touché tant de vies. Nous espérons que cette œuvre aidera tous ceux qui visitent Kensington Palace à réfléchir sur sa vie et sur son héritage. »

À Althorp, deux expositions présentent les quinze portraits emblématiques de Diana, photographiée par Mario Testino pour *Vanity Fair* dans les années 1990 d'une part ; et vingt projets de jeunes gens à travers le monde qui ont reçu le Diana Award pour leur engagement social en faveur de leur communauté. Il faudra attendre 2019 pour que la ville qui a recueilli son dernier souffle donne son nom à une place dans le XVIe arrondissement. La même année, Kensington Palace abritera une création florale éphémère entièrement blanche rassemblant des roses anglaises, des tulipes, des narcisses et des myosotis. Après son annonce en 2017, c'est le 1er juillet 2021 à l'occasion du 60e anniversaire de la princesse que ses fils dévoileront une statue à son effigie dans les jardins du palais de Kensington. La statue de bronze réalisée par Ian Rank-Broadley représente Lady Diana entourée de trois enfants. Elle pose la main sur les deux plus proches. Sa tenue – un chemisier plissé, légèrement décolleté, rentré dans une jupe crayon marquée à la taille par une ceinture à large boucle rectangulaire – est un hommage à sa première carte de vœux de mère célibataire.

Vingt-cinq ans après sa tragique disparition, que reste-t-il de l'héritage de la plus célèbre princesse de Galles ? Une partie importante de celui-ci repose sur ses fils. La manière dont elle les a éduqués a un impact direct sur le fonctionnement de la famille royale. Diana a introduit une forme de normalité dans un mécanisme séculaire. Par son attitude résolument moderne, elle a challengé les pratiques de toute la royauté et poussé les autres à se réactualiser avec elle et après elle. Elle avait parfaitement compris que sans ce bond en avant, la monarchie ne survivrait pas. En agissant ainsi, en humanisant la famille royale, elle l'a sauvé d'elle-même. En devenant cette icône adulée, elle a également modifié la manière dont la presse traitait la couronne. Elle a permis à cette dernière de descendre de son piédestal et de se rapprocher de la nation. Entendre les aspirations populaires était devenu un impératif, et en cela Diana excellait. Si la maison Windsor avait largement entamé la féminisation de la couronne, celle-ci atteint son apogée avec Lady Diana grâce à sa starification et à sa dimension caritative. Son impact a dépassé les frontières insulaires et toutes les familles royales européennes se sont inspirées de son apport. Conception de la maternité, mariage d'amour et indépendance des femmes : des leçons indispensables au maintien d'une monarchie éclairée en Europe.

À la mort de Lady Diana, des tonnes de dons affluent à Kensington. Leur volume est tel que cela devient ingérable. La seule vente de *Candle in the Wind* génère plus de 48 millions d'euros. C'est alors que Michael Gibbins et son avocat, Me Julius, décident de créer la fondation princesse de Galles. C'est la meilleure manière de faire vivre son héritage et cela respecte sa volonté. À la fin de sa vie, elle réfléchissait à créer sa propre œuvre pour pouvoir agir. « À l'image de Diana, la fondation est prête à s'élever contre toute forme d'injustice fragilisant davantage encore des individus déjà faibles et démunis », précise sa sœur Sarah qui est très impliquée dans sa gestion. Le million de livres récolté à sa mort est reversé à ses six organisations pour le financement d'actions que Diana aurait elle-même choisies. Plusieurs petits dons seront faits à d'autres associations dont elle était proche. Légalement fermée en 2013, la fondation a levé en seize années 138 millions de livres au bénéfice de 400 organisations.

À leurs 30 ans, les princes reçoivent leur héritage, soit 15 millions d'euros de sa fortune. C'est ainsi qu'il décide de créer la Fondation royale du duc et de la duchesse de Cambridge et du prince Harry. Durant son existence la fondation s'est évertuée à perpétuer au mieux le souvenir de Diana. Plusieurs polémiques sur l'utilisation de l'image de la princesse se sont fait jour. Ce sera l'une des raisons de son rachat en 2013 par la fondation royale de ses fils avec le même objectif : poursuivre l'œuvre de Lady Diana. Nouvelles idées, même philosophie. Ses fils et sa belle-fille élargissent le champ d'action à la santé mentale des enfants, aux malades du cancer, aux soins palliatifs, à la réinsertion sociale des enfants défavorisés, à la thérapie par le sport, à la prévention du sida en Afrique ou encore à la lutte contre le trafic d'ivoire… « Nous voulons être fidèles par notre action au souvenir de notre mère et à ce qu'elle nous a enseigné », expliquent-ils.

Ses fils ont toujours suivi ses traces. Dans une interview, Harry se souvient de cette maman merveilleuse et de sa principale leçon de vie : « *be yourself* ». C'est ainsi qu'en 2010 il marche au sens propre sur ses traces en visitant un champ de mines au Mozambique, puis en 2013 en Angola. En 2020, pendant la crise sanitaire, il rend hommage aux soignants, estimant qu'« aider les autres est l'un des métiers les plus importants que l'on puisse faire ». Harry espère « qu'elle [les] regarde de là-haut et qu'elle est incroyablement fière de ce que [ils ont] accompli ».

Le prince William s'est impliqué contre le harcèlement en ligne et pour soutenir la communauté LGBT. Comme sa mère avant lui, il réalise aussi beaucoup de visites privées, par exemple à des soldats blessés au combat : « C'est important aussi d'œuvrer dans l'ombre. C'est une chose que notre mère faisait beaucoup, c'est le moment où on apprend vraiment, et où on découvre réellement qui sont les gens. » Après avoir quitté l'armée à 32 ans, le prince Harry s'investit dans l'humanitaire notamment en créant les *Invictus Games*, une compétition internationale multisport pour les soldats et membres de l'armée blessés au combat, handicapés ou malades. Il créera également avec son frère la fondation *Heads Together* pour lutter contre la stigmatisation de la dépression et des troubles mentaux.

Si les princes poursuivent dignement l'héritage de leur mère dans le domaine caritatif, ils sont aussi, malheureusement, victimes de la même pression médiatique. Sans arrêt épiés par la presse, ils s'érigent contre ce harcèlement et pour protéger leur vie privée. Ils se sont toujours méfiés des médias. William est notamment devenu un expert en droit de la vie privée. Comme sa mère, il veut protéger ses enfants : « Je veux que George grandisse dans un véritable environnement. Je ne veux pas qu'il vive derrière les murs d'un palais, il doit faire ses expériences dans le monde extérieur. Les médias rendent les choses plus difficiles, mais je me battrai pour qu'il ait une vie normale » Harry quant à lui s'est carrément exilé. Ainsi, dans leurs choix personnels aussi, les princes font vivre la mémoire de leur mère. William et Kate accordent beaucoup d'importance à leur équilibre familial. « Je ne pourrais pas faire mon travail sans la stabilité de ma famille. L'équilibre à la maison est très important pour moi. Je souhaite élever mes enfants dans un monde sûr et heureux. J'aimerais qu'ils apprennent à vivre simplement, en prenant soin de ceux qui les entourent et en traitant les autres comme ils aimeraient être traités, eux-mêmes », explique-t-il.

La future reine, son épouse Kate, fait vibrer la jeune génération comme Lady Di avant elle. Elle ne manque pas une occasion de faire des clins d'œil à sa belle-mère avec son look et arbore fièrement sa bague de fiançailles et la tiare préférée de Diana. Hommage conscient ou non, elle porte pour la présentation de leurs deux premiers enfants à la presse des tenues similaires à celles de Diana pour Harry et William. Aussi à l'aise en jean-baskets qu'en robe de soirée, Kate est surveillée comme Diana à l'époque. Autres temps, autres mœurs, même engouement pour les princesses.

Les deux jeunes femmes des princes ne seront toutefois jamais réellement princesses, car elles ne descendent pas d'une lignée royale. Si son frère aîné s'est marié avec une roturière – sans que la famille royale n'ait grand-chose à y redire –, le prince Harry a encore poussé plus loin la modernité de son choix. Ainsi, sa femme, Meghan Markle, est une roturière américaine née de mère noire. C'est peut-être Meghan qui se retrouve le plus dans la vie de sa belle-mère. La pression de la presse à son égard a été délirante et sa vie privée a été étalée sans vergogne au moment de ses noces. Sans cesse comparée à sa belle-sœur, elle est diabolisée et présentée comme une manipulatrice. Meghan serait capricieuse, difficile à vivre, avec certains employés comme au sein de la famille. Courageuse, elle a fait part sans crainte de la dépression qu'elle avait traversée et de ses difficultés d'intégration dans la famille royale. La voilà complètement dans les traces de feu la princesse de Galles.

Harry connu pour son tempérament impulsif ne supporte plus cette pression. Le simple bruit d'un flash le met hors de lui. « J'ai peur qu'il arrive la même chose à ma femme qu'à ma mère. » Résolu à protéger sa famille, Harry échange avec sa grand-mère pour pouvoir quitter ses fonctions. La presse se repaît de ce qu'elle appelle le *Megxit*[1]. Harry expliquera les raisons de ce départ : « C'était un environnement vraiment difficile. Cela détruisait ma santé mentale. C'était toxique, alors j'ai fait ce que n'importe quel mari et ce que n'importe quel père ferait, "faire sortir ma famille d'ici". Mais nous ne sommes jamais vraiment partis. [...] Quelles que soient les

1. Référence au Brexit, sortie du Royaume-Uni de l'Union européenne.

décisions prises de ce côté-là, je ne partirai jamais. Je contribuerai toujours, ma vie est un service public, donc, où que je sois dans le monde, ce sera toujours la même chose. » Buckingham Palace a accepté de les laisser quitter leurs fonctions. Meghan et Harry déménagent en 2020 au Canada, loin des tabloïds et de leurs scandales quotidiens. Après une année pendant laquelle ils auraient pu revenir sur leurs décisions, les Sussex quittent le Canada pour la Californie. En février 2021, Buckingham Palace fait publier le communiqué suivant : « Le duc et la duchesse de Sussex ont confirmé à Son Altesse Royale la Reine qu'ils ne reviendraient jamais en tant que membres actifs de la famille royale. [...] Malgré toute la tristesse découlant de cette décision, le duc et la duchesse resteront toujours des membres très appréciés de la famille. » Membres appréciés, mais plus Altesses Royales. Décidément, l'histoire se répète bien tristement. Ce départ précipité créera une brouille entre les frères. Nul doute que cette tension aurait blessé profondément Diana.

Comme si l'histoire se répétait sans fin, les Sussex décident d'accorder en 2021 une interview qui fera scandale. C'est Oprah Winfrey qui mènera cet entretien confession. Vêtue d'une robe noire et les yeux cernés d'un eye-liner noir, la mise en scène n'est pas sans rappeler celle de la tristement célèbre interview de la BBC. Meghan explique son isolement, ses idées noires, l'absence de protection de son entourage. « Je voulais juste ne plus être en vie », lâche-t-elle. Que lui répondait-on ? Rien. La dépression n'est toujours pas acceptée dans la famille royale. C'est une faiblesse dont chacun doit faire son affaire seule et en silence. La révélation la plus fracassante concerne des conversations au sein de la royauté sur la couleur de sa peau de leur futur bébé. Il aurait été question qu'il n'ait pas de titre ni de protection. Aucun ne voudra en dire plus. Meghan souhaite toutefois préciser que même si ce n'est pas simple à comprendre « la famille et les gens qui dirigent l'institution sont deux choses différentes, la reine par exemple a toujours été merveilleuse avec moi ».

Harry confirme qu'il a fait ce choix de s'expatrier à regret, mais pour protéger sa femme et ses enfants. Il en a ouvertement discuté avec la reine sans jamais vouloir le faire dans son dos. « Moi aussi j'étais pris au piège, piégé dans le système », confesse-t-il. Il explique que sans l'héritage de sa mère il n'aurait jamais pu le faire, car la famille royale lui aurait « coupé les vivres ». « Nous vivons grâce à l'argent que ma mère m'a laissé. Sans cela, nous n'aurions pas pu partir. Alors, en y repensant, c'est comme si elle l'avait pressenti. » Probablement que sa mère aurait été « peinée » de la tournure des choses, mais il croit « qu'elle aurait tout simplement voulu que nous soyons heureux ». Sa plus grande peur est « que l'histoire se répète ».

Vue par 17 millions d'Américains puis 11 millions de téléspectateurs au Royaume-Uni, l'interview fait l'effet d'une bombe. Harry avoue lui-même que la relation avec son père est tendue et qu'il faudra du temps pour apaiser les choses. Il est plus indulgent avec son frère : « Comme je l'ai déjà dit, j'aime mon frère. On a traversé les pires épreuves ensemble et nous avons une expérience commune. Il se trouve juste que nous avons pris des chemins différents. » Buckingham Palace a fait savoir par communiqué que : « Toute la famille est attristée d'apprendre à quel point ces dernières années ont été difficiles pour Harry et Meghan et qu'ils seront toujours des membres de la famille très aimés. »

Face aux accusations de racisme, la reine s'est engagée à les régler personnellement, mais en privé, tout en précisant que « certains souvenirs [peuvent] varier ». Le prince William a voulu répondre, faisant savoir par personne interposée qu'il ne se sentait aucunement piégé. Il a « accepté ce chemin qui lui était tracé, il est vraiment le petit-fils de sa grand-mère en ce qui concerne le devoir et le service », ajoutent ses proches.

La brouille attriste beaucoup les deux frères qui ne se parlent quasiment plus. « Ils ont tout partagé sur leur vie, un bureau, une fondation, des réunions ensemble presque tous les jours et il y a eu beaucoup de plaisir en cours de route », indique un membre de la famille royale. Désormais, les Sussex mènent une vie presque normale de l'autre côté de l'Atlantique. Avec leur exil, ils ont gagné leur indépendance financière, notamment en créant un podcast Spotify et en signant un contrat avec le géant des plateformes de streaming Netflix. Harry a annoncé qu'il publierait ses mémoires en 2022 et en reverserait le bénéfice à ses œuvres. « J'ai porté de nombreux chapeaux au fil des ans, au propre comme au figuré, et j'espère qu'en racontant mon histoire, les hauts et les bas, les erreurs, les leçons apprises, je pourrais aider à montrer que peu importe d'où nous venons, nous avons plus en commun qu'on ne le pense. » Les Cambridge, eux, se préparent à accéder au trône, dans un avenir peut-être plus proche qu'on peut l'imaginer, Sa Majesté a 95 ans et Charles ne souhaitera peut-être pas être roi. La seule chose qui rapproche encore les deux frères est le souvenir de leur mère. Et quel souvenir !

Épilogue

Ainsi, la princesse Diana ne vécut pas heureuse pour toujours. L'étoffe du conte de fées avait filé si vite. Pourtant, son souvenir à l'aube d'un quart de siècle après sa disparition lui demeure bien vivant.

Chacun aura trouvé en Lady Diana ce qu'il avait envie d'y voir. Ses nombreux surnoms le montrent : la princesse du peuple, la princesse des ventes, simplement Di, la rose sans épine, Disco Di, Dynastie Di, Caring Di, Crusading Di, Shy Di, la princesse des cœurs, etc. S'il est une chose sur laquelle nous nous accordons tous, c'est la liste des superlatifs pour la décrire : sensationnelle, hors norme, merveilleuse, extraordinaire, hors du commun, incroyable.

À lire les centaines de pages et observer les milliers de clichés, on pourrait presque en conclure que c'était une princesse magique. Tous les photographes du monde ont loué sa beauté et sa présence. Plus encore que son charme, elle portait cette lumière, c'est pourquoi on disait d'elle qu'elle était ravissante, rayonnante, resplendissante ! Sa présence était presque théâtrale, envoûtante. Où qu'elle soit, elle attirait les regards, comme un aimant. Ce charisme extraordinaire lui conférait cette aura de princesse. « Quelque chose en elle vous portait. [...] Elle dégageait une lumière et une chaleur qui allaient au-delà de sa beauté. Sa vulnérabilité était palpable », partage un proche. Peut-être est-ce bien cette faiblesse que ses yeux laissaient paraître qui faisait la différence. Ces grands yeux expressifs, ce regard qui transperce, voilà qui ne mentait pas. « Elle vous regardait et le monde entier disparaissait », dit le révérend Lloyd. Une si belle manière de parler de la puissance de son âme. Personne ne se lassera jamais de l'observer car, comme le dit si poétiquement Irène Frain, c'était « un film indéfini et répétitif dont on ne se lasse jamais, malgré la charge, les excès de ses images, à cause, sans doute de cette allure qui n'appartient qu'à Diana. À croire qu'elle avait trouvé le secret du mouvement perpétuel. »

Ainsi, Diana, princesse de Galles, est devenue une légende, une icône.

Christopher Spence, le président de la fondation à son nom déclarera : « Sa mort et ses funérailles ont apporté la preuve éclatante que nous rêvons d'un monde plus ouvert où chacun ferait face sans dénis ni faux-semblants aux problèmes réels ; un monde plus expressif, où nous n'aurions peur ni du contact avec autrui ni d'exprimer nos véritables sentiments ; un monde acceptant davantage la diversité, où personne ne serait exclu, notamment ceux qui pour une raison ou une autre vivent en marge de la société et ne peuvent s'exprimer. » C'est certainement l'une des meilleures manières de parler du leg de la princesse au monde. S'il est difficile de mesurer la portée réelle de son héritage, il est impossible de nier son existence.

Lady Diana n'a pas accompli d'action héroïque, n'est pas à l'origine d'une découverte scientifique majeure ou n'a pas mené d'acte concret de grande envergure. Pourtant, l'évolution des points de vue qu'elle a permis dans son pays et dans le monde entier est incommensurable. Elle a offert à la royauté, famille dysfonctionnelle bien banale, l'envie de recréer une unité familiale et de se rapprocher de son peuple. Elle a permis un changement radical sur la vision et l'acceptation des malades (sida, lèpre, troubles mentaux) ou des personnes souffrant de handicap. Elle a accordé au peuple britannique, dont ce n'était pas la culture, le droit de s'exprimer, surtout quand ça va mal.

Peut-être alors, faut-il distinguer l'individu du phénomène ? La princesse Diana n'était ni ange ni démon, simplement un être humain normal avec ses qualités et ses défauts. Aussi difficile à accepter que cela soit, sa vie comme sa mort sont teintées d'une étrange banalité. Et parce que la privation d'intimité démultiplie l'impact, l'image a été différente. Si l'on vante avec plaisir son héritage, on décèle aussi la trivialité de sa vie : être délaissée, assumer une séparation retentissante, trouver un équilibre familial, lutter contre une maladie insidieuse...

La princesse est merveilleuse de ses contradictions : intrépide et fragile, sans amour et adorée, insatisfaite et généreuse, obsédée de son image et altruiste, manipulatrice et naïve, joyeuse et mélancolique, mature et enfantine, intouchable et accessible. Ce sont ces contradictions qui forgent la puissance de son souvenir et notre capacité à tous à nous identifier dans ses luttes extérieures et intérieures.

Quelques semaines avant son tragique accident, elle partageait à son amie Lisa Yacoub cette citation du *Petit Prince* de Saint-Exupéry :

« Je dois rejoindre les étoiles maintenant.
Et un jour, quand tu regarderas les étoiles,
tu te souviendras de moi. »

Étrange prémonition que celle de la vieille âme qui sent son grand voyage approcher.

Toute sa vie Diana a fait fi des différences et a recherché la justice. Loin d'une charité de complaisance, ses propres tourments l'ont rendu plus humaine. Parce qu'elle parlait avec le cœur, son plus important apport restera l'espoir. Et de sa main-forte et fragile à la fois, la princesse des cœurs écrivit : « La plus grande maladie aujourd'hui est le sentiment d'être indésirable. Les gens ont besoin d'être aimés. Sans amour, les gens meurent. »

★

Bibliographie

Ouvrages

ALIBERT, Katia. *Lady Diana, une princesse en héritage.* First, mai 2017.

BOURDON, Daniel. *Diana, cette nuit-là.* Michel Lafon, août 2014.

BURREL, Paul. *Confidences royales, les révélations fracassantes du majordome de Lady Diana.* Michel Lafon, novembre 2003.

CAMPBELL, Colin. *The Real Diana.* St Martin's press, juin 1998.

CARADEC'H, Jean-Michel. *Lady Diana, l'enquête criminelle.* Michel Lafon, juillet 2006.

CARADEC'H, Jean-Michel. *Qui a tué Lady Di* ? Grasset, mai 2017.

CAVALIÉ, France. *Lady Diana : Une princesse foudroyée, histoire d'un destin d'exception.* Éditions du Rocher, novembre 1997.

CORBY, Tom, GRAHAM, Tim. *Diana, Princesse de Galles, l'album souvenirs.* Solar, octobre1997.

CROUSSY, Guy. *Les silences de Lady Di.* Denoël, avril 2019.

DAVIES, Nicholas. *Diana, la princesse qui voulait changer le monde.* Archipoche, août 2007.

FRAIN, Irène. *Mémoires de star.* Assouline, août 2002.

MEYER-STABLEY, Bertrand. *La véritable Diana.* Pygmalion, mars 2007.

MONDRIAN, Hugues. *Dernières révélations sur la mort de Lady Diana.* Page après Page, août 2003.

MORTON, Andrew. *Diana, sa vraie histoire.* Michael O'Mara Books. Réédition, février 2019.

Documentaires audiovisuels

Life Stories by Goalcast. *Prince Harry opens up about Princess Diana's death.* 6 décembre 2020.

AABECH, Brian. *Diana, The people's princess.* 2016.

BBC. BASHIR, Martin. *Panorama with Princess Diana.* 14 novembre 1995.

BBC. RYDER, Ben. *Diana, 7 days that shook the world.* 2017.

France Télévisions. MILLER, Gérard, FEUILLETTE, Anaïs. *Lady Di, la femme qui s'était trompée de vie.* 23 août 2017.

GORICK, Niki. *Diana: a portrait, a princess under pressure.* 1992.

KENNEALLY, Mike, GRAY, Annie. *La tournée royale des Windsor.* 2019.

LCI. Reportages. *Diana, une princesse au destin brisé.* Juillet 2017.

Real Stories. *My mother, Diana.* 3 juin 2017.

Oxford Film and Television Limited x HBO. *Diana, notre mère : sa vie, son héritage.* Juillet 2017.

Timeline, World History Documentaries. *Life after divorce : the private life of Princess Diana.* 21 novembre 2019

Timeline, World History Documentaries. *The life and loves of Diana Spencer.* 30 décembre 2019.

Transcripts

Enregistrement entre Lady Diana et James Gilbey, Squidgeygate, 31 décembre 1989.

Enregistrement entre le prince Charles et Camilla, Camillagate, 18 décembre 1989.

Interview de la *BBC* de novembre 1995.

Articles

BATES, Stephen. *After 11 years, Diana the verdict: killed by a combination of Henri Paul and paparazzi.* The Guardian, 8 avril 2008.

BONNET, Dominique. *Sea, love & sun, les dernières vacances de Lady Diana.* Paris Match, 30 août 2017.

BONNET, Dominique. *Diana et Charles, le mariage de convenance.* Paris Match, 7 février 2015.

DUBREUIL, Laurence. *Quatre événements en hommage à Lady Diana.* Madame Figaro, 27 août 2017.

Edition. *Is The Crown true to life ? A royal expert's analysis of season 4.* The Times, 9 novembre 2020.

Edition. *Tom Mangold on Diana, a cover-up and why the BBC must finally come clean.* The Times, 4 novembre 2020.

Edition. *The litany of 'lies' that convinced Diana to give an interview.* The Times, 21 mai 2021.

Edition. *How Bashir interview with Diana turned into BBC's biggest problem.* The Times, 15 mai 2021.

Edition. *Factobox-Key quotes from the Diana inquest.* Reuters, 14 janvier 2008.

Edition. *Diana case must be heard by U.K. jury.* New York Times, 2 mars 2007.

Edition. *What did the royal family really think of Diana ? Kenneth Rose's diaries reveal all.* The Times, 21 août 2017.

Edition. *A bridesmaid's view of Diana's balcony kiss at wedding to Prince Charles and Diana.* The Times, 2021.

Edition. *Diana's miserable childhood ? That's nonsense, says nanny.* The Times, 13 septembre 2020.

Edition. *Charles Spencer and his wife, Karen on Diana, childhood trauma and finding happiness.* The Times, 30 août 2020.

Edition. *Hilary Rose Squidgygate, divorce and Dodi: Diana's revenge.* The Times, 3 novembre 2020.

FORGAR, Ségolène. *Contre le sida, la pauvreté, les mines... Lady Di, une vie d'engagements.* Madame Figaro, 31 août 2020.

FRAIN, Irène. *Enfance d'une princesse.* Paris Match, 1er juillet 1991.

HAMILTON, Alan. *"I need marriage to Dodi like a rash on my face", Diana told her friend.* The Times, 18 décembre 2007.

KAY, Richard. *Princess Diana's lover Hasnat Khan breaks his silence to savage Bashir.* Daily Mail, 8 janvier 2021.

KAY, Richard. *Ma dernière conversation avec Lady Diana.* Paris Match, 8 septembre 2017.

FEUTRY, Justine. *Kate Middleton : ses clins d'œil stylistiques à Lady Diana.* Madame Figaro, 9 janvier 2021.

LAMBLAUT, Camille. « *Cela a laissé un grand vide en moi* » *: le prince Harry écrit l'avant-propos d'un livre sur le deuil.* Madame Figaro, 20 mars 2021.

LOW, Valentine. *Crowds flock back to Kensington Palace to celebrate Diana.* The Times, 31 août 2017.

LOW, Valentine. *Diana's stepmother Raine Spencer dies.* The Times, 21 octobre 2016.

LOW Valentine. *Princess Diana and me rivals ? It was never true, says Duchess of York.* The Times, mai 2021.

MAJENDIE, Paul. *Al-Fayed says accepts Princess Diana verdict.* Reuters, 2 avril 2008.

MATHIEU, Clément. *Quand Diana sauvait les apparences...* Paris Match, 19 décembre 2011.

MATHIEU, Clément. *Dans les archives de Match : Quand Diana était accusée de harceler son amant.* Paris Match, 9 septembre 2019.

MATHIEU, Clément. *La romance contrariée du prince et de Miss Shand.* Paris Match, 7 avril 2015.

MATHIEU, Clément. *Dans les archives de Match : En 1984, la naissance du royal baby Harry.* Paris Match, 6 mai 2019.

PANCOL, Katherine. *Au mariage de Lady Diana : « J'étais dans la rue avec le peuple ».* Paris Match, 14 août 1981.

PARRY, Simon. *Diana's Mr Wonderful Hasnat Khan gives his first ever interview.* Daily Mail, 14 janvier 2008.

PEYREFITTE, Roger. *Au mariage de Diana : « J'ai admiré cette grande leçon de courage ».* Paris Match, 14 août 1981.

PIERCE, Andrew. *Peaceful end to tragic life of Diana's mother.* The Times, 4 juin 2004.

PIERCE, Andrew. *Queen's album: Diana in, Camilla out.* The Times, 3 mars 2006.

POIRET, Élise. *Lady Diana était obsédée par Camilla Parker-Bowles.* Madame Figaro, 26 juin 2017.

Rédaction. *Les amants présumés de Lady Diana, de James Hewitt à John Kennedy Jr.* Madame Figaro, 2017.

Rédaction. *Valéry Giscard d'Estaing et Lady Diana, histoire d'une liaison ou fiction.* Madame Figaro, 3 décembre 2020.

Rédaction. *Vingt ans après, que reste-il de l'héritage Diana* ? Madame Figaro, 29 août 2017.

Rédaction. *Entre les princes William et Harry, l'espoir d'une réconciliation cet été lors de l'hommage à Lady Di.* Madame Figaro, 28 mars 2021.

Rédaction. *Mort de Lady Di : « Si Dodi avait respecté les plans, Diana serait restée en vie ».* Madame Figaro, 31 août 2020.

Rédaction. *Lady Diana et Meghan Markle : deux princesses « étouffant » sous les règles de la monarchie.* Elle, 20 janvier 2020.

Rédaction. *Depuis la mort de Diana, le persistant silence du prince Charles.* Madame Figaro, 31 août 2020.

Rédaction. *Lady Diana, la princesse déchue.* Madame Figaro, 18 juin 2020.

Rédaction. *Photos : Lady Diana sur la plage des Caraïbes avec William et Harry en 1990.* Paris Match, Août 2017.

Rédaction. *Il y a 40 ans, les fiançailles de Charles et Diana.* Paris Match, 2021.

Rédaction. « *Comme un conte de fées* » *: John Travolta raconte sa danse magique avec Lady Diana en 1985.* Madame Figaro, 22 avril 2021.

Rédaction. « *Avec tout mon amour. Pa* » *: ce lien si particulier qui unissait le prince Philip et la princesse Diana.* Madame Figaro, 12 avril 2021.

Rédaction. *Les surprenantes révélations de la reine Elizabeth II sur Lady Diana.* Madame Figaro, 20 août 2015.

Rédaction. *Netflix prépare un documentaire sur Lady Di à partir d'entretiens inédits.* Le Figaro, 5 mai 2021.

SANDERSON, David. *Princes inherit Diana's wedding dress* The Times 1er septembre 2014

SCHNECK Colombe. *Les amants terribles : Lady Diana et Dodi.* Madame Figaro, 24 juillet 2010.

TREMAIN, Rose. *The nation's 'weep-fest' for Diana.* The Times, 31 août 2017.

URWIN, Rosamund. *BBC says sorry to Diana's brother Earl Spencer for interview 'deceit'.* The Times, 1er novembre 2020.

Site internet

Althorp
Le Figaro
Le Monde
Madame Figaro
Paris Match
The Times
Wikipedia

Remerciements

Parce qu'écrire à nouveau était un challenge, mes remerciements sont pour mes proches. Famille, amis, collègues qui ont su être là pour moi. Ils ont été présents sans me « mettre la pression » sentant qu'elle était déjà bien réelle !
Je remercie particulièrement l'homme qui partage ma vie, Christopher Pratt. Il a réussi à faire face à *beaucoup* en me préservant ces derniers mois et être présent quand j'en avais besoin dans la dernière ligne droite.
Une spéciale dédicace également à mes collègues chez Marsail qui assurent pendant que j'écris et à nos colocs chez connect RH qui m'offrent un environnement apaisant autant que chaleureux.
Merci également à tous ceux qui ont lu mon précédent livre et m'ont donné leur avis. Leurs retours et leurs compliments m'ont nourri.
Un grand merci à toute l'équipe de City Éditions qui m'a renouvelé sa confiance.

Achevé d'imprimer en janvier 2022
sur les presses de la Nouvelle Imprimerie Laballery
58500 Clamecy
Dépôt légal : janvier 2022
Numéro d'impression : 112693

Imprimé en France

La Nouvelle Imprimerie Laballery est titulaire de la marque Imprim'Vert®